투자에 실패하는 사람들의 심리

로스

KB093875

투자에 실패하는 사람들의 심리

LOSS 로스

짐 폴·브렌던 모이니핸 지음 | 신예경 옮김

앳워크

잭 슈웨거

(《시장의 마법사들》 저자, 헤지펀드 전문가)

나는 성공적인 투자의 기본원리에 대해 강연하면서, 투자와 그 밖에 나머지 것을 달리 생각하는 인간의 양분된 사고가 얼마나 역설적인지 곧잘 지적하곤 한다. 특히 다음과 같은 예를 자주 활용한다. 정신이 올바른 사람이라면 어느 누구도 서점을 찾아(요즘 세상에도 여전히 서점을 발견할 수 있다고 가정한다면) 의학 분야 서가로 가서 뇌수술에 관한 책을 한 권 골라 주말 동안 열심히 읽고 나면 월요일 아침에 수술실에 들어가서 뇌수술을 성공적으로 집도할 수 있다고 믿지 않을 것이다. 여기서 핵심은 '정신이 올바른'이란 표현이다. 반면에 서점의 투자 분야 서가에서 '작년에 내가 주식 투자로 100만 달러를 벌어들인 방법' 같은 제목의 책을 뽑아들고 주말 동안 열심히 탐독한 뒤, 당장 월요일 아침에 주식 투자에 뛰어들어 그 분야 전문가를 능가하리라 기대하면서 그 생각이 대단히 합리적이라고 여기는 사람들은 아주 흔하게 볼 수 있다. 왜 사람들은 이렇게 양분된 사고를 하는 걸까?

이 같은 역설에는 만족스러운 해답이 있는 듯하다. 내가 아는 한 투자는 순수한 아마추어의 예상이 적중할 확률이 50퍼센트가 되는 유일한 활동이다. 왜냐고? 투자에서 당신이 할 수 있는 일은 두 가지밖에 없기 때문이다. 매수 또는 매도. 결과로만 말하자면 아무것도 모르는 소수의 초보자들이 그저 우연히 성공을 거두기도 한다. **얼마 동안은 말이다.** 순전히 운으로 비롯한 이 일시적인 성공 가능성에 속아서 사람들은 투자가 실제보다 훨씬 쉽다고 생각하게 된다. 하지만 이 분야를 제외하고 일시적인 성공의 가능성이 조금이나마 존재하는 일이 또 있을까? 외과의사 교육을 전혀 받지 않은 사람이 뇌수술에 성공할 가능성은 전혀 없다. 바이올린을 만져본 적도 없는 사람이 뉴욕 필하모닉 오케스트라 앞에서 바이올린 독주를 성공적으로 해낼 가능성은 전혀 없다. 오직 투자에서만 이런 기이한 우연이 일어나 소수의 사람들이 진정한 실력이나 강점 없이도 일시적으로 성공을 거두는 것이 가능하다. 그리고 거기에 사람들이 속아 넘어가서 행운을 실력으로 착각하게 된다.

이 책에 나오는 짐 폴은 시장에서 일찌감치 성공을 거둔 것이 자신이 영리해서거나 아니면 규칙을 깨뜨리려는 의지가 있었기 때문이라고 생각한 적이 있었다. 하지만 수익금 전부와 상당한 재산까지 추가로 잃고 나자 비로소 그처럼 빠른 성공의 밑바탕에는 행운이 있었다는 사실을 깨닫는다. 설사 그 뒤로 몇 년 동안 연승가도를 달린다 해도 그 연승이 실은 운에 달린 문제라고 폴은 누구보다 앞장서 인정했을 것이다. 그도 그럴 것이 그는 고객의 투자액 전부에 손실을 입힌 부족한 트레이더였기 때문이다. 그가 선선히 인정하듯이 그 시기에 전 재산을 잃지 않았다 해도 결국 최종 결과를 늦추는 정도에 지나지 않았을 것이다. 어쩌면 시기가 늦춰진 만큼 손실액은 증가했을지도 모를 일이다.

사실 투자란 성공하든 실패하든 전술보다는 심리학에 더 가깝다. 짐 폴이 시장에서 얻은 대단히 값비싼 교훈을 통해 배웠듯이 성공적인 투자는 돈을 벌기 위한 훌륭한 전략을 발견하기보다는 돈을 잃는 법을 배우는 문제다. 시장에서 치명적 손실을 입은 뒤에 실시한 연구를 통해 폴이 깨달은 바에 따르면 승률이 높은 트레이더들이 사용하는 방법들은 기본적으로 서로 모순되는 부분이 많다. 하지만 이렇게 돈을 버는 트레이더들은 하나같이 손실이 게임의 일부라는 사실을 이해하고 지는 법을 배웠다는 공통점이 있다. 모든 것을 잃으면서 폴은 실패의 전문가가 됐고 그제야 비로소 일시적으로 운이 좋은 트레이더가 아니라 진짜 돈을 따는 트레이더가 될 수 있었다.

시중에 나온 무수한 책들이 성공의 비밀공식을 알려주겠다고 약속하지만 실패에 관해 역설하는 짐 폴의 체험담은 그보다 많은 교훈을 건네준다. 그뿐이 아니다. 《로스—투자에 실패하는 사람들의 심리》는 무엇보다 흥미로운 읽을거리다. 유머러스하고 가벼운 이야기처럼 쉽게 읽히는 동시에 투자에 관한 풍성한 지혜와 통찰도 가득 들어 있다는 점 또한 기억해주기 바란다. 폴은 이런 교훈들을 배우느라 엄청난 대가를 치렀다. 그 덕분에 독자들은 책 한 권값으로 이 지식을 유용하게 활용할 기회를 얻은 셈이다.

이 책이 처음 출간된 이후로 투자의 세계는 많은 것이 달라졌다.
공개호가는 거의 사라졌고 거래소들은 합병됐으며 최신식 기구
들이 고안됐다. 이중 일부는 세계 금융시장을 마비시킬 정도의
손실을 발생시키기도 했다.

지난 시간 동안 변하지 않은 한 가지는 트레이더와 투자자가
시장에서 판단착오를 한다는 것이다. 다른 사람들의 돈을 전문
적으로 관리하는 사람이든 자기 돈을 개인적으로 관리하는 사람
이든 누구나 이런 실수를 저지르기 쉽다. 비록 운용규모가 같지
는 않더라도 말이다. 이 책의 초판이 세상에 선보인 뒤로 우리
는 몇몇 엄청난 리스크 관리 실패 사례들을 목격해왔다. 예를 들
어 1995년 베어링스은행의 닉 리슨은 일본 주식시장에 투자했다

가 8억 2700만 파운드(약 14억 달러)를 잃었다. 다이와은행의 이구치 도시히데는 같은 해에 11억 달러를 잃었다. 1996년에 스미모토상사의 하마나카 야스오, 일명 '미스터 구리'는 구리 트레이드로 26억 달러를 날렸다. 그 뒤 2002년 올퍼스트은행의 존 러스낙은 외환 트레이드로 6억 9100만 달러를 잃었다. 2005년 중국항공정유$_{CAO}$의 첸 주이린은 제트연료 선물 트레이드로 5억 5000만 달러를 손해 봤다. ('항공 정유의 왕'이 영광의 자리에서 나락으로 떨어진 일대 사건이었다.) 그리고 2006년부터 2008년 사이에 소시에테제네랄의 제롬 케르비엘은 주식 파생상품 트레이드로 49억 유로(약 74억 달러)라는 엄청난 금액을 날렸다.

이처럼 널리 알려진 사례들을 비롯해 여타 사건들은 리스크 관리 사업의 전략과 통제에 언론, 경영진, 학계의 관심이 쏠리게 만들었다. 수많은 사후분석들을 통해 주로 내부통제와 헤지전략 선정 분야에서 귀중한 교훈들이 제시됐지만 대체로 간과한 사실이 하나 있었다. 실제로 위험한 트레이드가 이뤄지는 원인은 트레이더 개개인의 마음속에서 생기는 변화 때문이라는 점이다. 어쩌면 느슨한 통제로 인해 이런 손실이 발생 **가능했고** 의심스러운 헤지전략들이 이 손실에 **한몫했는지도** 모르지만 어떤 것도 손실의 **직접적인 원인**은 아니었다. 원흉은 바로 트레이더 본인들이었다. 그리고 손실, 로스$_{loss}$를 이해하고 예방하기 위해 우리는 개인의 마음속에 들어갈 필요가 있다. 바로 이 책이 그 역할을 한다. 나는 짐 폴의 이야기를 하나의 우화로 활용해 투자자들과 트레이더들이 시장에서 일상적으로 저지르기 쉬운 가장 큰 세 가지 실수를 지적하고자 한다. 이 실수들은 그동안 달라지지 않았고 앞으로도 달라지지 않을 것이다. 언제나 계속되는 실수이기 때문이다. 실수를 피하기 위한 교훈 역시 마찬가지다. 나는 이 책이 출간된 이후로 수백 명의 트레이더들 및 투자자들, 그리고 이 책의 전제와 교훈에 동의하는 사람들과 많은 이야기를 나눴다. 우리는 누구나 살아가면서 돈을 잃어본 적이 있기 때문이다. 이 책은 우리가 돈을 잃게 만드는 심리작용, 행동특성, 정서를 살펴볼 것이다. 다음 그 같은 작용과 특성, 정서를 피하고 뒤따르는 손실을 모면하는 방안까지 알려줄 것이다. 이 책에 담은 교훈들이 독자 여러분에게도 가르침과 즐거움을 주기를 바란다.

책은 일반적으로 세 가지 부류로 분류할 수 있다. 교육용, 오락
용, 참고용. 교육용 도서는 우리에게 가르침을 주고 오락용 도서
는 즐겁게 해주며 참고용 도서는 정보를 전달한다. 이 책은 교육
과 오락을 결합해 구체적인 이야기를 통해 한층 수월하게 교훈을
기억하도록 해준다. 그런 면에서 보면 이 책은 우화, 즉 중요한
교훈들을 예화를 통해 선명하게 보여주는 단순한 이야기다. 늑대
가 나타났다고 소리를 지른 어린 소년의 이야기에서부터 황제의
새 옷 이야기에 이르기까지 우화는 인생의 다양한 측면에 적용되
는 교훈들을 전달하는 데 쓰여왔다. 이와 마찬가지로 이 책에는
어느 원자재 트레이더에 관한 이야기가 등장하지만 그 교훈은 주
식시장과 채권시장의 투자자들뿐 아니라 사업가, 경영자, CEO

와 같은 모든 비즈니스 종사자들에게 두루 적용된다.

당신이 지금부터 읽게 될 이야기의 교훈은 **실패를 개인적인 문제로 받아들이지 않는다면** 반복되는 실패들을 기반 삼아 성공을 거둘 수 있다는 것이다. 이와 마찬가지로 **성공을 개인적인 것으로 받아들인다면** 반복된 성공의 기반 위에 실패가 찾아올 것이다. 토머스 에디슨은 대략 1만 번의 실패를 경험하고 난 뒤에야 비로소 제대로 된 필라멘트를 찾아내 전구를 발명할 수 있었다. 에디슨의 멘로파크 연구소가 화재로 잿더미가 된 날 어느 기자가 그에게 심경이 어떠냐고 물었다. 에디슨은 이렇게 대답했다. "내 일부터 다시 짓기 시작할 겁니다." 어떤 면에서 에디슨이 성공한 이유는 실패나 성공을 개인적인 것으로 받아들이지 않았기 때문이다.

반면에 헨리 포드의 경우를 생각해보자. 그는 에디슨과 함께 일하며 그를 대단히 존경했다. 포드는 1905년에 무일푼으로 시작했지만 15년 뒤에 자신의 회사를 세계에서 가장 크고 가장 높은 수익을 올리는 제조업체로 만들었다. 그러나 몇 년 뒤, 이 난공불락으로 보이던 기업 왕국은 대혼란에 휩싸였고 향후 20년 동안 거의 해마다 손실을 입었다. 포드는 조금도 타협하지 않고 자기 의견을 고수하는 사람으로 알려져 있다. 그의 회사가 그렇게 많은 돈을 잃은 것도 그가 성공을 개인적인 것으로 국한하고 자신은 결코 실수하지 않는다고 생각했기 때문은 아닐까?

성공을 개인화하다 보면 사람들은 비참한 실패를 맛보게 된다.

그들은 성공이 좋은 기회를 잘 활용하거나 때와 장소가 제대로 들어맞는다거나 단순히 운이 좋아서 생긴 일이 아니라 전적으로 자신들의 능력이 반영된 결과라고 생각하기 시작한다. 자신이 어떤 사업에 관여하기만 해도 성공이 보장된다고 생각하는 것이다.

이 현상은 다양한 이름으로 불려왔다. 오만, 과신, 거만. 하지만 성공이 개인화되는 방식과 뒤이어 실패를 촉진하는 과정은 한 번도 명확하게 이름 붙여진 적이 없었다. 그것이 바로 우리가 착수한 작업이었다. 이 책은 수없이 많은 모험적인 기업가들의 전형적 이야기를 다룬 사례 연구서다. 기회를 노리며 모험을 감수하는 사람, 번뜩이는 아이디어를 가진 사람, 아찔한 성장을 맛본 사람, 여러 실수를 저지른 사람, 그리고 갑작스러운 실패를 겪은 사람. 우리는 한 투자자의 사례를 다루지만, 모든 사례 연구나 우화와 마찬가지로 그 교훈들은 다른 수많은 상황에도 적용할 수 있다. 이 교훈들은 금융시장에서든 비즈니스에서든 당신에게 도움이 될 것이다. 금융시장과 비즈니스는 흔히 생각하는 것보다 공통점이 많다. 미국 최고의 부자 워런 버핏은 1993년 《포브스》 선정 '미국에서 가장 부유한 400인'으로 꼽혀 표지를 장식하며 이런 말을 남겼다. "제가 더 나은 투자자인 것은 사업가이기 때문입니다. 그리고 제가 더 나은 사업가인 것은 투자자이기 때문이죠." 만약 성공의 요소가 시장과 비즈니스 사이에서 통용된다면 실패의 요소 역시 마찬가지다.

우리는 성공이 어떻게 개인화되는지 그리고 나서 실패가 어떻게 뒤따르는지 입증하기 위해 가상적인 일련의 성공들을 연구해볼 수도 있을 테지만 그 교훈들을 보다 쉽게 기억하고 배우기 위해서는 실존 인물과 실제로 발생한 엄청난 손실에 대한 일화를 접하는 편이 더 나을 것이다. 얼마나 큰 손실이었기에? 고작 75일 만에 15년의 경력이 무너지고 100만 달러를 잃었다.

왜 실패인가

거의 예외 없이, 시장에 참여한 사람이라면 누구나 조금이라도 돈을 번다. 그렇게 보면 사람들은 시장에서 돈을 버는 것에 대해 적어도 약간은 알고 있는 듯하다. 하지만 대부분의 사람들이 번 것보다 더 많은 돈을 잃기 때문에 돈을 잃지 않는 법에 대한 지식이 부족해 보이는 것도 사실이다. 돈을 잃으면 사람들은 책을 사고 세미나에 참석해 돈을 버는 새로운 방법을 찾으려고 한다. 과거의 방법에 '분명히 결함이 있었다'고 믿기 때문이다. 그들은 자동차 경주의 팬들처럼 즉시 틀어주는 다시보기 화면에 똑같이 돈을 걸고 또 패배한다. 투자자들의 책장은 밑바닥에서 시작해 백만장자의 성공신화를 쓴 허레이쇼 앨저의 이야기들로 가득 차 있다. 이런 책들을 때로 단순한 여흥거리로도 읽지만 백만장자들이 자산을 모은 비법을 배우려는 의도로 읽을 때가 더 많다. 특히 그 돈이 시장에서 투자를 통해 형성된 것이라면 말이다. 이 책들 대부분은 '비법 전수' 장르에 속한다. 1881년에 발표된 고전인 제임스 브리스빈의 《비프 보난자: 평야에서 부자가 되는 법》에서부터 시장에서 부자가 되는 법을 알려주는 현대판 비법들, 예컨대 '시장에서 이기는 법' '당신이 이미 아는 것을 활용하는 방법' '승리 전략을 적용하는 방법' '아침식사를 하기 전에 100만 달러를 버는 방법' 같은 유의 도서에 이르기까지 다양하다. 우리는 모두 이런 책들을 이미 읽었으니 '비법 전수' 도서들이 그토록 유용하다면 누구나 부자가 됐을 것이다.

투자와 트레이드에 관한 도서들을 살펴보면 돈을 잃는 것을 주제로 한 것은 거의 없다. 이 주제로 무언가 글을 쓴다면 비공식적인 전말을 고백하는 전기이거나 타블로이드신문 같은 자극적인 폭로가 대부분이어서 타인의 불행에 기뻐하는 마음을 부추길 따름이다. 가십잡지 같은 도서는 분명 오락용 읽을거리지 어떤 대상의 실수를 통해 교훈을 배우려는 시도는 아니다. 시장을 다룬 대부분의 책에서 실패는 피상적으로만 다룬다. 문제를 제기하고 중요성을 강조하고는 감질나게 내버려둘 뿐이다.

《로스—투자에 실패하는 사람들의 심리》는 실패의 심리학을 다룬 가벼운 소논문으로, 돈을 잃어본 경험이 있거나 자신이 번 돈을 잃지 않도록 지키고 싶은 투자자, 투기자, 트레이더, 브로커, 머니 매니저 들을 위한 책이다. 시장의 심리학적 측면에 대한 논의들은 대부분 행동심리학이나 정신분석에 초점을 두어왔다. (이를테면 승화, 퇴행, 억압, 분노, 자기징벌 등의 용어를 사용한다.) 그런 책들이 유익하지 않다는 의미는 아니다. 다만 대다수의 사람들이 그런 책에서 제시하는 정보들을 소화하고 적용하기 어렵다는 말이다. 어떤 책들은 주장의 정당성을 보여주기 위해 가상 인물을 묘사하고, 또 어떤 책들은 손실에 관한 오래된 격언들을 죽 늘어놓는다. 반면에 이 책은 실제로 시장에서 100만 달러를 잃은 한 투자자의 일화를 통해 시장 투자 손실의 심리를 누구나 이해할 만한 표현으로 즐겁고도 교훈적으로 알려준다.

이 책의 1부는 끊임없는 성공을 이어가던 짐 폴의 기나긴 개인적 여정으로, 찢어지게 가난한 시골 소년에서 제트기를 타고 다니는 백만장자이자 시카고 상업거래소의 임원위원이 됐다가 160만 달러의 손실을 입고 무너지기 전까지의 이야기를 다룬다. 이 책의 전제들 중 하나는 상승이 하락을 유발한다는 것이다. 그리고 성공은 실패를 조성한다. 우선 성공을 경험하지 않으면 진정으로 대단한 실패를 경험할 수도 없다. 만약 이전에 어떤 성공도 실패도 경험하지 못한 채 중립적인 상황에 처해 있다면 당신은 승산이 반반이라고 생각한다. 승자가 되거나 패자가 되거나. 하지만 아무것도 없이 출발했는데 성공이 연이어 찾아온다면 당신은 다가오는 실패를 준비하고 있는 셈이다. 연이은 성공은 갖가지 심리적 왜곡으로 이어지기 때문이다. 이는 자신도 모르는 사이에 게임의 규칙을 어기고서도 결국 승리를 거둔 사람에게 특히 더욱 그렇다. 일단 이런 일이 벌어지고 나면 자신은 어딘가 특별해서 규칙을 따르지 않아도 된다고 생각한다.

짐에게 닥친 재앙의 씨앗은 아홉 살에 얻은 첫 번째 일자리에서 뿌려졌다. 외부세계와 돈, 물질을 접한 것이 밑거름이 되어 그는 전문분야에서 빠르고 가파른 상승세를 보였을 뿐 아니라 결국 완전히 실패하기도 했다. 시장에 투기를 해서 잃어버린 돈을 회수하려는 노력을 몇 번이고 되풀이했지만 결국은 실패로 끝났고 짐은 환멸을 느꼈다. 그는 전문가들이 시장에서 돈을 어떻게 벌었는지 알아내서 그들의 사례를 따라할 요량으로 탐구를 시작했다. 몸이 아프면 가장 좋은 의사에게 진찰을 받고 곤란한 상황에 휘말리면 가장 좋은 변호사에게 상담을 받듯이 짐은 전문가들이 돈을 버는 비밀을 배우기 위해 그들의 기술에 대한 자료를 모두 읽어봤다. 하지만 이 조사로 인해 그가 느낀 환멸감은 더욱 깊어졌다. 대가들이 대단히 다양한 방법으로 돈을 벌었을 뿐 아니라 그 방법들이 서로 모순적이라는 사실을 알아냈기 때문이다. 한 시장 전문가가 옹호하는 방법을 다른 전문가가 열렬히 반대하는 식이었다. 마침내 그는 손실을, 실패를, 그리고 지지 않는 방법을 연구하는 것이 돈을 버는 법을 연구하는 것보다 더 중요하다고 생각했다.

이 책의 2부는 짐이 실패를 경험하면서 얻은 교훈들을 알려준다. 즉 시장에 참여한 사람들의 수만큼이나 시장에서 돈을 버는 방법도 다양하지만 시장에서 돈을 잃는 방법은 상대적으로 가짓수가 적다. 사람들이 시장에서 돈을 잃는 이유는 분석에 실수가 있었거나 그 분석을 제대로 적용하지 못하게 한 심리적 요인들 때문이다. 대부분의 로스는 후자 때문에 발생한다. 어떤 분석방법이든 나름대로 타당하며, 효력을 제대로 발휘하지 못하는 시기를 감안한다. 하지만 심리적 요인들은 당신이 계속 패배하게 만들고 한 가지 방법이 실패할 경우 그것을 버리고 다른 방법을 선택하게 만들기도 한다.

이 책의 3부는 심리적 요인들로 인한 로스를 피하는 방법을 알려준다. 트레이드 및 투자 실수는 익히 알려져 있고 쉽게 이해되기도 하지만 바로잡기는 대단히 어렵다. 당신에게 필요한 것은 복잡한 심리학 이론에 대한 장황한 설명이 아니라 로스를 이해하고 받아들여서 엄청난 손실을 피하는 데 도움이 되는 단순한 구조를 익히는 것이다. 이 책은 여러분이 투자와 트레이드, 투기의 함정을 인정하고 확인하며 피하는 데 유용할 것이다.

그러면 왜 실패에 대한 책을 쓰느냐고? 시장에는 참여자의 수만큼이나 돈을 버는 방법도 다양하지만 돈을 잃는 법은 상대적으로 가짓수가 적기 때문이다. 그리고 시장에서 돈을 버는 방법을 알려주는 온갖 책들이 시중에 나와 있지만 우리 대부분은 부자가 아니지 않은가!

contents

PART ONE
어느 투자자의 추억담

PART ONE

어느 투자자의 추억담

경험은 최악의 교사다.
교훈을 알려주기 전에 시험을 치르기 때문이다.
– 작자 미상

나는 24만 8000달러를 벌었다. 불과 하루 만에 100만 달러의 4분의 1에 달하는 돈을 말이다. 믿을 수 없을 정도로 황홀했다. 말 그대로 언제라도 신이 전화를 걸어와 내일 아침에 태양을 떠오르게 해도 괜찮을지 물어볼 것만 같았다.

내게는 특별한 책상이 하나 있었는데, 바닥에 고정된 구리 다리가 달렸고 약 가로 91, 세로 183에 두께 18센티미터 되는 널찍한 마호가니 상판을 올린 제품이었다. 얼핏 보면 책상 상판이 마치 공중에 매달린 것 같았다. 책상에 맞춰 같은 나무로 만든 캐비닛은 볼트로 벽에 고정되어 책상 상판과 마찬가지로 공중에 매달려 있는 듯했다. 내 사무실에 들어가면 눈앞에 펼쳐진 카펫과 카펫에서 솟아오른 구리 기둥, 공중에 두둥실 떠 있는 나무판 두 덩어리밖에 보이지 않았다. 마치 중력을 거스르기라도 하듯 말이다. 그리고 나는 그게 바로 내가 하고 있는 일이라고 생각했다. 중력을 거스르는 것. 나는 책상 앞으로 가서 의자 끄트머리에 앉아 시장이 개장하기를 기다리며 오늘 하루도 5만 달러를 벌어들일 준비를 했다. 그리고 인생이 이보다 더 좋아질 수는 없다고 생각했다. 내 생각이 맞았다. 인생은 더 좋아지지 않았다.

그날 아침 주식시장이 열렸고 8월의 마지막 금요일보다 더 높은 가격에 트레이드되지 않았다. 그 주 월요일부터 가격이 내려가기 시작했고 나는 몇 달 동안 날마다 평균 2만 내지 2만 5000달러를 계속 잃었다. 하락세는 집요하게 이어졌고 아주 소폭의 상승이 가끔 일어날 뿐이었다. 다행스럽게도 나는 고객들이 시장에서 손을 떼게 만들었다. 고객들 대부분은 약간 이익을 보고 빠져나왔고 일부는 약간 손실을 입었다. 당연히 나는 손을 털지 않았다. 장기종목에 기대를 걸고 시장에 발을 담그고 있었다. 이 종목은 엄청난 수익을 안겨줄 참이었다. 커비와 나는 이 트레이드에서 1000만 달러를 벌 것으로 기대했다.

10월 중순에 나는 물속에 잠겨 있었다. 그 물이 얼마나 깊은지는 알지 못했지만 대부분의 자산을 잃었다는 건 알고 있었다. 포지션이 점차 악화되면서 나는 마진콜(선물계약 기간 중 선물가격 변화에 따른 추가증거금 납부 요구-옮긴이)을 요구받기 시작했다. 혹여 시장이 다시 반등해 추가담보를 제공할 필요가 없어지지 않을까 살펴보며 며칠을 기다렸다. 기대대로 일이 진행되면 좋은 거고 만약 그러지 않으면 나는 향후 며칠 동안 친구들에게 돈을 빌리러 다녀야 했다. 연이어 이삼일 동안 마진 콜을 받았을 때 증권회사는 이런 태도를 보였다. "고객님은 거물이시죠. 외환거래위원회 이사시고 집행위원회에도 소속되어 계십니다. 회사에서 직위도 높으시지요. 자금능력이 충분하신 걸 알고 있습니다."

11월 첫 주, 나는 엄청난 손실을 입었다. 20만 달러 아니면 30만 달러였다. 심지어 금액이 얼마인지도 정확히 몰랐다. 대두유 가격이 500그램당 36~37센트에서 25센트로 하락했다. 그래서 8월의 최고 수준에 비해서 나는 70~80만 달러를 잃었다. 설상가상으로 친구들에게 40만 달러가량을 빌리기까지 했다.

마침내 증권회사는 자비롭게도 나한테서 완전히 손을 떼버렸다. 내가 회생할 가능성이 없었으니까. 11월 17일, 증권회사의 고위간부 한 명이 사무실로 찾아왔고 나의 모든 포지션을 매각했다.

8월 26일에 모든 것을 손에 쥐고 있던 나는 11월 17일에 빈털터리가 됐다. 하지만 트레이딩을 포기할 마음은 들지 않았다. 트레이딩을 캐디 대기실에서 하는 블랙잭 게임이라 여겼다. 나는 게임을 포기하지 않을 생각이었지만 지는 것은 그만둘 작정이었다.

내가 돈을 잃은 것은 단지 분석 방법에 결함이 있었기 때문이 아니었다. 물론 그 문제도 한몫했겠지만 무언가 다른 일이 벌어지면서 나를 계속 패배하게 만들어 빚을 내서라도 거기에 매달리는 지경까지 몰아갔다. 그 다른 무언가란 연이은 성공에 수반된 심리적 왜곡이었고 나의 자아를 이끌어 그 시장 포지션을 구축하고 결국 비참한 손실을 입도록 만들었다.

서문에서 언급했듯이 이와 동일한 왜곡이 헨리 포드에게도 피해를 입혔고 1920년대와 1930년대에 그의 회사가 몰락하는 데 지대한 공헌을 했다. 그리고 이런 왜곡은 오늘날의 비즈니스와 경영자들, CEO들에게도 좋지 않은 영향을 미친다. 예컨대 경영학의 권위자 피터 드러커는 《월스트리트 저널》에서 이렇게 말했다. "지난 몇 년 동안 한때 시장을 지배하던 기업이 하나둘씩 차례로 몰락했다. 두세 가지 예를 들면, 제너럴모터스와 시어스, IBM"이 있었으며 "IBM이 몰락한 원인은 역설적이게도 그 유일무이한 성공 때문이었다."[1] 드러커는 이렇게도 말했다. "성공은 언제나 그것을 성취하게 한 행위를 도리어 쓸모없게 만든다." 이러한 몰락에 원인을 제공한 요인들 중 일부는 해당 기업들이 활용한 특정 전략들 때문이었지만(드러커는 비즈니스의 다섯 가지 죄악이라고 불렀다) 다른 요인들은 개별 경영자들의 의사결정으로 인한 것이었다. 이 책은 후자의 요인들을 탐구하려 한다.

성공을 개인적인 문제로 받아들이면 사람들은 비참한 실패를 경험하게 된다. 그들은 성공이 좋은 기회를 활용하거나, 때와 장소가 제대로 들어맞았거나, 단순히 운이 좋은 덕분에 생긴 결과라기보다는 개인의 노력이나 능력이 반영된 것으로 여기기 시작한다. 사람들은 자신이 그 사업에 참여하기만 해도 성공이 보장된다고 생각한다.

아무래도 이런 현상은 요즘 흔히 나타나는 듯하다. 왕 연구소의 창업자 왕 안의 설명을 들어보자. "나는 그토록 재능이 넘치는 많은 사람들이 살아가면서 어떤 식으로든 정도에서 벗어난다는 것이 조금 놀랍다. (중략) 눈부신 출세가 가파른 추락의 계기가 되는 상황은 너무도 자주 벌어진다. 사람들이 실패하는 이유는 대부분 자신의 발등을 찍기 때문이다. 만약 제 발등을 찍지 않고 오랫동안 승승장구할 수 있다면 다른 사람들이 당신을 천재라고 부르기 시작한다."[2] 사우스웨스트항공의 CEO 허브 켈러허는 이렇게 설명한다. "성공을 놓치는 가장 쉬운 방법은 자신이 성공한다고 확신하는 겁니다."[3] 이 '확신하는 것'이 업적이나 성공을 개인화하는 과정이다. 그 과정을 인정하고 예방하는 법을 배우는 것이 바로 이 책의 주된 목표이자 주제다.

내가 어릴 때 아버지는 세상에 두 종류의 사람들이 있다고 말씀하셨다. 영리한 사람들과 현명한 사람들이다. 영리한 사람들은 자신의 실수를 통해 배우지만 현명한 사람들은 다른 사람의 실수를 통해 배운다. 이 책을 읽는 사람이라면 누구나 현명해질 수 있는 놀라운 기회가 주어진 셈이다. 나는 대단히 영리한 사람이다. 시장에서 160만 달러의 손실을 나게 한 실수를 통해 많은 것을 배웠으니까. 하지만 그 이야기에는 백만장자 트레이더이자 시카고 상업거래소의 임원위원이라는 정상의 자리에서 터무니없이 추락한 사연 말고도 더 많은 것이 담겨 있다. 그 몰락의 무대를 마련한 것은 거의 환상과도 같은 상승세를 타고 정상에 올랐다는 사실이다.

1
촌스럽고 가난한 시절

나는 아홉 살에 처음으로 일자리를 얻었다. 우리 반에는 켄터키주(州) 엘스미어 근처의 지역 컨트리클럽에서 캐디로 일하는 친구가 있었다. 어느 날 그 친구가 나에게 캐디로 일하고 싶은지 물어봤고 나는 대답했다. "물론이지." 부모님 역시 좋은 생각이라고 찬성하셨다. 일을 하다 보면 돈의 가치에 대해 배울 수 있을 거라 여기신 터였다.

이렇게 나와 돈의 연애가 시작됐다. 컨트리클럽에서 일한 덕분에 나는 돈이 실제로 얼마나 중요한지 배웠다. 돈은 사람들이 인생에서 더 근사한 것들을 가질 수 있게 해준다. 그중 대부분은 존재하는지조차 내가 모르던 것들이었다. 1950년대 초에 아버지는 측량사로 일하며 연봉 4000 내지 5000달러밖에 벌지 못했으므로 우리 가족은 좋은 것들을 누릴 형편이 되지 못했다.

서밋힐스는 아주 고급스러운 곳은 아니었지만 그래도 컨트리클럽이었으므로 그곳 회원들은 우리 동네 사람들에 비해 훨씬 더 부자였다. 그래서 아홉 살의 나이에 나는 세인트헨리 초등학교 동급생 중에 '올즈모빌 자동차가 더 낫다'는 사실을 아는 유일한 아이의 대열에 들어섰다. 나는 찰리 롭키의 캐디로 일했다. 그는 골프 실력이 뛰어나지는 않았지만 돈을 많이 벌었고 근사한 자동차를 타고 다녔다. 찰리는 신형 캐딜락 엘도라도 컨버터블의 지붕을 한껏 젖힌 채 옆자리에는 목에 시폰 스카프를 두른 아름다운 금발 아내를 앉히고 클럽에 나타나곤 했다. 나는 곧잘 이렇게 혼잣말을 했다. "찰리가 가진 게 마음에 들어. 나도 찰리처럼 행동하고 싶은 것 같아. 동네 사람들처럼 쉐보레를 몰고 싶진 않아. 찰리처럼 엘도라도를 갖고 싶어." 사실 난 찰리의 직업이 무엇인지도 알지 못했고 그건 중요하지도 않았다. 찰리는 돈을 아주 많이 벌었고 삶에서 좋은 것들을 많이 누리고 있었다.

5센트짜리 동전

내가 아는 한 먹고살기 위해 어떤 일을 하느냐는 인생에서 중요한 게 아니었다. 그 일의 대가로 얼마만큼의 돈을 받느냐가 중요했다. 나에게 이런 생각을 심어준 것은 찰리 롭키 같은 컨트리클럽의 회원들만이 아니라 다른 캐디들이기도 했다. 우리는 모두 구스라는 남자를, 아니, 구스 형을 숭배하다시피 했다. 구스는 열네다섯 살쯤 먹은 소년이었지만 그 정도면 아홉 살배기 아이들에게는 충분히 윗사람이었다. 컨트리클럽에는 캐디 전원이 앉아서 시간을 보낼 수 있는 캐디 펜이라는 넓은 공간이 있어서 라운딩을 나가기 전까지 그곳에서 대기했다. 우리는 5센트 동전들을 벽으로 집어던져 벽에 가장 가까이 던진 사람이 돈을 따는 놀이를 종종 했는데 구스는 이 동전 던지기를 꽤 잘했다. 거의 매번 동전을 벽에 맞혔다. 하루는 우리가 커다란 골프가방을 둘러매고 라운딩을 네 시간 돌며 2달러를 버는 동안 구스는 캐디 펜에서 동전 던지기를 하며 놀았다. 그날 저녁 무렵 구스는 우리보다 더 많은 돈을 벌었다. 나는 구스보다 더 열심히 일했지만 구스가 더 많이 벌었다. 그는 캐디 펜의 모든 사람들로부터 존경과 찬사를 받았다. 어느 누구보다 동전을 더 잘 던져서가 아니라 아주 많은 동전을 가지고 있었기 때문이다. 돈을 버는 것은 나에게 중요한 일이 되었다. 골프가방을 들고 다니며 느리지만 정직한 노동을 통해 돈을 벌든 동전을 벽에 던져 단시간의 노력으로 돈을 벌든 상관없었다. 중요한 건 무엇을 하느냐가 아니라 얼마큼의 돈을 버는가였다.

어린이 야구단의 꿈은 날아가고

돈의 중요성에 대한 나의 관점은 부모님으로 인해 더욱 굳건해지기도 했다. 부모님은 내가 돈의 가치를 배우기를 원했을 뿐 아니라 일자리를 얻어서 돈을 벌기를 바랐다. 같은 학교에 다니는 친구들 몇 명은 어린이 야구단에 지원하려 했고 당연히 나 역시 야구단에 들어가고 싶었다. 친구들과 내가 야구장에 들어서자 감독님은 우리 각자에게 어떤 포지션에 지원하고 싶은지 물었다. 나는 이렇게 말했다. "유격수shortstop 할래요." 나는 유격수가 무엇인지 어떤 역할을 하는지도 잘 몰랐지만 친구들이 하던 야구 이야기에서 기억나는 포지션이라고는 그것밖에 없었다. 게다가 나는 키도 작았으므로short 어쩐지 그 이름이 나에게 잘 맞는 듯했다. 하지만 내 판단은 실수였다. 공이 날아올 때마다 몸에 맞기 일쑤였고 아니면 다리 사이로 빠지거나 글로브에 맞고 튕기거나 머리 위로 날아가버렸다. 하지만 공은 잘 쳤다. 때린 공이 외야수 머리를 훌쩍 넘겨버릴 때도 많았다. 그리고 그날 내가 때린 공은 투구한 감독님에게 정통으로 날아갔다. 그로써 나는 팀에 들어갔고 좌익수로 활약하게 됐다.

첫 경기에서 나는 만루홈런을 쳐서 팀이 4 대 2로 승리하게 만들었다. 하지만 외야수로는 형편없었던 덕분에 상대팀은 2점을 올렸고 내 유니폼도 더러워졌다. 음, 유니폼은 좀 문제가 됐는데 내가 야구팀에 지원했다는 소식을 아직 부모님에게 말하지 않았기 때문이다. 그날 오후 나는 더러운 야구복을 입고 엄마에게 빨아달라고 할 요량으로 집으로 돌아갔지만 당장 그만두라는 이야기만 들었다. "야구는 실용적이지 않지만 캐디는 그렇지 않아. 넌 야구가 아니라 캐디를 해서 돈을 벌잖니." 이렇게 해서 나의 짧지만 화려한 야구 인생이 막을 내렸고 돈이 중요하다는 생각이 한층 강해졌다.

이렇듯 나는 컨트리클럽에 들어가 캐디 펜에서 지내면서 처음으로 돈에 대해, 돈을 번다는 것에 대해 배웠다. 또 블랙잭과 포커, 진 러미 같은 카드놀이로 돈을 벌 수 있다는 걸 배웠다. 열 살 무렵에는 5센트 동전을 가지고 블랙잭을 하기 시작했다. 내게는 돈이 매우 중요했기에 캐디 펜의 블랙잭 게임에서 거의 지기만 하자 몹시 화가 났다. 어느 날 내가 구스에게 그 문제로 투덜거리자 그는 자신과 다른 아이들이 속임수를 쓰기 때문에 내가 지는 거라고 알려줬다. 그는 어떤 식으로 속임수를 쓰는지 보여줬다. 우선 첫 번째 카드를 덱에서 뽑아 앞면이 위로 오게 뒤집어 맨 아래에 집어넣는데, 이렇게 하면 카드 덱의 위아래를 구분하지 못하게 된다. 그는 손에 쥐고 있던 패를 꺼내 바닥에 놓지만 맨 밑에 있는 자신이 아는 카드가 필요할 땐 덱을 뒤집었다. 나는 블랙잭을 멈추지는 않았지만 패배 행진은 멈출 수 있었다.

컨트리클럽의 이런 돈 문화를 접하고 나서부터 나는 돈을 가진 사람들이 관계된 일이라면 무조건 발을 담그고픈 마음이 생겼다. 나는 적절한 사람들을 알고 싶었다. 그래서 조니 메이어 같은 적절한 인물들의 환심을 샀다. 조니 메이어는 클럽 챔피언이었다. 나는 조니의 개인 캐디가 됐고 그로써 내 인생 처음으로 켄터키 엘스미어를 벗어날 수 있었다. 나는 조니의 커다란 크라이슬러

컨버터블를 타고 빅스프링스 컨트리클럽으로 갔다. 그는 켄터키 주 아마추어 챔피언십 대회에 출전하면서 나를 캐디로 고용해 루이스빌로 데려갔다. 우리는 차를 타고 신시내티에서 루이스빌로 내려갔고 열세 살의 나는 그저 지금이 세상에서 최고로 멋진 시간이라는 생각뿐이었다. 훌륭한 골프선수인 이 말쑥한 남자와 함께 멋진 차를 타고서 다른 도시의 컨트리클럽으로 가고 있었다. 그는 정말 좋은 캐디라는 이유로 나를 데려갔다. 고작 11킬로미터 남짓한 여행이었지만 내게는 먼 길이었다.

컨트리클럽 사람들과 어울리면서 나의 세계관과 사회관이 달라졌다. 만약 그곳과 인연을 맺지 않았더라면 나는 인생에 더 좋은 것들이 있다는 사실을 결코 몰랐을 것이다. 내가 자란 엘스미어의 환경에서 태어나 이런 '다른 인생'을 접해보지 않았더라면 당신도 그런 인생이 존재한다는 걸 몰랐을 것이다. 그전 같으면 조 런치박스(평범한 노동자의 전형에 이름을 붙인 것–옮긴이)가 세상에서 가장 행복한 남자라고 생각했을 텐데 말이다. 조 런치박스는 고등학교를 졸업하고 지역 공장에 취직한다. 직장에 출근해서 8기통 엔진의 왼쪽 너트 네 개를 단단히 조이고 점심을 먹은 뒤다시 다른 8기통 엔진의 왼쪽 너트 네 개를 단단히 조이고 귀가해서 텔레비전을 보면서 맥주를 마신다. 그가 행복한 이유는 엘도라도가 멋지다는 것도, 옆자리에 앉은 여자의 시폰 스카프가 멋지다는 것도, 금도금 페이스가 달린 맥그레거 골프채가 가장 좋고 스폴딩 이그제큐티브스는 질이 떨어진다는 것도 모르기 때문이다. '다른 인생'을 접해보지 않는다면 당신은 그런 세상이 존재하는지도 모를뿐더러 놓치고 있는지도 몰랐을 것이다.

컨트리클럽은 내가 인생의 더 나은 것들을 접하게 해줬고 나는 더 나은 것들을 원하게 됐다. 음, 바로 그 점이 문제였다. '다른 인생'에 대해 알게 됐고 그것이 더 나았기 때문에 내가 그 삶을 놓치고 살아가고 있다는 것도 깨달았다. 나는 대다수의 또래들에 비해 불리한 입장이었다. 그도 그럴 것이 그들은 존재하는지도 모르는 것들을 원하고 있었으니까. 나는 골프 치는 법을 배우고 싶었다. 캐디가 다가가서 이렇게 말을 건네주는 남자들 중 하나가 되고 싶었다. "좋은 아침입니다, 폴 씨." 내가 "좋은 아침입니다, 롭키 씨" 하고 인사했듯이 말이다. 나는 조 런치박스 같은 남자들이 아니라 **그런** 컨트리클럽 남자들의 일원이 되고 싶었다.

기본적으로 내가 컨트리클럽에서 배운 교훈은 당신이 먹고살기 위해 어떤 일을 하는지는 중요하지 않다는 것이다. 중요한 것은 그 일을 하면서 얼마를 받는가이다. 나는 조 런치박스처럼 성실하게 일할 수도 있고 찰리 롭키처럼 영리하게 일할 수도 있었다.

나는 얼마를 버는지가 무슨 일을 하는가보다 정말로 더 중요하다고 믿지만 특정 고소득직종들은 반드시 고등교육을 받아야 하는 것도 사실이다. 조 런치박스는 고등학교를 겨우 졸업한 반면 반대편 세상의 찰리 롭키와 조니 메이어 같은 사람들은 대학에 진학했다. 나는 거액의 돈을 벌고 싶다면 교육을 어느 정도 받아야 한다는 것을 실감했다. 하지만 적정한 교육을 받으려면 그에 합당한 비용을 지불해야 할 터였다. 나는 교육비가 필요했다. 그리고 돈을 벌기 위해서도 약간의 돈이 있어야만 했으므로 아홉 살 이후로는 항상 어떤 종류든 일을 하고 있었다. 나는 세인트헨리 고등학교에서 보기 드문 고학생들 중 한 명이었다. 우리 학교가 가톨릭계 교구부속학교였고 독실한 가톨릭 신자인 부모님이 반드시 그곳을 고집하셨기 때문에 나로서는 달리 선택의 여지가 없었다. 하지만 부모님은 학비를 댈 만큼 넉넉한 형편이 아니셨고 나는 스스로 벌어서 수업료와 책값, 옷값을 지불했다. 이를 계기로 돈이 얼마나 중요한가에 대한 생각은 한층 강해졌다.

나는 열다섯 살까지 캐디로 일했다. 그동안 클럽의 스포츠용품 판매점에서도 일했고 골프를 가르치기도 했다. 캐디를 그만두고 나서는 한동안 골프연습장을 운영했다. 그다음에는 음식점에서 식탁 치우는 일을 했으며 주유소에서 근무하기도 했다. 고등학교 졸업반이 되면서 주유소에서 주당 55시간을 일했다. 월요일부터 금요일까지는 오후 2시에 학교에서 출발해 3시부터 밤 11시까지 일을 했고 토요일과 일요일에는 하루에 8~10시간 정도 일을 했다. 부모님은 내가 자라는 동안 귀가시간에 대해서는 무척 너그러운 편이었다. 그래서 나는 돈을 마음대로 쓰고 하고 싶은 일은 무엇이든 할 수 있었다. 그렇게 열심히 일했으니까. 부모님은 내가 말썽에 휘말리지만 않는다면 하고 싶은 것을 마음대로 하게 내버려두셨다. 아버지의 사고방식은 한마디로 "사고를 치거나 일을 벌이기만 해봐, 내가 그냥…"이었다. 부모님은 기본적인 규칙을 정해뒀고 나는 그것들을 잘 지켰다.

규칙이 무엇인지 알고 있으면 어려울 게 없다. 그냥 규칙을 지키기만 하면 이길 테니까. 일단 A 지점에서 B 지점으로 가기 위해 필요한 것들을 알아내고 나면 나는 그 일을 수행하는 데 필요한 최소한의 것들을 했다. 내가 좋아하는 것은 잘했지만 좋아하지 않는 것은 엉망으로 했기 때문에 선생님들을 화나게 만들기도 했다. 낙제하지 않고 무사히 넘어가는 데 필요한 점수는 C였으므로 대부분은 C를 받았다. 나는 그럭저럭 살아남는 데 필요한 정도로만 해냈다. 관심이 없는 과목이라면 말이다. 좋아하는 과목이면 A를 받았다. 내가 받아오는 성적표마다 하나같이 똑같은 평가가 적혀 있었다. "잠재력을 제대로 발휘하지 않는다." 나는 정말로 선생님들을 화나게 만들었다. 설상가상으로 학생회장으로도 선출됐다. 나는 선생님들이 회장감이라고 생각하는 유형의 학생이 아니었다. 선생님들은 술 마시지 않고 과속하지 않으며 빈둥거리지 않는 고분고분한 학생들 중 한 명을 원했다.

나는 직업도 있었고 돈도 있었으며 차도 있었기 때문에 자유를 만끽하고 있었다. 열여섯 살 생일에는 직접 모은 돈 700달러를 투자해 53년형 머큐리를 구입했다. 세상에, 얼마나 멋지던지! 1년 뒤에는 그 차를 팔고 56년형 쉐보레를 구입했는데 이건 훨씬 더 멋졌다. 엘도라도는 아니었지만 그래도 근사했다. 켄터키주 엘스미어에 사는 열일곱 살짜리에게 인생에서 가장 중요한 것 중 하나는 바로 자동차였다. 그리고 나는 차를 가지고 있었다. 나는 56년형 쉐보레의 차체를 낮추고 셰이브드 작업에 들어갔다. 혹시 셰이브드가 뭔지 기억하는지 모르겠지만 엠블럼, 테두리 장식, 보닛 장식 등을 차에서 떼어내고 구멍을 납으로 때운 다음 다시 페인트로 칠하는 작업을 말한다. 그리고 나서 차체를 낮추는 것이다. 나는 그 안에 8기통 엔진을 달고 바닥에 허스트 변속기를 달았다. 이렇게 재탄생한 56년형 쉐보레는 끝내줬다! 진한 금속성 푸른색에 부드럽게 주름이 잘 잡힌 가죽시트가 있고 바닥에는 특별한 카펫이 깔렸다.

그래서 열일곱 살이 됐을 때 나는 컨트리클럽의 '폴 씨'를 향해 순탄한 길을 걸어가고 있다고 생각했다. 일을 해서 돈을 벌었고 멋진 차를 몰며 옆좌석에는 예쁜 여자친구를 태우고 있었으니까. 롭키 씨, 조심하세요. 제가 갑니다!

2

진짜 세상으로

나는 대학 등록금을 내기 위해 56년형 쉐보레를 팔았다. 부모님 중 어느 분도 대학을 나오지 못했으므로 내가 대학에 가는 것이 두 분에게는 꽤 큰일이었다. 나는 차를 팔아서 마련한 돈과 그동안 통장에 모아둔 돈을 털어 학비를 댔다. 내가 일을 시작한 이래로 항상 부모님은 내가 번 돈의 10퍼센트를 통장에 저금하도록 강제하다시피 했고 두 분이 돈을 관리했다.

1961년에 나는 켄터키 대학교에 합격했다. 그 당시 주법에 따르면, 켄터키에서 인가받은 고등학교를 졸업한 학생은 켄터키 대학교에 입학할 수 있었다. 어려운 부분은 일단 입학하고 나면 학교 안에 머물러야 한다는 점이었다. 대학에는 켄터키의 고등학교 졸업생 전원을 수용할 만한 공간이 없었으므로 첫 두 학기 동안 가능한 한 많은 학생들을 성적불량으로 퇴학시키려고 했다. 낙제 과목은 신입생 영어였다. 내가 입학하고 얼마 지나지 않아서 누군가가 이건 '게임'이라고 설명했고 나는 대학 측이 나를 성적불량으로 퇴학시키지 못하도록 확실히 해뒀다. 나는 실패할 만한 형편이 아니었다. '폴 씨'가 되어 컨트리클럽에 입성할 수 있는 방법이라고는 대학을 졸업하는 것뿐이었으니까. 그러므로 나는 뼈빠지게 공부했고 신입생 영어과목에서 B를 받았다. 그리고 평점 2.6으로 학기를 마쳤다. 퇴학당하지 않는 데 필요한 학점은 2.0이었으므로 나는 확실히 자리를 유지했다. 첫 번째 중요한 학기를 살아남았으니 이제 사교활동으로 관심을 돌렸다.

남학생 사교클럽

세상에, 나는 대학가 사교계에서 자리를 잡으려고 노력하다가 깜짝 놀라고 말았다. 내 주위의 모든 사람이 나보다 부자였다. 모두가 바스 위전스를 신고 있었다. 심지어 나는 바스 위전스가 뭔지도 몰랐는데 말이다. 그건 그냥 신발 스타일 중 하나다. 그곳 렉싱턴시(市)에서는 모두가 바스 위전스를 신었다. 나는 돈도 없었고 좋은 옷도 없었으며 바스 위전스도 없었다. 게다가 정장 한 벌 없었다. 내가 처음으로 정장을 산 것은 대학 졸업생일 때였는데 그러느라 하는 수 없이 친구 토미 크론에게 돈을 빌렸다. 부모님은 '뭐가 됐든 10퍼센트는 저축' 통장에서 매주 10달러씩 보내주

셨고 그게 내 용돈의 전부였다. 엘스미어를 떠날 무렵 나는 꽤 거물이었다. 멀끔한 차도 있었고 치어리더 단장인 여자친구와 사귀었으며 학생회장이었으니까. 고향에서는 나름대로 지위가 있었지만 신입생이 되어 켄터키에 오자 다시금 촌스러운 가난뱅이가 됐다.

나는 킨케이드 홀의 흔해빠진 신입생 한 명에 지나지 않았다. 보잘것없는 사람 말이다. 사교활동 면에서 보자면 대학 남자 신입생보다 더 처량한 존재가 또 있을까? 그야말로 완벽하게 쓸모 없다. 여자 신입생은 모두 2학년과 3학년 남학생들만 바라보고 있으니 남자 신입생들은 그저 자기들끼리 어울려 술이나 마시며 고등학교 시절이 얼마나 좋았는지 떠들어댈 뿐이었다.

이런 생활을 6개월쯤 하고 난 뒤에 나는 남학생 사교클럽에 들어가면 상황이 나아지지 않을까 생각했다. 그래서 사교클럽 가입을 권유하는 파티에 참여하려고 애썼는데, 나로서는 꽤 대담한 결정이었다. 좋은 옷도, 상류층 친구도, 돈도 없는 처지였으니까. 내 룸메이트는 짐 허샤라는 친구였다. 그의 배경도 나와 비슷해서 비참한 생활의 동반자이기도 했으므로 우리는 클럽 파티들을 함께 돌아다녔다. 우리가 처음 들른 파티는 시그마 누 회관이었다. 그곳 사람들은 미쳐 있었다. 그야말로 영화 〈애니멀 하우스〉의 실사판이었다. 맹세코 그 영화에서 본 모든 것이 시그마 누에서 그대로 일어날 법했다. 내가 2학년일 때 졸업생들이 이 클럽을 위해 크고 아름다운 회관을 새로 지어줬다. 그들이 개최하는 성대한 신축 파티에 입장하려면 창문으로 벽돌을 던져 통과해야 했다. 허샤와 나는 시그마 누 사람들이 제정신이 아니라고, 심지어 우리가 보기에도 그렇다는 결론을 내렸다.

우리는 파티 몇 군데를 더 돌아다닌 끝에 마침내 카파 시그에 가입하기로 결심했다. 얼마나 아는 게 없었던지, 그게 사실은 우리가 가입을 결정할 수 있는 게 아니라는 것도 몰랐다. 우리가 어느 정도로 풋내기였냐면 나는 킨케이드 홀 복도에 있는 전화기로 가서 카파 시그 회관에 전화를 걸어 클럽 지부장을 바꿔달라고 했다. 지부장인 허셜 로빈슨이 전화를 받자 내가 이렇게 말했다. "허셜 선배인가요? 전 짐 폴이라고 합니다." 당시 허셜 로빈슨은 짐 폴이 누군지 짐 허샤가 누군지 전혀 알지 못했다. "제 친구인 짐 허샤와 함께 클럽 가입 파티를 돌아보는 중인데요, 솔직히 말해서 델트, 시그마 누, 시그 엡, SAE 같은 클럽의 파티를 전부 다 다니자니 좀 지치네요. 거의 마음을 정했습니다. 지금 그쪽 회관으로 건너가서 서약 핀(사교클럽의 신입회원들이 다는 클럽 로고를 새긴 배지-옮긴이)을 수령하고 싶은데요." 우리는 회관으로 건너갔고 놀랍게도 서약 핀을 받았다. 지금은 나도 클럽 가입 절차가 어떻게 진행되는지 잘 알기 때문에 우리가 어떻게 그 배지를 받았는지 믿어지지가 않는다. 우리는 카파 시그 기존 회원들이 초청하지도 않았는데 정말 뻔뻔스럽게도 불청객처럼 그곳을 찾아갔다. 그저 사교클럽의 규칙을 제대로 알지 못했을 뿐이었다. 우리는 규칙을 어기면서 그러는 줄도 몰랐으니까.

진이 술인가요, 카드게임인가요?

남학생 사교클럽에 가입하면 선배들은 신입회원들에게 온갖 얼빠진 짓들을 시킨다. 구두에 광내기, 창문 닦기, 쓰레기 내다버리기 등의 각종 사소한 괴롭힘들로, 일종의 통과의례인 셈이다. 어느 날 나는 회관 바닥에 앉아 구두에 광을 내고 있었고 정회원인 조니 콕스와 팻 그리어가 진 러미를 하고 있었다. 게임을 한창일 때 그리어가 갑자기 볼일이 생겨 자리를 뜨는 바람에 조니 콕스가 나를 넘겨다보며 말을 건넸다.

"이봐, 신입. 진 좀 알아?"

"제가 어젯밤에 마신 양만큼 선배님도 마신다면 내일 머리가 아플 거라는 건 압니다."

"그거 말고, 바보야. 카드게임 말이야. 진 할 줄 알아?"

"못합니다. 하지만 늘 배우고 싶었습니다."

여기서 기억해야 할 건 내가 열 살 때 서밋힐 컨트리클럽에서 카드게임을 배웠다는 사실이다. 나는 8년 동안 진을 했다.

"그 구두 광내는 짓은 그만두고 이리 와봐."

그 이야기를 듣고 내가 탁자로 다가가자 그가 말했다.

"좋아, 우리는 이제 진을 할 거야. 신입, 진은 돈을 걸고 하는 게임이라는 걸 알아둬."

"네, 선배님. 알겠습니다. 그런데 지금 돈이 **한 푼도** 없는데요. 그러니까 **정말로** 돈이 하나도 없습니다."

진짜 문제는 내가 돈이 전혀 없다는 것이었다. 하지만 나는 돈한 푼 없는 상황에 대해서도 전혀 걱정하지 않았다.

콕스가 말했다. "알겠다. 알아들었어. 그럼 판돈을 확 낮춰서 하자. 그래도 판돈을 걸긴 걸어야 하는데…, 큰돈이 들 일은 안 생길 거야. 1점당 5센트만 걸고 치자."

진 게임에 대해 아는 게 하나도 없다면 1점당 5센트짜리 판이 얼마나 큰돈이 드는지도 모를 것이다. 점당 5센트, 박스(진 러미 득점표의 각 항목-옮긴이)당 1달러, 게임당 5달러, 이는 곧 한 게임당 10에서 15달러가 걸려 있다는 말이다. 결코 작은 판이 아니다. 150점에 도달하면 승부가 나는 게임은 플레이어당 최고 10~15번 패를 받는다. 150점을 올리려면 이삼십 분 정도 걸리므로 이제 시간당 30달러짜리 게임을 하는 셈이다. 그러니 그야말로 진짜 **큰돈**인 것이다.

콕스는 규칙을 설명해주고는 점수를 기록하는 방법 등등을 일러줬다. 그리고 나서 카드를 돌렸다. 나는 진을 하면서 질문을 계속 던졌다. "선배님, 죄송한데요, 잊어버렸어요. 버림 패가 없으면 어떻게 하라고 하셨죠? 짝이 다 맞으면 말이에요." 그러자 그는 짜증이 나는 모양이었다. "그냥 내려놓으라고. 그래. 좋아. 네가 이겼어." 그는 내가 돌아가는 상황에 대해 쥐뿔도 모른다고 생각하는 눈치였다.

17시간 동안 게임을 계속한 끝에 그가 이렇게 말했다. "됐어! 이제 그만하자!"

나는 612달러를 땄는데 1962년 화폐가치를 고려해볼 때 엄청나게 큰 금액이었다. 한 학기 수업료가 81달러 하던 시절이었으니 612달러는 어마어마한 돈이었다. 그가 수중에 612달러를 가지고 있지는 않았으므로 우선 50달러를 주고 나머지는 빚으로 달아뒀다. 그리고 남은 수습기간 동안 나는 더 이상 구두를 닦을 일도, 쓰레기통을 비울 일도 없었을뿐더러 다른 잡일도 하지 않았다. 그는 다른 수습회원들을 시켜 구두를 닦게 했고 나는 한 켤레당 25센트를 공제해줬다. 다른 회원들이 나에게 시키고 싶은 일이 생길 때에도 나는 이렇게 말하곤 했다. "좋아요, 여기 적으세요. 조니, 제가 쓰레기통을 비워야 해요. 이건 얼마면 될까요? 2달러? 좋아요. 2달러를 제할게요." 다른 누군가가 쓰레기통을 비워야만 했을 테고 나는 그 자리에 앉아서 콕스와 진을 했다. 열심히 일하지 말고 영리하게 일하라는 교훈을 다시 한 번 얻은 일화였다.

지루하고 고된 일을 더 이상 할 필요가 없어지면서 나는 다른 수습생들과 멀어지게 됐다. 게다가 나 자신도 대부분의 사람들과 조금 다르다는 생각을 하기 시작했다. 무슨 일을 하든 성공을 거뒀으니까. 신입생 영어과목을 두고 학교 측과 벌인 게임에서도 성공했고, 남학생 사교클럽에 가입하는 과정에서 무지한 탓에 규칙을 어기기는 했지만 그래도 여전히 성공했다. 나는 남다른 면이 있었다.

수업 땡땡이

나는 자신이 남보다 조금 낫다고 생각하기 시작했다. 한 학기 내내 책 한 권 사지도 않고 수업에도 거의 들어가지 않았다. 아침 10시 즈음에 일어나서 학생회관의 식당 더 그릴로 향했다. 그곳은 학생들이 공강 시간이면 모이는 장소였다. 나는 그곳에 앉아서 사람들과 어울렸고, 또 다른 카드게임인 하츠를 했고, 여자들에게 말을 걸었고, 데이트 약속을 잡았으며, 학교신문인 《켄터키 콜로넬》을 읽었다.

우리는 더 그릴에서 여자들을 만나고 데이트 약속을 잡기만 한 게 아니라 미래의 배우자를 만나기도 했다. 이 분야에서도 나는 규칙을 어기고 여전히 성공을 거뒀다. 팻을 만나던 때에 샌드라와 데비와도 꼬박꼬박 데이트를 즐기고 있었다. 그 당시 나는 존 스타인벡의 《토르티야 마을》을 막 읽은 뒤였다. 이 책의 주인공은 대니라는 남자다. 그와 친구들은 캘리포니아 몬터레이 외곽의 언덕지대에 사는 가난한 사람들이다. 이 책의 주제 중 하나는 사람들이 무엇이든 합리화할 줄 안다는 것이다. 예를 들면 한 친구가 돈을 좀 벌자 대니가 그 돈을 훔치고는 실은 도둑질로 친구를 도운 셈이라고 합리화한다. "친구한테서 돈을 뺏어오지 않았으면 걔는 술 사느라 돈을 다 써버리고 고주망태가 돼서는 집까지 태워먹었을지도 모르지. 그 친구는 돈이 있으면 끔찍해져. 친구로서 내가 당연히 돈을 훔쳐내서 그 친구를 안전하게 지켜줄 수밖에 없잖아.”

　나는 이 책이 무척 마음에 들어서 세 권을 더 구입해 팻과 샌드라, 데비에게 한 권씩 선물했다. 그건 실수였다. 그것도 아주 커다란 실수. 세 사람은 서로 다른 여학생 클럽에서 활동하고 있었지만 다른 여학생들과 더 그릴에서 만나 점심을 먹곤 했던 것이다. 어느 숙명적인 날에 세 여학생이 모두 그 빌어먹을 책을 똑같이 들고 그곳에 앉아 있었다. “어머, 재미있기도 해라. 그 책을 읽고 있네요.” “네, 요즘 만나는 남자가 선물로 줬어요.” “아, 그래요?” “저도요.” “저도 그런데.” “혹시 그게 누군가요?” 동시에 여러 명과 사귀는 중이라면 절대 동일한 수법을 사용해서는 안 된다는 걸 나는 몰랐다. 왜냐고? 여학생들이 서로 이야기를 나누니까. 그리고 자신들이 똑같은 취급을 받고 있다는 걸 알아내기라도 하면 아무도 자신이 특별하다고 느끼지 못하고 당신을 차버릴 테니까. 다행히도 팻은 나를 차지 않았다.

　나는 이런 요령을 아주 ‘잘못된’ 방식으로 터득했지만 그래도 성공을 거뒀다. 사교클럽에서 만난 내 첫 룸메이트는 짐 딜런이었다. 그도 나처럼 수업을 많이 빼먹다가 그만 낙제를 해버렸다. 나와 함께 어울리던 친구들은 대부분 낙제를 했다. 허샤도 낙제를 했고 딜런도 낙제를 했으며 더컨도 낙제를 했다. 수많은 친구들이 낙제를 했는데 유독 나만 낙제하지 않았다. 이 일로 내가 남다른 구석이 있으며 다른 사람보다 어딘가 조금 낫다는 생각이 보다 확고해졌다. 몇몇 친구들은 딜런과 나처럼 살아보려고 시도

했지만 어느 누구도 감당하지 못했다. 그들이 우리처럼 살지 못했던 이유는 우리가 학생이라면 마땅히 해야 할 일을 하지 않았기 때문이다. 수업에 나가지 않았으니까. 우리는 밤을 꼴딱 새우고 맥주를 마시며 수다를 떨었다. 우리는 각자의 데이트 상대를 집으로 데려왔다가 밤 11시 무렵이면 방으로 들어가 새벽까지 앉아서 대화를 나누며 맥주를 마셨다. 흠, 새벽 3시까지 놀다가 아침 8시 수업에 들어가는 건 불가능하다. 그러니 수업을 빼먹기 일쑤였다.

선생님들은 수업에 들어오지 않는 걸 좋아하지 않는다. 그리고 수업에 아예 들어가지 않는 학생은 조만간 문제가 생기기 마련이다. 남학생 사교클럽에서 지내기 시작한 첫 학기에 나는 켄터키 대학교에서 주는 학점을 골고루 다 받았다. A, B, C, D, E(켄터키 대학교는 F학점 대신 E학점을 줬다), W(수강철회), 그리고 I(불완전이수). 그 모든 점수를 다 받았다.

경제학 수업은 거의 들어가지 않았는데도 학점은 A를 받았다. 나는 경제학을 잘 이해했다. 그 과목 교수님은 한계소비성향에 대해 자주 설명하셨고 나는 이런 생각을 곧잘 했다. '알겠어. 이해가 잘 가는 개념이군.' 나는 수요와 공급 곡선을 보면서 이렇게 생각했다. '그래, 맞아. 그렇구나. 진짜 그러네. 공급을 이리로 이동시키면… 그래, 가격이 내려가고… 그래, 알겠어.' 심지어 나는 경제학 교재도 없었다. 경제학 기말고사를 보기 전날 밤 책을 빌려와서 처음으로 펼친 뒤 앉은자리에서 한 권을 통째로 읽어버렸다. 내가 시험장에 들어가서 A학점을 받은 이유는 그 과목을 이해했기 때문이었다. 시험을 치르면서 어떤 생각을 했는지도 기억이 난다. '좋아, 그 문제… 교수님이 한계에 대해 이야기하셨고… 알겠어… 그래, 도표가 이렇게 보이니까… 이건 책 왼쪽에 있었는데… 250쪽 어딘가에 나온 내용이었는데 책에서 뭐라고 했더라?' 나는 어느 부분에 있었는지, 어떻게 생겼는지, 뭐라고 설명했는지 정확히 기억했으므로 그대로 적어낼 수 있었다. 내가 사진처럼 정확한 기억력을 가지고 있다고 주장하려는 건 아니지만 적어도 그 수업만큼은 그랬다는 말이다. 교수님은 내가 수업에 거의 들어오지도 않았으면서 시험만 보면 항상 A학점을 받아가는 걸 영 못마땅해 하셨다. 정말 불쾌하게 여기셨다. 나는 학생으로서 마땅히 해야 할 일을 하지 않았지만 여전히 학교에서 좋은 성적을 거뒀다.

역사과목은 B학점을 받았고 잘 기억이 나지 않는 어떤 과목들은 각각 C, D, E학점을 받았으며 철학은 W를 받았다. W는 학점을 받지 않고 수강철회를 한 경우라서 나쁜 학점을 받지 않았기 때문에 기분이 좋았다. 그 과목에 아예 수강신청을 하지 않은 것이나 마찬가지였다. 신만이 어째서 내가 철학을 신청했는지 아시겠지. 난 철학이 정말 싫었다! 나로서는 도저히 이해가 가지 않았다. 죄다 뜬구름 잡는 이야기들이었다. "나는 생각한다. 고로 존재한다." 누가 상관이나 하나? 나한테는 야구와 다름없었다. 전혀 실용적이지 않은 것. 그러니 철학을 수강철회해도 아무 문제 될 것이 없었다.

어렴풋이 미래를 엿보다

그 학기에 내가 불완전이수를 한 과목은 통계학이었다. 그 과목의 담당교수인 크리스천 박사님을 좋아했지만 통계학을 좋아하지는 않았다. 너무 어려웠으니까. 어느 날, 크리스천 박사님이 나를 불러서 이렇게 말했다. "내가 아는 친구 중에 자네가 꼭 만나봐야 할 사람이 있네. 자네가 그 사람 직업을 좋아할 것 같군. 자네는 이런 분야에 적성이 맞아." 교수님의 오랜 친구는 호레이스 '잭' 샐먼으로 켄터키 대학교를 졸업하고 루이스빌에서 지역 상품 선물 트레이드 전문 중개회사의 영업팀장으로 일하고 있었다.

나는 교수님이 무슨 이야기를 할지 전혀 짐작도 하지 못했다. 나는 과거에 일어난 일로 미래를 예측하는 건 할 줄 몰랐지만 크리스천 박사님을 존경했으므로 이렇게 생각했다. '누가 알겠어? 어쩌면 내가 잭 샐먼이라는 사람의 직업이 마음에 들지.' 그래서 나는 샐먼을 만나러 크리스천 교수님의 연구실로 갔다. 잭은 연구실에 앉아서 오르락내리락하는 대두 가격, 날씨, 일본, 에이커, 수확량, 시장의 흥분, 어떻게 돈을 많이 벌거나 잃는지에 대해 이야기했다. 돈 이야기가 나의 관심을 사로잡았다.

"이런 일로 돈을 벌 수 있어요?"

"돈을 많이 벌 수 있지."

세상에! 그거야말로 내가 하고 싶은 일이다. 돈을 많이 버는 것. 사람들이 학교를 졸업하면 무슨 일을 하고 싶은지 물어볼 때마다 나는 이렇게 대답했다. "돈을 많이 벌 거예요." "그래서 무슨 일을 할 건데?" "사업을 할 생각이에요." 나는 구체적으로 어떻게 할 것인지는 몰랐다. 무엇을 할지도 생각해본 적 없었다. 중요한 건 어떤 일을 하느냐가 아니라 얼마나 많이 받고 일하느냐이므로.

학교를 졸업하고

1965년 8월에 마침내 나는 학교를 졸업했다. 그렇다, 8월이었다. 나는 신입생 2학기 회계과목을 이수하기 위해 여름학기를 수강해야만 했다. 회계학은 정말 싫었다. 나한테 회계학이란 '놓쳐버린 5센트 동전의 행방을 찾으라'는 헛소리나 다름없었다. 내 태도는 이런 식이었다. '5센트가 어디에 있든 무슨 상관이야. 찾는 사람이 가지라고 해. 차라리 내가 너한테 5센트를 줄게. 그러니 없어진 5센트 타령 좀 제발 그만해.' 1965년 8월은 동남아시아에서 전쟁이 본격적으로 확대되던 때였다. 나는 신입생이던 1961년에 이미 ROTC에 지원한 상황이었고 베트남은 막 군세가 확산되고 있었다. 내 계산으로는 전쟁이 확대된다면 보병보다는 장교로 가는 편이 나을 것 같았다. 경험에 비춰보건대 보병은 그리 마음에 들지 않았고 장교가 나았다. 장교가 컨트리클럽 회원이라면 보병은 가방을 들고 다니는 캐디였다. 박격포를 들고 다니는 사람이 되기보다는 박격포를 어디에 놓으라고 명령하는 사람이 되는 편이 낫다는 걸 알고 있었으므로 나는 공군 ROTC에 지원했다. 그런데 한 친구에게 들은 설명에 따르면, 학사학위를 받고 나면 언제든 사관후보생학교$_{OCS}$에 지원할 수 있다고 했다. 나중에 6개월만에 OCS를 이수할 수 있는데 어째서 4년 동안이나 이 미키마우스 같은 옷을 입고 ROTC 노릇을 해야 한단 말인가? 굳이 해야 할 이유도 없는데 말이다. 그래서 나는 ROTC를 그만뒀다. 그 결정은 실수였다. 그것도 아주 큰 실수. 사실 OCS는 6개월밖에 걸리지 않았지만 입학하기 전에 4개월간의 추가 집중훈련 기간이 있었다. 그 10개월은 ROTC를 소풍쯤으로 보이게 만들 정도로 대단했다.

졸업한 뒤에 나는 두어 번 면접을 봤지만 일자리를 구하지 못했다. 나는 누구도 채용하려 하지 않는 소위 1-A로 분류돼 있었다. (1-A는 징병위원회의 용어로 1차 징집 대상을 가리킨다.) 내가 구할 수 있는 유일한 일자리가 나라에 봉사하는 길뿐이라는 것은 분명해 보였다. 나한테는 아무 이상도 없었다. 나는 평발도 아니었고 시력도 좌우 모두 2.0이었으며 결혼도 하지 않은 상태였다. 군에서는 대규모 징병을 실시하고 있었고 이미 징병 추첨도 끝난 뒤였으므로 전원을 데리고 갈 참이었다. 1-A로 분류된 사람이라면 정말 복잡한 사정이 생기지 않는 이상 입대하는 수밖에 없었다.

나는 제대로 된 직장을 잡을 수 없었기 때문에 부모님 집으로 돌아가서 OCS에 들어가는 문제를 해결하는 동안 아르바이트라도 구해야 했다. 그래서 고등학교 시절에 근무하던 최고급 디너 클럽인 화이트 호스를 찾아갔다. 주인에게 자기소개를 했는데 한때 식탁이나 치우던 종업원치고는 꽤 대담한 행동이었다. 다시 한 번 말하지만, 나는 예의범절에 관해 제대로 아는 게 별로 없었다. 그래서 주인에게 이렇게 말했다. "자, 제 문제를 말씀드리죠. 전 조만간 입대를 해야 합니다. 하지만 들어가기 전까지는 일을 하고 싶습니다. 전처럼 식탁이나 치우고 싶지는 않아요. 이제 스물두 살이고 대학을 졸업했으니 더 이상 웨이터 보조는 하고 싶지 않습니다. 웨이터가 될 생각도 전혀 없어요. 실은 바텐더가 되고 싶습니다." 놀랍게도 그가 이렇게 말했다. "좋아."

내가 장담하건대 미국 어딘가에는 지금 이 시각에 잠들어 있는 또 다른 사회가 존재한다. 그 사회는 '야행성 사람들'로 구성돼 있다. 웨이터와 웨이트리스를 비롯해 각종 엔터테인먼트 및 외식 산업에 종사하는 사람들은 모두 여기 해당된다. 그들은 낮에 생활하지 않고 밤에 생활한다. 야행성 사람들이 사는 사회의 계급 제도에서 바텐더는 상당히 높은 지위를 차지한다. 아침형 사람들 사이에서 의사나 법조인이 누리는 지위나 마찬가지다. 야행성 사람들에게 좋은 음식점의 수석 바텐더는 최상위층에서 순위를 다툰다. 수석 바텐더보다 더 근사한 사람은 웨이터 주임밖에 없다. 그러므로 서열 2위의 바텐더가 된다면 정상에서 그리 먼 지위는 아닌 셈이다. 말하자면 야행성 사람들 사이에서 찰리 롭키가 되는 것이었다. 갑자기 나는 스물두 살의 꽃다운 나이에 야행성 사람들의 사회에서 고위직에 오르게 됐다. 나를 매력적으로 본 서른 살의 웨이트리스들은 내가 곧 입대한다는 소식을 듣자 탄식을 내뱉었다.

귀관은 지금 군인이다

나는 OCS에 들어가는 데 문제가 좀 있었다. 무슨 문제가 있었냐고? 그게, 내가 두 차례의 경범죄 기록이 있었기 때문이었다. 두 번 다 봄방학 때 플로리다에서 벌어진 일이었다. 하나는 데이토나 해변에서 모닥불을 피우면서 호텔의 나무 접의자를 가져다 장작으로 사용한 일이었다. (그 당시에는 꽤 좋은 생각처럼 보였다.) 다른 하나는 포트로더데일에서 야외 진열장을 깨고 장식된 돛새치를 훔쳐서 사교클럽으로 가져가려 했던 것이다. (그때 어째서 이게 좋은 생각처럼 보였는지는 도저히 기억나지 않는다.)

내가 OCS에 입학하려고 할 때 신청서에 이런 질문이 있었다. "체포된 경험이 있습니까?" 나는 이렇게 답할 수밖에 없었다. "네." OCS에 합격하기 위해서는 워싱턴으로 가야만 했다. 아버지 지인 중에 연방법원 판사가 한 분 계셨고 팻의 아버지도 가장 친한 친구분이 테네시주 출신의 하원의원이었다. 그래서 나는 워싱턴으로 가서 연방법원 판사와 하원의원을 만났다. 친절하게 신청서를 제출해준 것은 연방법원 판사였지만 정작 일처리를 마무리 지은 것은 하원의원이었다. 이때 나는 연줄 혹은 인맥이 어떻게 작용하는지 알게 됐다. 어떤 일을 처리할 적임자를 알고 있으면 일이 해결된다는 사실 말이다. 그분은 나에게 이렇게 말했다. "해군에 가고 싶은 생각은 전혀 없나? 해군 쪽에서는 나한테 크게 신세 진 일이 있거든. 해군이라면 정말 쉽게 해결할 수 있는데."(주어진 조건은 이랬다. 육군의 학사장교 과정인 OCS를 이수해 졸업하고 장교로 임관하면 2년만 복무하면 된다. 이에 비해 해군은 3년이었고 공군은 4년이었다. 내 관심사는 복무기간을 최대한 줄이는 데 있었다.) 내가 말했다. "아닙니다. 저는 정말 육군에 가고 싶습니다." 하원의원은 수화기를 들더니 육군에 전화를 걸었고 문제를 한방에 해결했다. 나는 OCS에 합격했다. 그게 바로 내가 말하는 연줄이다.

기본훈련과 OCS는 남학생 사교클럽의 신입회원 길들이기와 상당히 비슷했다. 그들은 말도 안 되게 짧은 시간 안에 여러 가지 임무를 시키는 방식으로 당신을 시험해본다. 당신이 스트레스를 받으면 어떻게 되는지 알아보기 위해 그러는 것이다. 그건 일종의 게임이다. "이 녀석에게 말도 안 되는 상황을 던져주고 무슨 일이 벌어지나 보자고." 마치 신입생 영어과목으로 학생들을 퇴학시키려는 술수와 비슷하다. 이게 게임이라는 걸 눈치채지 못하고 게임 방법을 알지 못하면 당신은 스트레스를 받을 것이다. 그들의 작전은 최대한 많은 사람들이 최대한 짧은 시간 안에 그만

두게 하는 것이다. 무슨 심각한 일이라도 되는 것처럼 여기에 온 신경을 기울인다면 훈련은 정말 많은 스트레스를 줄 것이다. 하지만 당신이 초점을 이런 데 둔다고 해보자. "이건 게임이고 이 광대들은 그저 나를 미치게 만들려고 용쓸 뿐이지." 그러면 하나도 힘들지 않다.

나는 가뿐하게 해낼 수 있었다. 물론 육체적으로 노력할 부분이 많다는 점에서야 힘들었지만 심리적으로는 힘들지 않았다. 게임이라는 걸 알고 있었고 그들의 규칙과 동기를 이해했기 때문이었다.

학급의 상위 20퍼센트는 메릴랜드주(州)에 있는 군사시설 애버딘 프루빙 그라운드에 머물며 새로운 병기 사관후보생 프로그램의 강사가 되라는 요청을 받았다. 강사가 되는 것은 연설하는 법을 배울 수 있는 엄청난 기회다. 당신보다 지위가 낮고 반드시 앉아 있어야만 하는 수많은 사관후보생들 앞에 설 테니까 말이다. 그들이 당신이 하는 일에 못마땅해 할까 걱정할 필요도 없다. 당신은 소위고 그들은 후보생이니까. 통제권은 철저하게 당신의 손안에 있다. 그러니 그들이 허튼짓을 하려고 하거든 쏴버리면 그만이다. 그 뒤로 나는 50명 이상의 청중을 상대로 100번 이상의 강연을 했고 그 일이 무척 즐거웠다.

OCS를 졸업하고 나는 OCS 강사가 됐다. 그리고 군사주특기 MOS 학교를 다녀야 했다. MOS 학교의 첫날, 어느 장군이 들어와서 수업에 대해 설명했다. 그러고 나서 그는 교육과정이 끝나면 최우수 학업성적을 비롯해 여러 가지 항목에서 가장 높은 성과를 보인 우등졸업생을 표창할 예정이라고 말했다.

나는 그날 밤 집으로 돌아가서 팻에게 말했다. (그 무렵 우리 둘은 부부였다.) "바로 이거야! 평생토록 나는 사람들한테 해야 할 일을 하지 않는다는 둥, 잠재력이 있으면서 노력을 하지 않는다는 둥 엿 같은 소리들만 들어왔어. 좋아, 앞으로 내가 어떻게 할 건지 말해줄게. 그 망할 우등졸업생이 돼 보이겠어. 그런 사람이 되겠다고. 내가 해낼 거야. 무슨 수를 써서라도 그런 사람이 되겠어." 과정이 끝났을 때 나는 우등졸업생이 됐다. 믿어지지가 않을 정도였다! 내가 목표를 이뤄냈고 심지어 별로 힘들지도 않다니! 내가 한 일이라고는 게임의 규칙이 무엇인지 알아낸 다음 그대로 지킨 것뿐이었다.

자연히 나는 육군의 제안을 받아들여 애버딘의 강사가 됐다. 정말 멋진 일이었다! 나는 장교들 사이에서 아주 뛰어난 강사로 유명해졌다. 가르치는 데 제법 소질이 있었다. 매주 똑같은 말을 하면 되고 내가 말을 해야 할 사람들을 육군 측에서 정기적으로 바꿔주니 강사 노릇이 제법 쉽기도 했다. 수학과 통계학처럼 내가 할 줄 모르는 분야도 많았다. 하지만 주님께서 달란트를 나눠주시며 이렇게 말하신 것이다. "이자는 말재주의 은사를 받을 것이다."

애버딘에서 소위가 상급강사로 부임한 것은 내가 처음이었다. 나로서는 또 하나의 게임에 지나지 않는 일이었다. 무수한 헛짓

거리를 수행해야만 했고 그걸 해냈다. 어렵지는 않았다. 다른 상급강사들은 적어도 대위였고 대부분은 소령이나 중령이었다. 나는 장교들 계급체계에서 최하위층인 소위에 불과했다.

상급강사라는 직함, OCS 훈련, 그리고 MOS 우등졸업생은 모두 똑같은 조건의 상황이었다. "이건 게임이야. 그들은 자기들만의 규칙을 정했어. 나는 이 규칙들을 이해하면 돼. 이 규칙을 지키면 게임에서 이길 수 있어. 별거 아냐. 어려울 거 없어." 때로는 약이 오르기도 했지만 개인적인 문제로 받아들여 마음이 상하지는 않았다. 그들이 규칙을 정했기에 내가 존재하는 것이므로 전적으로 공적인 것이었다. 당신이 시스템을 조종할 수도 있고 시스템에 조종당할 수도 있다. 둘 중 하나를 골라야 한다. 나는 시스템을 조종하는 편이 좋다. 훨씬 더 재미있을 뿐 아니라 이기기가 더 쉬우니까. 무기력하게 시스템에 조종당하고 만다면 당신은 크게 좌절하고 부서질지 모른다.

애버딘에서 13개월을 보낸 뒤 나는 대한민국으로 파견명령을 받았다. 이제 경력이 차곡차곡 쌓이기 시작했다. 강사와 상급강사로서의 공로를 인정받아 훈장을 받기도 했다. 육군은 그런 문제에서 대단히 관대한 편이어서 나는 중위로 진급했다. 그리고 나를 부관, 즉 한 부대의 행정업무를 책임지는 장교로 임명했다. 나는 한국 험프리스 미 육군기지 인사과 소속이었다. 하는 일이 전부 문서업무이다 보니 온갖 것에 다 서명해야 했다. 서류처리가 정말 싫었지만 해냈다. 나머지 일 또한 전임자들보다 조금 더 매끄럽게 처리했다. 일을 처리할 몇 가지 좋은 생각과 새로운 방법이 떠올랐던 것이다. 이제 깨달았지만 나는 눈에 띄지 않게 사는 데 그리 소질이 없는 모양이었다.

어느 날 나는 대대보다 한 단계 위의 조직인 여단의 작전참모(여대의 이인자다)로부터 전화를 받았다. 그가 나를 만나서 점심을 먹고 싶다고 했다. 나는 상관에게 허락을 받고(군대는 명령체계를 아주 철저히 지킨다) 그와 점심을 먹으러 만났다. 그는 나에게 작전과로 보직 변경을 하는 게 어떻겠느냐고 제안했다. 연대의 작전장교로 차출하고 싶다는 것이었다. 이제 내가 연대에서 삼인자와 동급이 될 수 있다는 뜻이었다. 이곳의 조직도는 이렇다. 여단장이 제일 위고, 그다음이 여단 작전참모, 그다음이 작전장교였다.

대대의 부관인 내가 여단의 작전장교가 되려면 다섯 계급을 뛰어올라야 하는데, 이 남자가 지금 나를 위해 다섯 단계를 한 번에 뛰어넘게 만들겠다는 것이다. 작전장교는 대체로 중령이 맡았고 나는 고작 중위였는데! 현실적으로 보면 대위와 소령, 그리고 중령으로 진급하고 나서야 비로소 이 보직에 고려될 자격이 생긴다. 나는 스물세 살의 창창한 나이에 여단의 작전장교가 됐다. 하트퍼드 웨일러스(하트퍼드를 연고지로 하던 아이스하키 팀—옮긴이)의 골키퍼만큼이나 작전장교가 해야 할 일은 많았지만 나는 내가 무슨 일을 해야 하는지 전혀 짐작도 가지 않았다. 내 머리로는 도저히 감당이 안 되는 상황이었다. 190센티미터의 키로 3미터가 넘는 물에 잠겨 있는 기분이랄까.

이 여단에서 맡은 임무 가운데 하나는 미8군의 핵무기 보관이었다. 나에게 개인 무기가 하나 있는 셈이었다. 이렇게 해도 일급비밀, 저렇게해도 일급비밀인. "아, 그럼그럼. 난 스물세 살이라고! 그런데 내가 뭘 하고 있는 거야? 이 사람들 미친 거 아냐? 난 이런 일 필요 없는데. 맙소사! 무섭단 말이야. 내가 유명해진 유일한 이유는 애버딘에서 상급강사였기 때문이고 그건 쉬운 일이었다고. 2년 전에는 플로리다의 데이토나 해변에서 모닥불을 피운답시고 호텔 접의자를 태워먹었는데 지금은 제3차 세계대전의 한 축이 될지도 모른다니!" 나 말고 다른 사람이 핵무기 담당 업무를 맡는 것이 당연했다.

1960년대에 베트남이 뜨겁게 달아오르는 동안 한반도는 다소 잠잠한 편이었다. 그러다 푸에블로호 납치사건이 터졌다. 1968년에 북한이 공해상에서 미국의 정찰함 푸에블로호를 납치했다. 만약 푸에블로호 납치사건이 발생했을 때 내가 맡은 보직이 무엇인지 알려졌더라면 세상은 공포에 질렸을 것이다.

군대에서 쌓은 경험을 통해 돈이야말로 인생에서 정말 중요한 것이지 돈을 벌기 위해 무엇을 하는가는 그리 중요하지 않다는 나의 인생관이 보강됐다. 군대는 정반대였기 때문이다. 그곳에서는 맡은 일이 돈보다 더 중요했다. 물론 나는 중령이 아니라 대위로서 작전장교 역할을 하고 있었으므로 중령이 받는 봉급을 받지는 못했다. 그래서 돈이 중요하게 여겨지는 진짜 세상으로 돌아갔을 때 얼마나 기뻤는지 모른다.

어머니는 신시내티의 제이비어 대학교 MBA 과정에 나를 가입학시키셨다. 내가 정규 학생이 되지 못하고 가입학이 된 이유는 학부 졸업성적이 2.2밖에 되지 않기 때문이었다. 팻과 나는 신시내티로 이사를 가서 아파트를 구했다. 팻은 가르치는 일을, 나는 공부를 시작했다.

군대에서 쌓은 경험과 특히 우등졸업생이 되어 스스로 증명해 보인 결과 때문에라도 나는 이번에는 학교에서 좋은 성적을 내고 싶었다. C보다는 A를 받는 편이 낫다는 결론에 도달했다. 다행히 내가 수강하는 수업들은 대체로 쉬운 과목이었다. 마케팅과 경제학이 있었고 통계학이나 수학은 없었다. 나는 수학이 싫다. 산수야 남부럽지 않게 할 줄 알지만 산수와 수학은 전혀 다른 이야기다. 나는 공식을 싫어하는 거다. x와 y가 같은 종이에 적혀 있으면 절로 이런 말이 튀어나온다. "뭔 상관이야! 다른 사람보고 하라고 해."

나는 첫 학기의 과목들을 무사히 통과했다. 같은 프로그램을 듣는 다른 학생들은 대체로 MBA 학위를 받기 위해 학교로 돌아온 제너럴일렉트릭GE의 기술자들이었다. 신시내티 외곽의 에번데일에는 GE 공장이 자리하고 있었고 이 사람들은 모두 화학공학 기술자나 전기 기술자들이었다. 그들은 하나같이 벨트에 계산자를 차고 있었지만(휴대용 전자계산기가 등장하기 이전의 암흑시대에 사용하던 물건이다) 대부분 마케팅이나 경제학에 대한 이해가 전무했다.

그다음에 우리는 양적 경영 방식이라는 수업을 들어야 했다. 이 수업은 수학과목이었다. 수업 첫날, 괴짜 수학 선생님이(이분은 **완벽한** 수학 선생님이었다. 지루하고 건조하며 벨트에 계산자를 두 개나 차고 있었다) 이렇게 운을 뗐다. "이 수업을 통과하기 위해서 자네들은 미적분학에 대한 실전 지식이 필요할 걸세." 아이고! 나는 미적분학을 이해할 수 없었다. 하지만 졸업하려면 이 과목을 들어야만 했다. 처음 몇 번은 수업을 빼먹지 않고 잘 앉아 있었지만 한마디도 이해가 가지 않았다. 다른 수업시간에 내가 줄곧 비웃어 마지않던 괴짜들이 여기서는 잘하고 있었다. 그들은 선생님이 설명하는 내용을 전부 이해했다. 작은 계산자를 꺼내들고 해답을 찾기 위해 소수점 셋째 자리를 놓고 논쟁을 벌여댔다. 나는 제대로 이해할 수 없었다. 첫 번째 시험을 치르기 위해 이틀 동안 공부를 했지만 겨우 38점밖에 받지 못했다. 반에서 가장 낮은 성적이었다. 그것도 월등히 낮은 점수.

그래서 나는 노트르담 대학교에서 수학과를 다니고 있는 고등학교 동창에게 전화를 걸었다. "랠프, 가정교사가 좀 필요해. 그러니까, 내가 여기서 완전히 엉망진창이야. 돈 줄게. 이 과목 꼭 통과해야 한단 말이야. 지금 내가 대체 뭘 하고 있는지도 모르겠어. 나한테 이걸 좀 이해시켜줄 사람이 필요해." 그는 나를 도와주겠다고 약속했다. 이번 게임은 그렇게 진행됐다. 내가 아는 게 있든 없든 상관없었다. 그가 이 과목을 통과할 수 있는 수준으로 나를 이끌어줘야만 했다. 나는 엉덩이에 불이 나게 공부했다. 나는 여전히 아는 게 하나도 없었지만 그 과목에서 C를 맞았다.

요는, 경제학과 마케팅 수업에서는 다른 학생들이 감히 나와 비교조차 되지 않았기 때문에 내가 그들을 비웃었다면 수학 수업에서는 갑자기 내가 그들과 비교조차 되지 않았다. 그 일을 계기로 나는 사람에게는 저마다 제자리가 있는 법임을 깨달았다. 사람은 할 수 있는 일과 할 수 없는 일이 있다. 할 수 없는 일을 두고 속상해할 필요는 없다. 할 수 없는 일이 있다면 그 일을 할 줄 아는 사람을 고용하고 걱정을 접어라.

뇌 연구가와 나비

나의 원대한 계획은 '사업에 뛰어들어' '돈을 많이 버는 것'이었으므로 증권 브로커가 완벽한 직업처럼 보였다. 증권 브로커는 꽤 높이 평가되는 영업직이고 소질만 있으면 엄청난 수입을 올릴 수 있다. 나는 MBA 과정을 끝마칠 때를 대비해 장래의 고용주들과 안면을 익혀두기로 마음먹었다. 그래서 신시내티의 '금융지구'로 내려가서 배치, 뒤퐁, 혼블로워 같은 증권 중개영업소를 차례로 방문하기 시작했다. 이들 중 일부는 더 이상 존재하지도 않는다. 나는 학교 수업 시간표와 잘 맞을 만한 아르바이트 자리를 찾고 있었다. 내가 원하는 조건은 이런 것이었다. "오전 10시부터 오후 3시까지 일할 수 있습니다. 일의 종류는 상관없습니다. 급여를 얼마 주시든 상관없고요. 만약 주신다면요. 하지만 대학원 과정을 졸업하면 연수 프로그램에 들어가서 공인 증권 브로커가 되고 싶습니다." 대부분의 거대 중개업소에서 나는 마치 사각 구멍에 들어간 둥근 돼지처럼 회사에 꼭 필요한 적임자가 아니었다. 그들은 상근직원을 원했다. 다만 한 중요 와이어하우스(본점과 지점들을 전기통신망으로 연결하는 비교적 규모가 큰 증권회사—옮긴이)가 예외였다.

1968년의 어느 좋은 날, 나는 이 사무실로 걸어 들어갔다. 이 영업소에서 가장 거물 브로커들은 주로 상품 브로커인데 나는 그의 조수가 그만둔 다음 날 우연히 그곳에 들른 것이었다. 이 브로커는 한 해에 총 수수료 30만에서 50만 달러를 창출했다. 상품으로, 1968년에! 그는 엄청난 실력자였다.

지점장 비서가 이렇게 말했다. "지점장님인 피츠제럴드 씨에게 말씀하셔야 해요." 나는 래리 피츠제럴드를 만나러 갔고 그는 이렇게 말했다. "상품에 대해서 아는 게 있나?" 나는 그 분야에 관해 아무것도 몰랐지만 대학시절에 잭 샐먼과 크리스천 박사님을 만났을 때 들은 전문적인 표현 몇 가지가 기억났다. 그래서 이렇게 말했다. "저는 언제나 선물에 관심이 있었습니다. 특히 대두… 그리고 곡물… 그리고 기름. 날씨가 수확에 어떤 영향을 미칠 것인지 파악하려고 노력합니다." 나는 샐먼에게서 주워들은 전문적인 어감의 용어들을 두루 활용했다. 피츠제럴드가 말했다. "좋아, 채용하지. 단 코핸이 자네를 원한다면. 나가서 에드 코핸을 만나

보게." 코핸은 거물 상품 브로커였다. 피츠제럴드는 나를 그에게 소개했고 아주 짧은 면접을 보고 난 뒤에 코핸이 말했다. "좋아, 채용하지."

사무실을 나가는 길에 피츠제럴드의 비서가 다음 날 다시 와서 지원서를 작성하고 시험을 보라고 말했다. "시험을요? 어떤 시험인가요?" 내가 물었다. 그녀는 미네소타 가치관연구 검사라고 말했다. 자기도 모르는 사이에 그녀는 내일 게임이 진행될 것이라고 나에게 알려줬던 것이다. 이번 게임은 검사였다. 나는 이 검사에 관해 아는 게 하나도 없었으므로 정보를 좀 알아내야겠다고 마음먹었다.

나는 곧장 서점으로 가서 《뇌 연구가》라는 제목의 책을 찾았다. 이 책은 세 장(章)에 걸쳐서 미네소타 가치관연구 검사를 다루고 있었다. 나는 다음 날의 시험에 대비하기 위해 이 책을 구매해서 그날 밤 열심히 읽었다. 미네소타 가치관연구 검사에 관한 여러 항목에는 각각 다섯 개의 답안이 제시돼 있는데 피험자가 자신이 생각하는 중요도에 따라 순위를 매기면 된다. 이 다섯 가지 대답은 돈과 정치, 미학, 종교, 사회적 중요성의 범주로 구분된다. 내가 기억나는 질문 하나를 예로 들어보자.

레오나르도 다빈치의 그림 〈최후의 만찬〉을 보면 어떤 감상이 드는가? 다음 대답을 중요도에 따라 순위를 매기시오. 가장 중요한 것에 1, 가장 중요하지 않은 것에 5라고 적으시오.

그림 속 사건의 사회적 함의.

그림의 아름다움.

그림의 가치.

그림의 정치적 영향.

그림의 종교적 영향.

당신이 어떤 직업에 지원하는가에 따라서 대답의 순위를 매기는 방식도 달라져야 한다. 브로커가 되고 싶은 사람이라면 위 질문에 대한 올바른 대답 순위는 다음과 같다. 가장 우선순위는 돈에 관련된 것이고, 그다음으로 정치적 항목과 사회적 중요성, 미학적 관점 순서여야 하며, 제일 마지막으로 종교라고 대답해야 한다. 교구목사로 일하고 싶은 사람이라면, 언제나 가장 먼저 꼽을 것은 종교 항목이고 그다음으로 사회적 중요성 등일 터이며 돈에 관련된 대답이 항상 마지막으로 언급돼야 한다. 그들의 게임이 어떤 식으로 진행될지 알아내고 나면 검사는 어렵지 않다. 아주 단순한 문제다. 다섯 개의 대답 중에 어느 것이 어느 범주를 나타내는지 아주 빠르게 판단할 수 있을 테니 고용주가 원하는 순서라고 믿는 대로 순위를 매기기만 하면 된다.

그래서 다음 날 나는 검사를 받았고 모든 문항에 돈, 정치, 사회적 중요성, 미학, 종교의 순서로 대답을 했다. 나는 자연스러운 인상을 남기기 위해 일부러 한 문제 정도 틀리는 수고조차 하지 않았다. 그게 작은 실수였다. 두 번 정도는 돈과 정치의 순서를 바꿔서 말했어야 했는데 그러지 않았다. 내 검사 결과는 완벽했다. 잘못된 대답이 하나도 없었던 것이다. 그들이 검사 결과를 채점하자 산포도 차트가 나왔다. 브로커에 적합한 사람이라면 산포도가 나비 모양과 비슷해야 한다. 그런데 내 산포도는 완벽한 나비 모양이었다.

피츠제럴드는 상관하지 않았다. 그는 내가 검사를 완전히 망치지만 않으면 나를 고용할 작정이었다. 하지만 이렇게 말했다. "검사 결과가 아주 좋아. 그렇게 결과가 잘 나온 사람은 처음이야." 나는 검사를 받기 전에 공부를 조금 했다고 설명했다. "그 검사는 공부해서 볼 수 있는 게 아니야." "글쎄요, 그러실 수 있을 겁니다. 그러시지 않은 거죠." 내가 말했다. 다음 날 나는 코헨의 조수로 일하기 시작했다.

그때가 1968년으로, 주식시장이 활황이었다. 주가는 상승세를 타고 있었고 모든 것이 환상적이었다. 사무실의 모든 사람이 돈을 벌고 있었다. 그러다 갑자기 상승세가 꺾이면서 하락세가 시작됐다. 그런 상황이 벌어졌을 때 사무실에서 돈을 벌어들이는 사람은 에드 코헨밖에 없었다. 그는 여전히 트레이드를 진행하고 있었고 다른 사람들은 모두 전화기만 뚫어져라 쳐다보는 중이었다. 나는 혼잣말을 중얼거렸다. "이봐, 아무래도 넌 선물 쪽으로 가야겠어. 오르기만 하는 시장에 휘둘리지 않겠다는 생각이 마음에 들어. 시장이 불황일 때도 돈을 벌 수 있다는 것도 마음에 들어." 당신이 아무리 뛰어난 주식 브로커라 해도 상관없다. 시장이 하락세라면 당신은 곤란해진다. 방어적인 자세를 취해야 하며 전처럼 많은 계약을 하게 되지 않는다.

1969년 9월에 나는 MBA 과정을 끝마쳤고 처음 거래 조건대로 이 중개회사에 입사해서 뉴욕시(市)에서 석 달 동안 브로커 연수 프로그램을 밟았다. 연수 프로그램이 시작되기 한 달 전, 뉴욕시로 건너가 선물부의 온갖 거물들과 친분을 쌓으면서 시간을 보냈다. 나는 그들이 무엇을 했고, 왜, 어떻게 일했으며 어떤 것을 하지 않았는지 궁금했다. 1년 동안 에드 코핸의 밑에서 일해왔기 때문에 나는 빠르게 성장하는 추세였고, 따라서 뉴욕 선물부의 모든 사람이 내가 누군지 알고 있었다. 나는 완벽한 나비 차트를 그려낸 사람이었으니까.

다시 한 번 말하지만, 나는 다른 사람보다 뛰어나다는 인상을 받았다. 다른 연수생들보다 조금 '뛰어나다'고 생각한 이유는 선물부의 사람들을 거의 알고 있었고 코핸 밑에서 일한 경험이 있었기 때문이다. 실제 연수 프로그램이 시작되자 나는 상품 부분을 가르치게 됐다. 정규 강사들은 뉴욕 출신이었고 검사에 관해서는 어떻게 설명해야 할지 어느 정도 알고 있었다. 하지만 대형 선물거래소가 시카고에 있었기 때문에 선물에 대해서는 제대로 알지 못했다. 그들은 내가 이 문제에 관해 어느 정도 안다는 것을 재빨리 파악하고는 나를 보조강사로 삼았다. 그리고 상품에 대해 질문이 생길 때마다 나를 찾아왔다. 나는 내가 답을 모르는 문제라면 코핸에게서 정답을 구할 수 있다는 걸 알고 있었다. 다시 한 번 말하지만, 나는 미다스의 손과 연줄이 있었다.

어느 직원 한 명이 선물부 사람에게 내가 수업 진행에 아주 큰 도움을 주고 있다는 귀띔을 해줬는지 나는 세금 스트래들 거래(자본손실과 자본이득을 각각 다른 과세연도로 분리함으로써 자본이득이 많은 과세연도에 인위적으로 자본손실을 만들어서 자본이득세 부담을 줄이는 전략-옮긴이) 전문가 톰 오헤어로부터 전화 한 통을 받았다. 그는 연간 200만에서 300만 달러에 해당하는 엄청난 성과를 올렸는데 모두 증권 브로커들의 의뢰를 받은 것이었다. 브로커들은 그에게 전화를 걸어 이렇게 말하곤 한다. "올해에 250만 달러를 번 고객이 있어요. 세금 기술 좀 부려주실래요?" 그러면 톰이 이렇게 대답한다. "그러죠. 얼마나 큰 기술이 필요한가요? 일 처리하는 데 고객이 얼마나 큰 위험을 감수할 생각이시랍니까?" 톰 오헤어는 그 분야의 대가였다.

음, 톰은 나에게 전화를 걸어 그의 사무실에서 만나고 싶다고 말했다. 내가 사무실에 도착하자 반기는 농담을 몇 마디 건넨 뒤에 그는 내 서류를 꺼내들었다. 그러고서 이렇게 말했다.

"뻔뻔스럽게도 완벽한 나비를 그렸다는 프리마돈나를 정말 만나고 싶었지."

"네? 무슨 말씀을 하시는지 잘 모르겠습니다."

"아니, 잘 알 텐데! 내가 무슨 말을 하는지 정확히 알지 못하는데 완벽한 나비를 그릴 수 있는 사람은 세상에 없으니까."

"그게, 책을 읽기는 했습니다만…."

"그 책이 《뇌 연구가》일 테지, 아마?"

"그러니까, 잠시만 기억을 좀…. 네, 그 제목이 맞는 것 같네요…. 검사 치르는 데 도움이 많이 됐습니다."

"좋아. 그 책을 읽지 않았다면 실제로 자네가 나비 모양에 얼마나 가까워졌을 거라고 생각하지?"

"솔직히 꽤 비슷할 거라 생각합니다. 게임이 뭔지 몰랐어도 여전히 그리 멀리 벗어나진 않았을 겁니다." (나는 컨트리클럽 회원들과 어울리고 싶어 했다. 기억나는가? 이미 돈이 중요하다고 믿고 있었다.)

"좋아. 이런 게 내가 하는 일이야."

오헤어는 세금 스트래들 전략에 대해 설명하기 시작했다. 회사 전체가 자산에 피해를 입을 위험이 있더라도 합법적으로 조세액을 줄이고 싶어 하는 고객들을 모두 그에게 소개해주고 있었다. 오헤어는 조수가 필요했다. "나한테 조수를 채용할 재량이 있네. 내가 하는 일을 배우고 잘 이해해서 도와줄 사람을 원해. 그러면 우리는 더 많은 계약을 진행할 수 있으니까. 자네 검사 결과를 눈여겨봤지. 우리 둘 다 그게 순 엉터리라는 걸 잘 알잖나. 하지만 그걸 해냈다는 점에 대해선 높이 평가하네. 자네 상사 에드 코핸하고는 이미 얘기를 해봤어. 자네가 영리한 젊은이라더군. 난 자네가 내 밑에서 일했으면 싶은데. 연봉은 2만 3000달러를 주겠네."

내가 가진 대안은 신시내티로 돌아가서 코핸 밑에서 브로커로,

아니, 기본적으로는 그의 조수로 일하는 것이었다. 하지만 그것도 나쁜 선택은 아니었다. 그는 쉰두 살이었고 엄청나게 두꺼운 고객 장부를 가지고 있었으니까. 영원토록 그 자리에 눌러앉아 있을 리도 없으므로 그의 밑에서 일하는 사람은 누구든 그 장부를 물려받아 떼돈을 벌어들일 것이다. 신시내티에 돌아가면 나는 연봉 1만 5000 내지 1만 8000달러 정도에 내 개인고객과의 거래에서 생기는 실적에 따라 성과급을 추가로 얻을 수 있다. (그 당시 10만 달러의 실적을 올린 브로커가 2만 8000달러가량을 받았고 이는 1968년 기준으로는 상당히 큰돈이었다.) 그런데 이 남자가 내게 2만 3000달러를 제안하고 있었다.

내가 말했다. "오헤어 씨, 저에게 전화를 해서 보자고 하셔서 얼마나 영광인지 모르겠습니다. 함께 일하게 된다면 정말 멋진 일일 것 같습니다. 기분은 정말 좋습니다만 일자리 제안은 수락하지 못할 것 같네요."

음, 이 남자가 '싫다'는 말을 그리 자주 들어보지 못했다는 것은 이내 분명해졌다. 상대가 화장실이 어딘지도 아직 모르는 스물네 살짜리라면 특히 그랬을 터였다.

"무슨 말이지? 제안을 받아들이지 못하겠다니?"

"그게, 그 금액 때문입니다. 저는 뉴욕에서 살고 싶은 마음이 전혀 없고 제 아내도 마찬가지입니다. 마음 먹으면 할 수도 있겠죠. 금액만 맞는다면 아프가니스탄의 카불에 여행사를 차릴 수도 있을 테죠. 갓 결혼한 아내는 첫아이를 임신한 상태고 뉴욕으로 이사하고 싶어 하지 않습니다. 문제를 잘 해결해볼 수는 있을 겁니다. 그러려면 그에 대한 보상이 필요할 테고, 완전히 솔직히 말씀드려 2만 3000달러로는 성에 차지 않습니다."

"그게 무슨 말이지? 신시내티에서 첫해에 얼마를 벌 것 같은가?"

"글쎄요, 제가 10만 달러의 성과를 올렸을 때 2만 5000달러를 받을 수 있다는 것이죠. 거기다 아시다시피 래리 피츠제럴드는 제가 첫해에 10만 달러의 계약을 성사시킨다면 보너스를 지급할 겁니다. 아마 2만 6000 내지 2만 7000달러 정도는 벌겠죠. 그러니 제가 뭐하러 2만 3000달러를 벌겠다고 뉴욕까지 오겠습니까. 제가 알기로 가능성이라고는…."

"잠깐! 첫해에 10만 달러어치 거래를 성사시키겠다고?"

"뭐, 네, 그럴 것 같습니다."

"하지만 코핸 밑에서 일할 것 아닌가?"

"네. 그렇지만 코핸 씨는 장부에 있는 고객을 전부 관리하진 않습니다. 장부가 너무 두껍거든요. 그분의 손이 미치지 않는 곳을 제가 차지할 겁니다. 그러면 제가 짬을 내서 일을 해도 15만 달러는 문제없습니다."

"좋아. 2만 7000달러를 주겠네."

"3만 달러로 하시죠."

"내 사무실에서 나가게."

"제가 좀 지나쳤습니까?"

"그렇지. 조금 지나쳤지. 내 사무실에서 나가게."

"오헤어 씨, 만나 봬서 반가웠습니다. 오헤어 씨도 반가운 만남으로 기억해주시면 좋겠네요. 1년 뒤에 연락드리겠습니다. 그러면 누가 맞았는지 알게 되겠죠. 전 잊어버리지 않을 테니 부디 기억해주십시오. 맹세코 저를 여기로 불러서 일자리를 제안해주신 것은 영광이었습니다."

나는 첫해에 16만 2000달러의 실적을 올렸다. 회사가 창립된 이래로 신입사원이 거둔 가장 높은 성과 중 하나로 기록됐다. 나는 오헤어에게 전화를 걸어 이렇게 말했다. "오늘부로 제 근속연수가 2년 차에 접어듭니다. 가서 기계를 확인해보십시오. 제 실적이 16만 2000달러라는 걸 확인하실 수 있을 겁니다. 신시내티에서 4만 3000달러를 받는데 뉴욕에서 2만 7000달러를 받는 것보다야 훨씬 낫죠. 협상을 다시 재개해보실 겁니까? 전 이제 5만 달러를 제안하고 싶은데요." 그는 껄껄 웃고는 이렇게 말했다. "아니. 벌써 사람을 채용했어. 자네처럼 대담하지 않을지는 몰라도 2만 8000달러만 받고도 잘해낼 걸세."

3

목재 트레이드와 미다스의 손

코핸 밑에서 일하기 시작한 지 1년 뒤에 회사에서는 지역 트레이
드 부서라는 것을 신설하겠다고 결정했다. 본사는 우리가 이 지
역에서 선물업을 계속할 생각이라면 클리블랜드로 가야 한다고
설명했다. 나는 그들의 말을 믿었고 그건 실수였다. 에드 코핸 옆
에 계속 남아 있어야 했다. 안타깝게도 코핸이 곁에 남아 있어
도 좋다는 말했을 때에는 시기가 너무 늦은 뒤였다. 코핸은 그 유
명한 250킬로그램의 카나리아와 같았다(유명한 농담을 인용한 것.
"250킬로그램이나 나가는 카나리아는 어디에 앉지?" "아무 데나 앉고
싶은 데!"-옮긴이). 그가 원하는 것이라면 무엇이든 할 능력이 있
었다는 말이다. 코핸이 나를 옆에 두고 싶다고 상부에 이야기했
더라면 나는 얼마든지 남을 수 있었다. 그는 대단한 사람이었지

만 적극적인 성격은 아니었다. 그는 이렇게 말하지 않았다. "이봐, 짐, 그렇게 할 필요 없어. 여기 남아서 나와 같이 일해도 돼." 그래서 나는 클리블랜드로 옮겨가야겠다고 생각했다.

나는 지역 트레이드 부서에 자리가 있으니 면접을 보러 오라는 요청을 받았는데, 스물네 살에 경력이 고작 1년밖에 안 된다는 걸 감안하면 영광스러운 일이었다. 클리블랜드에서 일자리 제안이 들어왔고 나는 이를 받아들였다. 계약조건은 다음과 같았다. 그 지역의 모든 증권 브로커들이 그들의 선물업을 다른 두 명의 선물 브로커들과 나에게 소개해주고 수수료를 배분하기로 했다. 1970년 7월에 나는 클리블랜드로 이주했고 첫해에 많은 트레이드를 성사시켰으며 대부분은 목재였다. 그렇게 목재산업에서 확고한 고객 기반과 인맥을 구축했다. 어느새 세 명에서 다섯 명으로 늘어난 우리의 소규모 집단은 영업소의 증권 브로커 112명 전원이 증권에서 처리하는 것보다 더 많은 선물업을 처리할 능력을 겸비하게 됐다!

코핸을 알게 됐고, 뉴욕에서 가르치는 일을 하게 됐으며, 한 증권 중개회사 창립 이래 신입사원이 낸 최고의 실적 중 하나를 기록하는 사이에 나는 자신감이 가득 찼다. 그러면서 내가 남과 다른 뛰어난 사람이라고 계속 믿었다. 그리고 규칙을 변칙 적용하거나 위반해도 괜찮다는 믿음으로 정말 어리석게 행동하기도 했다. 물론 불법적인 일은 아니었고 그저 시기를 앞서갔다거나 회사 정책을 조금 어기는 정도에 그치기는 했다. 내 고객들 가운데

사설 트레이드 시스템을 갖춘 사람이 있었는데 그가 외부자금을 좀 관리하고 싶어 했다. 그는 나더러 3만 달러를 마련해서 계좌에 넣어달라고 말했다. 자신이 이 계좌로 트레이드를 하고 수수료를 받지 않을 것이며, 돈을 투자한 고객들과 이익과 손실 **모두**를 50 대 50으로 나누겠다는 것이었다. 이런 종류의 계약이 지금도 항상 이뤄지고 대체로 그 조건은 고객에게 훨씬 불리하다. 그리고 지금은 대부분 수수료를 지급해야 하며 어떤 머니 매니저도 손실을 나누지는 않는다.

어쨌든 나는 자금을 마련해서 우리가 정확히 무슨 일을 계획하는지 고객들에게 설명했고 그들은 조건에 동의하여 서류에 서명했다. 나는 계좌를 유한 파트너십으로 등록해서 국가 증권감독당국에 이 계약서를 제출했다.

음, 그는 잠시 동안 돈을 벌기는 했지만 이내 잃기 시작했다. 그가 고객들의 자금 2만 달러를 날리고 나자 나는 초조한 마음이 고개를 들어 이렇게 말했다. "좋아요, 큰 문제는 아닙니다. 하지만 손실액의 절반인 1만 달러를 주셔야겠습니다." 그가 수표를 보내왔고 수표는 부도 처리됐다. 자연히 그 사건은 업무팀장의 주의를 끌었다. 간략히 말하자면, 트레이더가 원래의 자금 3만 달러를 손해 봤을 뿐 아니라 2만 달러의 추가 손해를 입었던 것이다. 그 트레이더는 회사에 빚진 2만 달러를 갚을 능력도, 갚을 의사도 없었으므로 내가 해고당했다. 나는 '정당한 사유로' 쫓겨났는데, 그도 그럴 것이 뉴욕 증권거래소로서는 금기사항을 어긴 셈이었으니까. 나는 어느 곳에서도 직장을 구할 수가 없었다. 그 후 얼마 지나지 않아 회사는 그에게서 자금을 회수했지만 그 무렵의 나에게 전혀 도움이 되진 않았다.

그래서 나는 오랜 친구 잭 샐먼에게 연락했다. 그 당시 샐먼은 내가 대학시절에 만났을 때 일하던 지역 증권 중개회사의 회장이었다. 나는 석 달 동안 일자리를 구하지 못한 상태였지만 지역 회사에서 일하고 싶은 마음은 별로 없었다. 그래도 해야 할 일이면 어찌 됐든 해야 하는 법이었다. 나는 여전히 움직일 수 있는 고객층이 있다고 생각했다. "목재 계좌들을 움직일 수 있습니다. 제 사업을 가져갈 만한 회사를 알고 계신가요?"

그가 대답했다. "우리 회사로 와서 일하지. 우리 클리블랜드 지점에서 자네 재주가 정말 요긴하게 쓰일 거야. 총수입의 절반을 주지. 거기 더해서 전체 실적의 5퍼센트 가산 수수료를 지불하고." 내 전 고용주는 총수입의 겨우 25퍼센트밖에 주지 않았으므로 내가 사업을 계속할 수만 있다면 이 계약은 엄청난 것이었다. 때때로 좋은 시기에 좋은 장소에서 좋은 사람을 알고 있으면 세상이 완전히 달라질 수도 있다. 나는 직원인 네 명뿐인 클리블랜드의 작은 영업소로 가서 샐먼을 위해 일했다. 내 계좌의 대부분은 이전됐으므로 사업은 상당히 빠른 속도로 정상적인 궤도에 올라섰다.

1973년 1월부터 1976년 7월까지 나는 많은 돈을 벌었다. 1971년에 닉슨 대통령이 금본위제를 공식적으로 폐지하면서 모든 상품

시장이 뜨겁게 달아올랐고 1973년과 1974년에 곡물 시장이 활황을 보였다. 내 고객들은 돈을 벌었고 나도 돈을 벌었다. 나는 집과 스포츠카를 구입했다. 팀장들 회의에 참석했으며 실적 향상을 기반으로 책임팀장으로 선정됐다. 나는 다시 한 번 미다스의 손 증후군을 경험했다. 내가 손대는 것은 무엇이든 황금으로 변했다. 상황이 더 나아질 것이라고는 전혀 생각지도 못했지만 실제로 상황은 나아졌다.

시카고

내가 회원이 되고 싶었던 유일한 상품거래소는 다른 상품들을 트레이드할 권리에 대해 비용을 지불할 필요 없이 목재를 트레이드할 수 있게 해주는 곳이었다. 거기에 가입하면 정회원 자격이 주어지기 때문이었다. 1976년에 시카고 상업거래소가 정확히 그런 종류의 회원제도를 만들었다.

시카고 상업거래소의 회장 리오 멜라메드는 정회원 자격을 약화시키지 않고 자기자본 거래를 통해 새로운 시카고 상업거래소 건물 비용을 지불할 아주 영리한 전략을 생각해냈다. 그는 목재와 계란 트레이드가 허용된 비가축 회원$_{NLM}$을 만들었다. 시카고 상업거래소나 시카고 상품거래소의 정회원 비용이 12만 5000에서 15만 달러였는데 그에 비하면 NLM의 회원 비용은 2만 달러밖에 되지 않았다.

나는 잭 셀먼에게 전화를 걸어 이렇게 말했다. "바로 이거예요! 시카고로 이사 가고 싶어요. 어쨌거나 클리블랜드 영업소에는 저 빼면 정말 아무도 없거든요. 그러니 짐을 다 싸가지고 시카고로 갈게요." 1976년 6월에 나는 회원권을 구입해서 시카고로 이주했다.

나는 시카고의 새 일자리에서 성공하기 위해서 잘 차려입고 싶었다. 마침 예전에 남학생 사교클럽에서 알고 지내던 지미 쇼월터가 켄터키 렉싱턴에서 남성복 매장을 하고 있었다. 지미의 가게는 히키 프리먼 같은 고급 정장을 파는 곳이었다. 아르마니 정도의 명품은 아니지만 상당히 고급품이었다. 나는 그에게 전화를 걸어서 휴점일인 일요일에 가게로 가서 새 옷을 좀 입어볼 수 있겠는지 물었다. "글쎄, 짐. 가게서 뭐 이야기 나눌 거라도 있니?" 그는 일요일에 단지 나를 위해 가게에 나오고 싶은 마음이 없는 게 확실했다. 내가 말했다. "새 옷에 큰돈을 쓰겠다는 말이야. 옷이 괜찮으면 아마 8000이나 1만 달러쯤." 갑자기 지미에게 일요일의 방문이 그리 나쁜 제안처럼 들리지 않는 모양이었다. 그래서 나는 렉싱턴으로 날아가서 새 옷을 구했다.

상업거래소에서 회원권을 사면, 거래소에서 다른 트레이더들이 당신과 트레이드를 하면서 신분을 확인할 때 사용하는 회원증에 새길 호출부호를 골라야 한다. 다른 트레이더들과 많은 트레이드를 하기 위해서 당신은 군중 속에서 눈에 띄고 싶을 것이다. 어떤 사람들은 자기 이름의 머리글자를 사용하기도 하고 별명을 쓰기도 하며 자음과 모음을 재치 있게 합성해서 기억하기 쉽게 만들기도 한다. 내 경우에는 항상 어떤 식으로든 유리한 걸 추구하다 보니 LUCK, 즉 행운이라는 글자를 골랐다. 어쨌든 그냥 좋은 것보다는 행운이 깃드는 편이 나으니까. 게다가 기억하기도 아주 쉽고 말이다. 그곳의 모든 사람이 LUCK이 누구인지는 알았다. 사람들이 확인하고 기억할 수 있는 표지였던 것이다.

거래소에 대해 배우다

얼마 지나지 않아 목재 거래소에서 가장 뛰어난 트레이더가 스투 김블이라는 것을 분명히 알 수 있었다. 그는 어느 누구보다 뛰어난 인물이었다. 마치 유력자와 실력자의 환심을 사려고 애쓰던 컨트리클럽에서처럼 나는 김블과 친해지고 싶었다. 그래서 제대로 아는 것도 없으면서(꼭 사교클럽에서 서약 핀을 받을 때처럼) 어느 날 나는 그에게 걸어가서 말을 걸었다.
"스투, 점심 같이 먹을래요?"
"저는 점심 안 먹습니다."
"그럼 저녁 드실래요? 술을 한잔하는 건 어때요? 원하는 게 있으면 아무거나 좋아요. 그냥 같이 나가서 이야기를 좀 하고 싶은데요. 거래소에서 제일 뛰어난 트레이더잖아요. 그래서 이야기를 꼭 나눠보고 싶은데요."
"좋아요, 그러면 점심을 먹으러 가죠."

그 후 나는 스투 김블을 비롯해 거래소에서 명성을 날리는 또 한 명의 트레이더 조 시겔과도 친분을 쌓으면서 나머지 사람들과 멀어지게 됐다. 조는 주로 돼지 옆구리살과 목재 거래소에서 돌아다녔다. 나는 두 사람을 통해 많은 것을 배웠다. 그리고 여전히 김블이 거래소 최고의 기술적 트레이더였다고 나는 생각한다.

추월차선 위의 인생

새로 생긴 비가축 회원제도의 일환으로 시카고 상업거래소 운영위원회는 비가축 회원 중에서 두 명을 운영위원으로 받아들이겠다고 결정했다. 비가축 회원들 중에서 운영위원 자리 두 개를 놓고 각축을 벌일 후보 네 명을 선별하기 위해 심사위원회가 구성됐고 나에게 연락을 취해 혹시 위원회에 입후보할 생각이 없는지 물어왔다. 아마도 내가 주지사 선거에라도 출마한 듯한 멋지고 고급스러운 양복을 입고 거래소에 등장한 덕일 것이다. 거래소의 복장 규정은 타이에 트레이딩 재킷(트레이더들이 입는 재킷으로 소속 회사를 나타내는 색이나 로고를 활용한다-옮긴이)을 착용하는 것이었다. 청바지나 테니스화는 착용 금지였다. 다른 사람들은 모두 카키색 옷이나 코듀로이 소재의 옷을 입었는데 나는 조끼까지 세트인 600달러짜리 정장을 입고 걸어 다녔다. 조끼 위에 트레이딩 재킷을 입고 50달러짜리 타이를 맸다. 어떤 사업환경이었더라도 잘 차려입은 셈이었겠지만 심지어 거래소였으니 지극히 잘 빼

입은 것이었다. 또다시 나는 자신이 남다른 구석이 있다고 생각했고 다소 뛰어난 인물이라 여겼다.

운영위원회 후보를 놓고 각축전을 벌이는 모양새를 보니 번득 떠오르는 '게임'이 있었다. 신입생 영어과목과 육군의 심리 게임, 미네소타 가치관연구 검사였다. 나는 말했다. "좋습니다, 기꺼이 후보로 나서겠습니다."

그럼 당신이 고등학생인데 누군가가 학생회장 선거에 나가볼 생각이 없느냐고 묻는다면 어떻게 하겠는가? 이렇게 대답하겠지. "나가겠습니다." 하지만 그렇게 대답하면 안 된다. 오히려 나가지 않겠다고 대답해야 한다. 노력하다 잘 안 됐을 경우에 창피를 당하고 싶지는 않을 테니 그럴 가능성을 최소화하는 방향으로 움직여야 한다. 그래서 나는 이렇게 중얼거렸다. "이봐, 운영위원회에 입후보하지 않아서 지든 열심히 뛰어서 지든 결과는 똑같아. 그러니 정말 열심히 해보자고. 공격적으로 나가서 당선되도록 하는 거야. 그리고 당선되지 않으면 당선되지 않는 거지, 뭐. 무슨 대수라고."

나는 당선되기 위해 최선을 다했다. 우선 공약서를 발송했다. 그리고 잭 샐먼에게 편지를 보내달라고 부탁했다. 그런 다음에 투표를 호소하는 수기 편지를 보냈다. 그렇게 열심히 선거운동을 한 사람은 아무도 없었다. 그들은 모두 틀에 박힌 행동을 했다. "지고 싶지 않으니까 입후보할 마음도 별로 없어요." 그런 상황이라면 적극적으로 선거운동을 하지 않더라도 압도적으로 승리할 터였다. 나는 150표 중에 121표를 얻었다.

나는 시카고에 들어온 지 고작 6개월 만에 시카고 상업거래소 운영위원회의 위원으로 선출됐다. 서른세 살이었고 외모는 스물다섯 살쯤으로 보였으며 행동은 스물두 살짜리처럼 했다. 하지만 운영위원회 소속이었다. 선거가 끝나고 리오 멜라메드가 나에게 다가와서 선거에서 가장 많은 표를 얻었기 때문에 운영위원회의 집행부에서 비가축 회원 대표 역할도 담당해야 한다고 말했다. 알고 보니 집행부는 실질적으로 모든 일이 벌어지는 곳이었다. 언제든 열 개 이상의 부를 만나볼 수 있었으므로 단순히 하나의 부라고 할 수 없었다. 어딘가에는 결정을 내리는 분과도 있다고 했다. 그래서 당시에 위원회는 회원이 열여덟 명이었고 집행부는 여섯 명이었다. 나는 운영위원으로 선출됐다는 사실이 믿어지지 않았고 집행부가 존재한다는 사실조차 알지 못했다. 그런데 갑자기 집행부 소속이 되다니. 이 도시에 온 지 고작 6개월 만에. 그냥 그곳에서 조끼를 차려입고 80달러짜리 구두를 신었고, 시장에 대해 많이 알았으며 산업계 사람들과 인맥이 넓었기 때문에 선출됐다.

몇 가지 우연들이 연이어 일어나면서 나는 선물산업에 뛰어들게 됐다. 그리고 갑자기 핵심세력으로 성장했다. 다행히 일단 그 자리에 올라선 이상 나는 게임을 못하지는 않았다. 규칙대로 움직일 줄 알았고 거래소와 산업에 활발히 참여했다. 시카고에서 그토록 짧은 시간을 보낸 뒤에 상품거래소 위원이 되는 것과 거래소에서 지나치게 빠른 시간 안에 가장 뛰어난 두 명의 트레이더와 친구가 되는 것은 대단히 무모한 경험이었다.

나는 자신을 '큰손들' 중 한 명이라고 생각하기 시작했다. 매일 거래소에 나갔다. 내 트레이드의 대부분은 여전히 고객 대상의 사업을 중점으로 삼았지만 한편 나만의 계좌를 위해 트레이드를 늘려나가기 시작했다. 연간 수입이 20만에서 30만 달러 정도였고 그 대부분을 지출했다. 나는 구입한 물건의 절반도 기억나지 않는다. 잘 떠오르지도 않는 곳에 투자도 많이 했다. 내 자아는 사방에서 가득 채워져 부풀었다. 운영위원이었고 집행부 소속이었으며 김블과 시겔의 친구였다. 나는 남다른 인물이었다. 대학 시절에 서약 핀을 받을 때나 군대에서 몇 단계 계급을 단번에 뛰어넘었을 때처럼 다른 사람들보다 좀더 뛰어났다. 어느 날 아침, 문을 열고 일터로 나가던 차에 타이를 바로 매기 위해 현관 외투걸이에 달린 거울 앞에 멈춰 섰다. 거울 속 나를 들여다보며 이렇게 말했다. "세상에. **추월차선** 위의 인생이로군." 근사한 인생이었고, 이보다 더 좋을 수는 없다고도 생각했다. 하지만 더 좋은 결과가 나왔다.

정점

우리 회사에는 목재 시장에서 활약하는 사람이 한 명 더 있었다. 래리 브로더릭은 현물 목재사업을 하던 사람으로 세인트루이스

영업소에서 일하고 있었다. 우리는 둘 다 북서지역의 거대한 제지 및 목재회사인 포틀래치와 사업을 하고 있었다. 포틀래치 가문은 노아의 홍수가 일어난 이래로 나무를 잘라왔고 그곳 트레이드 담당자의 이름은 톰 톰잭이었다.

어느 날 톰잭이 나를 불러서 이렇게 말했다.

"이건 좀 말이 안 되는 것 같아요. 우린 시카고에서는 당신하고 사업을 하고 세인트루이스에서는 브로더릭하고 사업을 해요. 당신들이 협력하는 편이 좋을 것 같아요. 셋이 모여서 점심을 먹으면서 이야기를 좀 하면 어떨까요?"

세 사람이 점심을 먹기 위해 웨스트코스트에서 만나자 그가 운을 뗐다.

"제 말 좀 들어보세요. 두 분은 이 분야에서 제일 잘나가는 브로커들이에요. 협업할 수 있는 방법을 찾아내고, 독자적으로 활동하는 건 이제 그만두는 게 어때요?"

그래서 우리는 그의 말을 따랐다. 우리는 파트너가 됐고 조정이 효율적으로 이뤄졌기 때문에 아주 빠른 시간 안에 수많은 일을 처리하기 시작했다. 래리는 현물시장에서 놀라운 인맥을 가지고 있었고 나는 거래소 정보와 주문 체결에 능통했다.

나는 매일 엄청난 주문서를 들고 목재 거래소로 들어갔다. "이것 50개 매수. 저것 100개 매도." 거래소에서 그 정도 규모로 트레이드를 시작한다면 당신의 머리가 정말로 어떻게 돼버릴지도 모른다. 거래소의 다른 사람들은 그 주문이 당신 계좌를 위한 것인지 고객 계좌를 위한 것인지 알아낼 방법이 없다. 나는 주문의 규모 면에서 보면 거래소에서 가장 거물 브로커라 할 수 있었다. 래리와 내가 시장에서 차지하는 몫이 가장 컸다. 목재의 계약 분량은 하루에 3000 내지 4000건 정도이며 고객의 트레이드와 개인 트레이드의 차이는 하루에 600 내지 800건 정도 된다. 나는 190센티미터 조금 넘는 키에 벼락같은 목소리로 무수히 주문을 넣다 보니 거래소에서 눈에 띄는 존재가 됐다.

나도 자신이 제법 괜찮다고 생각했지만 다른 사람들도 그렇게 생각했다. 내가 보기에 나는 남다른 구석이 있었고 어딘가 남들보다 뛰어났다. 미다스의 손이라도 가진 듯이 말이다. 나는 그게 사실이라고 믿었던 듯싶지만 사실은 그렇지 않았다. 내가 잘났다고 항상 생각했던 건 아는 것이 없어서였고 나는 그저 운이 좋았을 뿐이었다.

이를테면 내가 한국으로 파견되어 소위 신분으로 정보장교가 됐던 이유는 내가 뛰어났기 때문일까 아니면 운이 좋았기 때문일까? 운이 좋아서였다. 다른 사람들은 모두 베트남으로 파견됐으므로 한국으로 보낼 인력이 부족했다. 코핸의 조수가 그만둔 다음 날 우연히 증권 중개회사에 들어갔던 것은 내가 잘나서였을까 아니면 운이 좋아서였을까? 운이 좋아서였다. 내가 시카고에 도착한 지 6개월 만에 운영위원회와 집행부에 들어가게 된 것은 내가 잘나서였을까 아니면 운이 좋아서였을까? 운이 좋아서였다.

내가 인생에서 거둔 성공은 전지전능함과 절대적 확실성이라는 잘못된 인식을 나에게 심어줬다. 내가 살아오면서 거둔 성공의 대부분은 운이 좋아서 생긴 일이었지 특별히 영리하거나 뛰어나거나 남달랐기 때문이 아니었다. 나는 내 인생이 이 지점까지 흘러오도록 그 사실을 깨닫지 못했다.

4

바닥을 만나다

목재가 무너지다

나는 5000달러짜리 트레이드를 성사시킨 첫날을 도저히 잊지 못한다. 열 살 때 캐디 노릇을 해서 5달러를 벌었던 첫날 든 기분과 정확히 똑같았다. 5달러를 벌기 위해 하루 종일 캐디 일을 했다. 나는 열 시간 동안 골프가방을 들고 다닌 대가로 5달러를 받았다. 시간당 50센트였다. 세상 최고로 좋은 기분이었다. 그리고 1만 달러를 처음 번 날이 있었다. 그날도 기분은 같았다. 그다음에는 2만 달러를 처음 번 날이었다. 매번 이런 식이었다.

　나는 켄터키의 집에서 부모님, 동생과 함께 보낸 추수감사절이 기억난다. 추수감사절 바로 다음 금요일에 나는 직장에서 하는 일을 직접 보여줄 생각으로 동생과 함께 비행기를 타고 시카고로 갔다. 우리가 시카고에 도착했을 때 나는 목재 시장에서 롱 포지션을 취하는 바람에 4만에서 5만 달러의 손실을 입고 있었다. 우리는 목재 거래소로 들어갔고 나는 모든 상황이 어떻게 진행되는지 설명했다. 그러고 나서 진행방식을 보여주기 위해 10건의 계약을 매수했다. 시장은 하락세를 탔고 나는 조금 더 매수했다. 잠시 뒤에 시장이 반전됐고 무서운 상승세를 타기 시작하자 나는 끝까지 매수를 이어나갔다. 우리는 한 시간 동안의 트레이드를 끝마치고 3만 7000달러를 손에 쥔 채 거래소를 빠져나갔다. 내가 매수를 했으므로 시장은 으레 상승세를 타게 마련인 그런 날들 중 하루에 불과했다. 어떤 시기에는 뭘 해도 잘될 때가 있다. 내 고객들이 그날 벌어들인 돈에다 내가 받은 수수료를 포함해 우리는 10만 달러를 벌었다. 캐디 일을 해서 처음 5달러를 벌던 날 느낀 기분과 똑같았다.

1980년 12월, 브로더릭과 나의 사업이 정점을 찍었다. 우리는 목재사업에 발을 담근 모든 사람과 계좌를 거래했으므로 대단히 인상적인 고객 목록을 갖추게 되었고 300만 5000달러가 넘는 자금을 굴리고 있었다. 그때 다른 회사에 새로 부임한 회장이 접근해왔다. 그는 회사를 변화시키려 하고 있으며 고객사업뿐 아니라 이 분야에서 나의 위상이 필요하다고 했다. 만일 내가 그의 회사로 간다면 그는 즉각적인 신뢰를 얻을 테고 그로써 작은 회사를 뒤바꿔놓을 예정이었다. 그래서 그는 말도 안 되는 계약을 했다.

50퍼센트의 배당금, 업무상 비용 계정, 아주 청결한 사무실, 근사한 가구, 빌트인 바 시설. 당시에 나는 그가 이 계약을 성사시킬 자금이 없을 거라고 곧이곧대로 이야기했지만 그는 어떻게든 약속을 이행했다. 이 시기는 내 경력의 정점이었던 것 같다. 나는 돈을 엄청나게 많이 벌었다. 좋은 계좌들도 있었고 집행부와 운영위원회에 소속돼 있었다. 인생은 아주 근사했다.

1979년과 1980년에 이자율이 치솟으면서 주택 시장에 이어 목재 시장이 경제적으로 쪼들리기 시작했다. 높은 이자율로 인해 신규 주택 판매에 압력이 들어갔고 목재 시장도 상당히 영향을 받았다. 목재 가격이 급락했고 목재 거래소의 규모가 급격히 줄어들었다. 하루 6000건에 달하던 계약이 1000건으로 줄어들었다. 당신의 시장점유율이 얼마인지는 상관없다. 시장이 그 정도 수준으로 줄어들면 누구나 문제에 직면하게 된다. 내가 그동안의 생활방식을 유지할 수 있을 만한 목재 선물사업은 더 이상 가능하지 않았다.

아랍종 말 사건

나는 '돈을 버는 재능'을 다른 모험적 사업에 적용시키면 이 생활방식을 유지할 수 있을 것으로 판단했다. "내가 하는 일은 스스로 잘 알아. 난 영리하고 그걸 증명할 만한 순자산도 가지고 있어." 내가 만나본 가장 영리한 사람들 중 한 명으로 짐 글리스먼이 있었다. 그는 내가 만나본 가장 정신 나간 인물들 중 한 명이기도 했다. 그리고 큰 그림을 그릴 줄 아는 요령을 터득하고 있었다. 그는 언제나 돈을 버는 원대한 계획을 구상했다. 그의 계획 하나에 따라 우리는 남아메리카 해변의 어느 섬을 구입할 예정이었다. 가격은 200만 달러 정도였다. 하지만 10만 달러만 선수금으로 내고 섬에서 자란 티크 목재를 담보로 설정해 나머지 돈을 빌리는 레버리지 방식으로 구입할 생각이었다. 티크를 키워서 팔아 돈을 모으면 공짜로 섬을 갖는 셈이었다. 글리스먼은 미치광이였다. 그는 이런 생각들을 끊임없이 떠올렸다. 매주 100만 달러를 벌 수 있는 새로운 방법을 떠올리곤 했다.

어느 날은 아랍종 말에 대해 이야기하기 시작했다.

"아름다운 말들을 샀다고 생각해봐. 말들을 잘 기른 다음에 마술(馬術)대회에 선보여서 떼돈을 버는 거지."

"정말로 그게 된다고 생각해?"

"그럼."

나는 어째서 혹은 어떻게 이 말들로 돈을 많이 벌 수 있는지 도저히 이해할 수가 없었다. 이런 대회는 별로 **하는 것이** 없다. 여기서는 경마를 하는 것도 아니고 장애물을 넘지도 않는다. 아무 것도 하지 않는다. 그저 전시용일 뿐이다. 말들을 조금 걷게 하면 말들이 예쁘게 걸었다는 이유로 누군가가 200만 달러를 지불한다. 나한테는 정신 나간 이야기처럼 들렸지만 글리스먼과 나는 아랍종 말들을 둘러보기 시작했다.

어느 날 그가 나를 찾아와서 이렇게 말했다. "적당한 말을 찾았어. 곧 이혼하는 부부가 있는데 이혼 판결 때문에 공동으로 소유하던 걸 죄다 팔아버린대. 이 사람들이 가진 아랍종 말을 우리가 2만 2000달러에 살 수 있겠어."

아무것도 하지 않는 말에 내가 돈을 지불할 거라고는 생각조차 안 해봤는데 이번에 그가 처음으로 액수를 언급했다. 그래서 우리는 그 부부의 집으로 건너가서 말을 살펴봤다. 말의 이름은 오닉스였다. 오닉스는 아름다웠다. 정말 멋졌다. 진한 회색 아랍종 말이었다. 여기저기 훌륭한 혈통을 이어받은 말이었다. "좋아, 하자고. 말을 삽시다. 가격이 얼마라고요?"

이런 품목 가운데 하나를 구입하는 순간 금전등록기가 요란하게 돌아가기 시작한다. 우리는 말을 마구간으로 데려다주고 사료비와 마구간 비용, 수의사 진료비, 훈련비를 지불했다. 몇 달이 지나자 비용이 상당히 비싸게 느껴졌다. 오닉스에게 각자 2만 달러씩을 지불한 셈이었다.

그러던 어느 날 나는 글리스먼에게 전화를 한 통 받았다.

"오닉스 일이야."

"**오닉스 일**이라니? 대체 무슨 말이야?"

"방금 오닉스를 오하이오 주립 말 병원 응급실에 입원시켰대."

"이런, 세상에. 이번엔 무슨 문제래?"

"희귀 혈액질환에 걸렸나 봐."

당연히 우리는 아직 오닉스를 보험에 들어두지 않았다. 훈련이

끝나고 족보 등록을 마치고 나면 가치가 좀더 오를 것이라 판단
했고 더 비싼 가격으로 보험을 들 수 있다고 생각했으니까. 이 망
할 놈은 죽기 전에 3만 달러를 추가로 허비시켰다. 이 아랍종 말
사건은 나에게 5만 달러의 손해를 끼치고야 막을 내렸다. 나는
아랍종 말로 돈을 벌 수 있다고 생각했다. 심지어 말을 탈 줄도
모르면서 말이다.

대두유 선물 스프레드

나는 말들로부터 멀리 떨어져서 적어도 상황이 어떻게 돌아가는
지 이해할 수 있는 시장 곁에 가까이 붙어 지내기로 마음먹었다.
목재 시장이 고갈되면서 내 사업도 변화가 일어났다. 나는 장내
거래소에서 점차 거리를 두고 장외시장으로 이동해서 보다 투기
적 성향이 강한 고객사업을 다루고, 호가 단말기로 트레이드를
하며 목재만이 아니라 보다 일반적인 선물사업들도 해나갔다. 다
소 투기적인 계좌들을 개설하고 다른 시장의 트레이드와 관련된
목재 계좌들도 만들기 시작했다.

　이런 식으로 사업에 변화를 주다 보니 도움이 절실해졌다. 나
는 목재 시장에 대해서는 아는 게 많았지만 다른 시장에 대해서
는 그리 잘 알지 못했다. 내 오랜 친구 중 한 명인 커비 스미스도
이곳 지역 회사에 이미 합류한 상태였다. 그가 입사한 것은 '아는
사람에게 돈을 쓰라'는 오래된 관습에서 비롯된 일이었다. 나는

커비를 다른 지역 회사에서 근무할 때부터 알고 지냈으며 우리는 그 뒤로 계속 연락을 주고받았다. 나는 시장에 대한 그의 깊고 넓은 지식에 언제나 좋은 인상을 받아왔다. 그는 내가 모르는 내용을 잘 알았다. 커비는 다음과 같은 논리가 적용되는 전형적인 예다. "나보다 더 많이 아는 사람이라면 정말 똑똑한 게 분명하다. 왜냐하면 나는 꽤 똑똑한 사람이니까." 커비는 머리가 좋았다. 다양한 시장에 관한 내용들을 정말 잘 이해하고 있었는데, 그중에서도 특히 곡물 시장에 정통했다.

1982년 여름, 커비는 대두 시장에 초점을 두기 시작했다. 대두는 1979년부터 하락세를 보여왔다. 커비는 대두유에 대해 정말 큰 애착을 가지고 있었다. (대두유는 대두가 거칠게 으깨져 대두박과 기름으로 분리되면서 만들어진다.) 그는 대두유 공급이 줄어든다고 이야기하면서 이제 곧 부족해지면서 가격이 급등할 거라고 했다. 대두유에 대해 내가 아는 것이라곤 마요네즈를 만들 때 사용할 수 있고, 내 시력에 이상이 없는 한 슈퍼마켓 선반에 한가득 쌓여 있는 헬만 마요네즈를 항상 볼 수 있을 거란 사실이었다. 하지만 앞서 말했듯이 커비는 영리했다. 그는 이 시장에 대해 알아야 할 모든 정보를 알고 있었다. 얼마 지나지 않아 나도 대두에 관해서 많은 것을 배우기 시작했고 대두 시장을 아주 가까이 따라다니기 시작했다.

1983년 초, 우리는 대두유에 불 스프레드 포지션(선물 가격차이 확대를 예상하고 이익을 취하기 위해 이뤄지는 트레이드—옮긴이)을 취하기 시작했다. (우리는 낙관적이었으므로 대두유의 근월에 매수하고 원월에 매도했다. 부족액이 생기고 공급이 줄어들면 근월의 가격이 원월보다 올라가고 우리가 돈을 벌 것이었다.) 늘 그랬듯이 나는 무언가를 믿기 시작하면 깊이 믿어버린다. 그래서 내가 아는 모든 사람에게 전화를 걸어서 '우리의' 대두유 이야기를 들려줬고 돈을 벌 수 있는 형편이라면 참여하라고 설득했다. 그저 내 이름을 들어봤다는 생각만 해본 정도였대도 누구나 대두유 스프레드 트레이드를 했을 것이다. 나는 그야말로 모두에게 연락을 돌렸다. 동생, 트레이더들, 친구들, 고객들. 내 비서는 내가 전화기에 대고 그 이야기를 몇 번이고 반복하는 소리를 듣고 자기 앞으로 스프레드를 5계약 했다.

이 스프레드의 근사한 점은 개시 증거금을 제시할 필요가 없다는 점이었다. 장부상 손실을 메워야 하기 때문에 각 날짜가 끝날 무렵 계좌의 정당한 가치가 측정되지만 포지션을 열기 위해 돈이 필요하지는 않았다. 그러므로 큰 포지션들을 구축할 수도 있었다. 그야말로 큰 포지션 말이다. 얼마나 컸던지, 어느 날 시카고 상업거래소가 나에게 전화를 걸어 투기적 포지션의 한도인 스프레드 트레이드 540계약을 초과했다고 알려왔다. 그들은 내가 보유한 스프레드 트레이드가 540계약이 될 때**까지만** 매도하게 만들었다. 그런데 나와 관련된 스프레드 트레이드는 내가 보유한 540계약만이 아니라 '우리의' 대두유 이야기를 전해준 다른 모든 사람들이 보유한 700계약도 있었다.

부자가 되는 길

그해 여름 팻과 나는 지금껏 한 번도 해보지 않았던 일을 해보자고 계획을 세웠다. 진짜 가족휴가를 떠나는 것이었다. 우리는 아이들을 데리고 이스트코스트 북부로 여행을 가기로 했다. 휴가를 떠나기 전까지 사업은 순조롭게 진행됐으므로 나는 새로 나온 포르쉐 911 컨버터블을 구입했다. 그리고 나서 1만 1000달러를 주고 8월 한 달 동안 지낼 거의 14미터 정도 되는 캠핑카를 대여했다.

계획은 시카고를 떠나서 워싱턴 DC로 가서 내 동생 테리를 방문한 다음 이스트코스트로 올라가는 것이었다. 나는 캠핑카에 전화기를 설치해서 길에서도 시장 소식을 계속 전달받을 수 있도록 준비했다. 1983년 8월 1일 월요일 아침, 제일 먼저 우리는 시카고를 떠났다. 점심 무렵에 나는 캠핑카의 이동전화기로 커비에게 전화를 걸었다.

"안녕, 오늘 대두 시장은 좀 어때?"

"대두 가격은 20센트 올랐어."

"잘됐네! 왜 오른 거야?"

"일기예보로는 적어도 앞으로 열흘 동안 날씨가 계절에 맞지 않게 덥고 건조할 거래."

기분 좋은 소식이었다. 내가 휴가를 간 동안 1936~1937년 황진의 시대 이래 최악의 가뭄을 맞아 대두 작물이 구워지다시피

할 참이었다. 나는 휴가 중에 시장으로부터 돈을 받는 셈이었다. 혼자서 이런 생각을 해봤다. '어쩌면 내년에는 우리 식구가 나라 곳곳을 돌아다닐지도 모르지. 그리고 난 길 위에서 트레이드를 하는 거지.'

"목재 시장은 어떻지?"

"가격 하한선까지 떨어졌어."

"이런."

그래도 대두유로 조금 더 올라갔다가 목재로 조금 내려왔으니 그날은 아직 위에 있다고, 기분이 좋다고 해두자.

8월 3일 수요일에 우리는 동생 집에 도착했다. 다음 날 밤, 테리의 친구들 몇 명이 저녁을 먹으러 놀러 왔다. 그들은 상품시장을 소재로 다룬 신작 영화 〈에디 머피의 대역전〉을 보고 온 참이라 상품시장과 트레이더의 삶에 관해 알고 싶은 게 많았다. 그래서 나는 시장에서 내가 겪은 투쟁담을 밤이 깊도록 들려주었다. 얼마 전에 나를 숨 막히게 한 목재에 어떤 포지션을 취했는지 이야기하고 내가 얼마나 큰 손해를 입을 뻔했으며 어떻게 그 문제를 해결했는지 설명해주자 그들은 무척 놀라워했다. 그리고 대두유 시장에서 떼돈을 벌게 된 사연도 들려줬다. 그들은 방금 본 영화 때문에 이 대화에 푹 빠져들었다.

다음 날 목재 가격은 하한선까지 떨어졌다. 그래서 나는 커비에게 전화를 걸었다. "누구에게 전화를 걸면 좋을지 알아보고 목재 가격이 왜 그렇게 낮은지 좀 조사해봐." 그가 알아낸 이야기에 따르면 어느 거대 상품 펀드가 목재 인수를 거부하면서 엄청난 양의 포지션을 전매도하는 중이었다. 나는 속으로 생각을 가다듬었다. '좋아. 괜찮아. 그렇다면 별일 아니야. 그 광대만 시장에서 나가주면 시장이 제자리로 돌아올 거야.'

하지만 시장은 사흘 동안 계속 가격 하한가를 기록했다. 50~60건의 계약 관련 가격이 사흘 동안 하한선까지 떨어지자 합산 금액이 꽤 커졌다. 나는 약 7만 달러를 손해 본 셈이었다. 마침내 커비에게 몇 가지 전문적인 질문을 던졌다. "스프레드 트레이드는 어떻게 돼가는 거야? 현물시장 트레이드는 어디서 이루어지지? 합판은 어때?" 불 스프레드 트레이드는 거의 8일 동안 악화되기만 하다가 바로 그날 반등을 보이기 시작했다. "좋아. 시장에서 20계약을 매수해." 시장이 변화하면서 나는 돈의 흐름을 더 빨리 되돌리기 위해서는 포지션을 추가해야겠다고 판단했다. 그런 다음에야 우리는 테리의 집을 나서서 휴가를 이어나갔다.

나중에 알게 된 사실이지만, 내가 마지막 20계약을 매수한 날 목재 시장은 한동안 하락세였다가 대략 일주일 뒤에 1000보드피트(목재의 부피 측정단위—옮긴이)당 13.5달러로 반등했다. 내가 필라델피아 부근의 어느 지역에 도착했을 무렵에는 손실액 7만 달러 중 5만 달러가량이 메워졌다. '패배의 구렁텅이에서 겨우 승리를 건져냈군.' 나는 혼자 생각에 잠겼다. 그러고는 뉴저지의 고속도로 위를 달리고 버드와이저 맥주를 마시고 전화로 이야기를 나누고 상품을 트레이드하며 내가 세상에서 가장 멋진 남자라고 생각했다.

다행히 목재 포지션은 실제 포지션, 즉 대두유 포지션을 조금도 변화시키지 않았다. 나는 하루에도 몇 번씩 커비에게 전화를 걸어 대두유 시장의 상황을 살폈다.

"대두유 쪽은 어떤 것 같아?"

"아, 잘 돌아가는 것처럼 보여!"

"이야, 그럴 줄 알았어."

"그래, 우린 괜찮아."

"응, 조금 더 매수할 걸 그랬나 봐."

우리는 이렇게 오랜 '친구들의' 버릇대로 오락가락 대화를 이어가면서 이미 다 아는 사람에게 설교를 늘어놓는 짓을 했다. 똑같은 포지션을 취하면서 그 포지션에 대해 서로 이야기를 나누는 두 남자보다 더 나쁜 건 없다.

"대두는 어떤 것처럼 보여?"

"아, 잘 돌아가는 것처럼 보여! 대두 가격이 상한선까지 올랐고 대두유도 마찬가지야. 이건 상승세가 매서워."

"아직도 날씨에 초점을 맞추는 중인가?"

"응. 게다가 연방준비제도 볼커와 재무장관 레이건이 미국 달러의 가치를 하락시키기 위해 유럽 중앙은행들과 협력하여 통화 시장에서 협조 개입을 시작했어."

"그러면 우리 수출에 도움이 되고 곡물 가격이 더 많이 올라가겠어. 그렇지?"

"그렇지."

8월 11일 증시가 마감된 뒤에 농무부는 8월 1일 조사 시점의 농작물 피해 현황을 나타내는 작황 보고서를 발표했다. 이 보고서가 발표되기 전까지 시장은 며칠 동안 계속 강세를 보여왔다. 나는 커비에게 전화를 걸었다.

"시장 동향은 어때?"

"가격 하한선까지 내려왔어. 우리가 투자한 대두유 불 스프레드가 다소 약세를 보이는 중이야."

"가격 하한선? 뭐 때문에? 보고서는 낙관적인 줄 알았는데, 아니었어?"

"그랬지. 근데 허리케인 얼리샤가 멕시코만으로 이동했고 시장은 폭풍으로 비가 오면 미시시피 삼각주의 농산물에 도움이 될 거라고 생각하고 있어."

"세상에서 제일 멍청한 소리네. 얼리샤가 봄에 내리는 부드러운 소나기라도 되는 줄 아나. 그런 폭풍은 사나워서 땅에서 대두를 싹 쓸어가버릴 텐데. 내 생각에는 시장은 분명 상승세를 탈 거야."

다음 날 시장은 다시 한 번 가격 하한선을 기록했고 대두유 불 스프레드는 조금 더 약세를 보였다.

트레이딩의 가장 오래된 규칙 가운데 하나는 시장에 대단히 낙관적인 뉴스가 불어왔는데도 상승하지 않고 하락하는 상황이고 당신이 롱 포지션을 잡고 있었다면 그만 빠져나와야 한다는 것이다. 예상치 못한 정반대 반응이 일어났다는 것은 포지션에 심각한 이상이 있다는 의미다. 이틀이나 연속해서 가격 하한선까지 내려온 다음에 정부가 소위 낙관적이라는 보고서를 발표한다고 해서 시장이 활황세라는 뜻은 아니다. 그런 상황을 맞았을 때 이두 명의 대담하고 열성적인 트레이더들은 어떻게 대처했을까? 불리한 포지션에서 빠져나올까, 아니면 확신에 차서 기존 포지션과 의견을 유지할까? 그렇다! 우리는 시장이 틀렸다고 판단했고 시장에 흔들려 이 엄청난 포지션에서 손을 떼지는 않을 작정이었다. 며칠 뒤에 시장의 흐름이 변화했고 다시 한 번 우리가 앞으로 나아가게 만들었다. 기존 규칙을 어기고 자기만의 확신을 지키면 보상을 받는다. 위기상황 속에서 우리가 발휘한 용기는 이제 곧 보답을 받을 터였다.

8월 24일 수요일 저녁, 우리는 클리블랜드 외곽에 자리한 래리 브로더릭의 호숫가 집에 도착했다. 이제 휴가가 끝나갈 무렵이었으므로 나는 다음 주 월요일에는 사무실로 복귀하고 싶었다. 다음 날 아침에 래리와 나는 일어나서 집 안에 있는 그의 사무실로 들어가 전화를 몇 통 돌리고 시장동향을 다소 살피고 나서 배를 댈 수 있게 나무판자를 길게 이어둔 작은 부두로 나갔다. 부두 끝에 그는 호가 단말기와 전화기, 작은 냉장고를 장만해뒀다. 우리는 1983년 8월의 마지막 목요일에 양지바른 데 앉아서 시장 포지션을 지켜보고 맥주를 마시며 인생이 이보다 더 좋아질 수는 없다고 생각했다. 하지만 그런 일이 일어났다.

그주의 월요일과 화요일, 수요일에 대두유 시장이 상한가를 치고 폐장했으므로 스프레드로 돈을 벌지도 따지도 못했다. 하지만 목요일에는 스프레드 트레이드가 진행됐다. 우리가 롱 포지션을 취하던 9월에 대두유는 150포인트 상승했고 쇼트 포지션을 취하던 1월에 대두유는 겨우 80포인트밖에 오르지 않았다. 그날 계약은 극단적일 정도로 더 낮은 가격에 마감됐다. 불 스프레드는 성공했다. 그날이 저물 무렵 나는 24만 8000달러를 벌었다. 단 하루 만에 100만 달러의 4분의 1을 벌어들인 셈이다!

이제 내가 아는 모든 사람들이 대두유 스프레드에 투자했다는 사실을 다시 떠올려보자. 내 비서는 그날 2400달러를 벌었다. (1년에 3만 5000달러를 버는 사람에게는 큰돈이다.) 브로더릭은 거의 5만 달러를 벌었다. 내가 대두유 트레이드에 대한 정보를 이야기해준 사람들을 모두 포함해서 우리가 하루에 벌어들인 돈은 거의 70만 달러에 달한다. 전국 각지에서의 사람들이 이 성과가 얼마나 대단한지, 내가 얼마나 영리한 사람인지 칭찬하기 위해 나에게 전화를 걸었다. 그러면 나도 맞장구를 쳤다. "네, 제가 머리가 좋습니다. 그렇지만 이건 겨우 시작에 불과합니다. 대두유 시장은 목표를 달성하려면 아직 멀었고 우리는 모두 부자가 될 겁니다."

그뿐 아니라 시장의 우리 쪽 소식통에 따르면(이제는 우리도 대두유 시장에서 꽤 거물이었다) 이 트레이드에서 우리의 상대방 주요인물이 전설적인 트레이더 리처드 데니스라는 것이었다.

[1970년 일명 '핏(pit, 거래소)의 왕자' 리처드 데니스는 가족에게서 1600달러를 빌린 뒤 1200달러로 일종의 마이너리그인 미드아메리카 상품거래소 회원권을 구입했고, 남은 400달러를 15년 동안 굴려 2억 달러로 만들었다.] "와, 대단한 뉴스로군. 우리가 리처드 데니스를 끌어내려야겠어. 우리가 트레이딩 역사에 리처드 데니스를 끌어내린 사람들로 기록되는 거지. 감당할 수 있겠어?" 우리는 부자도 되고 명성도 얻을 작정이었다.

종말을 알리는 전화

시장에서 내리는 '판단이 적중하고' 그 돈을 전부 벌어들일 때 느끼는 황홀감은 믿기 어려울 정도로 대단하다. 마약으로도 똑같이 도달할 수 없는 수준이다. 누구도 꺾지 못할 존재고, 어떤 고통도 느끼지 못한다. 세상에 나쁜 일은 하나도 없다. 그야말로 신이 금방이라도 전화를 걸어 이렇게 물어볼 것만 같다. "내일 아침에 태양이 떠도 괜찮겠나?" 그러면 잠시 생각에 잠겼다가 당신은 아마 이렇게 대답할 테지. "네, 그러시죠."

나는 스미스에게 전화를 걸었다. 우리는 지혜롭고 해박한 서로를 자랑스러워했고 우리가 곧 벌어들일 돈에 기뻐했다. 이미 번 돈이 아니라 앞으로 벌게 될 돈 말이다. 우리는 돈을 이미 벌었다고 넙죽 받아들였고 은행계좌에 돈이 입금된 것처럼 굴었다. 그 돈은 우리 것이었다. 심지어 이런 말조차 하지 않았다. "오늘 터무니없을 정도로 돈을 많이 벌었는데 정말 굉장하지 않아?" 그건 그저 기정사실에 불과했다. 우리는 앞으로 벌어들일 돈에 대해 이야기했다. 그날은 우리의 판단이 옳았다는 사실만 확인할 뿐이었다. 나는 그날 오후 래리의 집에 들어가서 《롭 리포트》를 집어들던 순간을 결코 잊지 못할 것이다. 그 잡지는 원래 중고 롤스로이스 매물 목록을 게재하던 잡지였다가 말도 안 되게 값비싼 매물들을 싣는 잡지로 성장했다. 가령 500만 달러 이상의 부동산과 산장, 토지, 섬 전체 같은 것들이 매물로 실려 있었다. 잡지에는 종목별로 최고가 품목들만 게재됐는데, 만약 펜을 판다면 가격이 한 자루당 500달러 정도일 터였다.

그 잡지에는 캠핑카 부문도 있었는데 캠핑카 업계의 롤스로이스는 블루버드 원더로지였다. 나는 래리의 집에 앉아 《롭 리포트》를 뒤적거리며 40만 달러짜리 캠핑카를 사면 어떨까 진심으로 생각하는 중이었다. 대체 누가 버스 한 대에 50만 달러 가까이 쓰려고 하겠는가? 정신 나간 사람이 틀림없을 거다. 그리고 내가 정신이 나갔었다! 나는 정말로 그 버스를 사려고 했으니까.

나는 금요일 아침에 일어나자마자 곧장 호가 단말기로 가서 시장이 열리기 직전 의자 가장자리에 앉아 이렇게 말했다. "제발, 열어라. 이 멍청이들아, 가자. 돈을 좀더 벌고 싶다고." 나는 정말로 돈을 더 벌 것이라고 추측했다. 문제는 돈을 버느냐 마느냐가 아니었다. 내가 돈을 얼마큼 벌 것인지가 진짜 문제였다. 우리는 성공을 이렇게 총계로 추정했던 것이다. 예전에 거둔 성공이 앞으로도 지속될 것이라고.

시장이 열렸고 스프레드가 전날의 엄청난 반등에서 10포인트 정도 하락했다. 하지만 그 때문에 내 포지션에서는 3만 달러의 손실을 기록했다! '별거 아니야.' 나는 그렇게 마음속으로 생각했다. (자제력을 잃었다는 또 하나의 신호였다. 3만 달러를 손해 보고도 이렇게 말하는 사람이 있다니. "음, 그렇게 나쁜 일은 아니야." 좀 제정신이 아닌 게 틀림없다. 금요일 시장이 열리자마자 5분 만에 3만 달러를 잃어버리고도 기분이 괜찮았다. "아무 문제 없어. 더 사두지 못해서 너무 아쉽네.")

그날 하루 동안 시장은 10포인트 하락했다가 30포인트 상승했는데, 마감하기 바로 직전이었다. 그렇지! 스프레드가 다시 한 번 우리에게 유리한 방향으로 움직였다. 완벽해! 각본을 쓴대도 이보다 더 잘 쓰지는 못할 것이다. 주말 동안 우리는 리처드 데니스를 궁지에 몰았다. 아니, 적어도 우리가 그렇게 했다고 생각했다. 실제로 우리는 경이로운 트레이더 리처드 데니스가 우리와 반대 포지션을 취했다는 것을 '좋은 소식'이라고 생각할 정도로 뻔뻔스러웠다.

그날 나는 6만 달러를 벌었다. 하지만 가장 좋은 부분은 시장이 완벽하게 움직였다는 것이다. 트레이딩의 마지막 5분 동안 근월물이 급격히 반등했다. 내가 번 돈이 6만 달러라는 말은 사람들이 15만 달러가량을 추가로 벌었다는 뜻이었다. 고객들은 다시 전화를 걸어 이렇게 말했다. "세상에, 정말 대단해요. 어쩜 그렇게 똑똑해요." 당연히 나는 그들의 의견에 동조했다.

토요일에 나는 가족들과 함께 시카고로 돌아갔다. 캠핑카를 반납하러 가서 차를 돌려주며 전화기 등의 부대비용을 해결하기 위해 500달러인가 1000달러인가, 아무튼 그 정도 금액을 추가로 지불했다. 나는 그런 문제로 신경을 쓰고 싶지 않았다. 그런 일들은 다 초월했다. 내 태도는 이런 식이었다. "내가 원하는 대로 빨리빨리 하려면 얼마 들어요? 좋아요. 그렇게 해요. 여기 돈이요."

대두유가 다루기 어려워지다

월요일 아침 나는 새로 뽑은 포르쉐 911 컨버터블을 타고 지붕을 열어젖힌 채 미시간호 외곽도로를 달려 시카고 시내로 향했다. 그리고 대두 시장이 열리기 두 시간 전인 7시 반쯤에 사무실에 도착했다. 내 사무실의 소파와 의자는 서독에서 수입한 특별한 가죽을 씌운 것이었다. 한 세트에 7000달러쯤 준 것 같다. 오디오는 뱅앤올룹슨 제품으로 4000달러짜리였다. 사무실에 비치된 것은 하나같이 시중에서 구할 수 있는 가장 고가의 제품이었다. 마치 《롭 리포트》에 등장하는 장면 같았다. "책상에 얼마를 투자할 수 있나요? 좋아요. 제가 사지요." 내게는 특별한 책상이 하나 있었는데, 바닥에 고정된 구리 다리가 달렸고 약 가로 91, 세로 183에 두께 18센티미터 되는 널찍한 마호가니 상판을 올린 제품이었다. 얼핏 보면 책상 상판이 마치 공중에 매달린 것 같았다. 책상에 맞춰 같은 나무로 만든 캐비닛은 볼트로 벽에 고정시켜 책상 상판과 마찬가지로 공중에 매달려 있는 듯했다. 내 사무실에 들어가면 눈앞에 펼쳐진 카펫과 카펫에서 솟아오른 구리 기둥, 공중에 두둥실 떠 있는 나무판 두 덩어리밖에 보이지 않았다. 마치 중력을 거스르기라도 하듯 말이다. 그리고 나는 그게 바로 내가 하고 있는 일이라고 생각했다. 중력을 거스르는 것. 나는 책상 앞으로 가서 의자 끄트머리에 앉아 시장이 개장하기를 기다리며 오늘 하루도 5만 달러를 벌어들일 준비를 했다. 그리고 인생이 이보다 더 좋아질 수는 없다고 생각했다. 내 생각이 맞았다. 인생은 더 좋아지지 않았다.

월요일 아침 대두유 시장이 열렸을 때 스프레드가 우리에게 다소 불리하게 움직였다. 트레이딩이 마감될 무렵 대두유 스프레드 트레이드는 주말 동안 대두 벨트(세계 최대 대두 생산지인 미국 아이오와, 일리노이, 미네소타 등의 10여개 주─옮긴이)에 내린 비 때문에 지난 이틀 동안 거둔 수익을 도로 뱉어냈다. 나는 큰 문제가 아니라고 판단했다. 시장이 최근 몇 주 동안 크게 상승세를 보여왔기 때문이었다. 그래서 이렇게 생각했다. '지속적인 상승 장세에서 잠깐 조정을 보인 거야. 게다가 비가 작물에 도움이 되기에는 생장기가 너무 지났어.'

8월 31일 수요일, 소비에트연방이 미국으로부터 대두를 수입하겠다는 협상을 진행한다는 소문이 돌아 대두 가격이 25센트 올라갔는데도 불구하고 대두유 스프레드가 다시 곤두박질쳤다. 나는 대두 가격이 올랐고 소비에트연방 뉴스도 있으니 대두유 시장이 따라잡는 것도 시간문제라고 확신했다.

목요일에 소비에트 제트기가 대한항공 여객기를 격추시켰다는 보도가 나오면서 대두에 관련된 선물들, 대두와 대두박, 대두유가 모두 무너졌다.

"대한항공 여객기 격추사건이 대두 시장과 무슨 상관이래?" 내가 물었다.

"1980년에 러시아가 아프가니스탄을 침공했을 때 카터가 그랬던 것처럼 우리가 소비에트를 상대로 곡물 금수조치를 취할 거라고 생각하는 거지." 스미스가 대답했다.

"멍청한 생각이야. 러시아가 한국을 침공한 게 아니잖아. 우발적으로 여객기를 격추시킨 거라고. 비교가 안 되지. 시장이 틀렸어. 미국은 곡물 금수조치를 취하지 않을걸."

내 생각이 맞았다. 노동절 주말에 레이건 대통령은 소비에트연방의 공격을 비난하기는 했지만 강하게 보복하지는 않았다. 그는 새로운 곡물 거래협정을 중단시키지 않겠다는 의지를 표명했다. 이 뉴스에 대두는 급하게 반등했지만 대두유 시장의 불 스프레드는 다시 하락했다. 다시 한 번 나는 그 원인이 8월의 대두유 시장이 대두보다 더 나은 결과를 냈었기 때문이라고 생각했다. 대두는 대두유 시장을 따라잡으려 애쓰는 중이었고 대두유 시장은 다음번에 우위를 차지하기 전까지 쉬고 있을 뿐이었다. 스프레드가 며칠 동안 안정세를 보일 때 시장은 9월 12일에 발표된 농무부의 작황 보고서에 초점을 맞추기 시작했다. 그 보고서는 대단히 낙관적인 내용이었다. 농작물에 가해진 피해가 이전에 생각한 것보다 한층 심각했던 것이다. 그다음 날, 대두는 거의 가격 상한선으로 시작했지만 가격 하한선에 가까운 수준에서 마감됐다. 하지만 그날 대두유 불 스프레드는 그보다 높은 가격으로 마감됐다.

나는 이렇게 생각했다. '좋아. 대두유 시장이 긍정적인 방향으로 돌아오고 있어. 이 상승 장세는 전부 대두유가 주도한 거야. 그리고 대두유는 다시 반등하기 시작했어. 이 시장이 돌아오고 있다고.' 하지만 다음 날 대두유 시장은 다시 무너졌다. 모든 계약월물이 가격 하한선을 기록했고 가격 하한선이 없는 당월물의 경우는 가격 하한선보다 더 낮았다.

금요일에 시장은 안정을 되찾았고 그 주에 입은 손실액 중 3분의 1가량을 겨우 지웠다. 9월 19일 월요일, 대두 시장과 대두유 시장이 긍정적인 방향으로 질주했다. 주말 동안 캐나다의 겨울 폭풍 전선이 위력을 나타내면서 중서부 쪽으로 이동했다. 나는 혼자 생각했다. '잘됐군. 1930년대 이후 최악의 가뭄이 대두 작황에 큰 피해를 입힌 지 고작 몇 주 뒤에 이른 서리가 내려 남은 작물에 피해를 입힐 우려가 생기다니. 좋아. 마침내 시장이 다시 돌아서기 시작하겠어. 이번 서리가 다시 상승장을 만들어낼 거야.' 하지만 일은 그렇게 흘러가지 않았다. 시장은 다시 곤두박질쳤다. 나는 8월의 마지막 금요일에 브로더릭의 호숫가 집에서 확인했던 것보다 스프레드 트레이드가 활발해지는 것을 다시는 보지 못했다. 감소는 끝이 없었고 드문드문 잠시 상승했다가 다시 내려올 뿐이었다. 어느 날 1만 달러가 올라갔다가 다음 날이면 2만 5000달러가 떨어지는 식이었다.

시장은 천천히 하향세를 이어나갔고 나는 몇 달 동안 매일 하루에 2만에서 2만 5000달러 정도를 꾸준히 잃었다. 내가 조언을 해준 고객들은 스스로도 현명했고 경험이 많은 투자자들이었으므로 9월 초부터 시장에서 빠져나가는 중이었다. 그런 결정을 내리다니 그들이 자부심과 확신으로 롱 포지션을 취할 용기가 부족하다는 것을 증명한다고 나는 생각했다.

자연히 나는 그대로 남아서 장기간 발을 담그고 있었다. 이건 엄청난 트레이드가 될 터였다. 세상은 대두유가 바닥이 날 테고 어쩌면 마요네즈까지 품절이 될지 모른다. 그러면 스미스와 나는 1000만 달러를 벌게 될 터였다.

현기증

이후 몇 주 동안 스미스와 나는 계속 같은 이야기를 주고받았다. "괜찮아질 거야. 시장이 반등할 거야." 시장에 관해서 뉴스가 들려올 때마다 우리는 '앞으로 괜찮아질 거야'라는 내용의 시나리오를 가다듬었다. "이제는 오늘 시장이 어째서 하락했는지 알고 있잖아. 이유를 알고 있으니까 하락세가 멈추겠지. 우리는 괜찮아질 거야." 우리는 모든 것을 합리화했다. 마치 《토르티야 마을》에 등장하는 대니와 친구들처럼 모든 것을 합리화하며 살아가는 듯이 느껴졌다. "그래, 우리는 어느 거대 영리회사가 대두유를 인수했다는 소식을 들었어. 그러니 그 회사가 막아준다면 우리는 이제 틀림없이 괜찮아질 거야."

10월 중순에 나는 물속에 잠겨 있었다. 8월 11일에 농무부에서 수확 축소를 예상하는 농작물 보고서를 발표한 지 두 달 뒤 대두 가격이 최저수준으로 떨어졌다. 대두유는 9월에 최고가인 37센트를 기록했다가 이제 29센트로 내려왔다. 나는 대부분의 자산을 잃었다. 포지션이 점차 악화되면서 나는 마진콜을 요구받기 시작했다. 연이어 이삼일 동안 마진콜을 받았을 때 증권회사는 이런 태도를 보였다. "고객님은 거물이시죠. 외환거래위원회 이사시고 집행위원회에도 소속되어 계십니다. 회사에서 직위도 높으시지요. 자금능력이 충분하신 걸 알고 있습니다." 나는 며칠 동안 기다리면서 혹시 시장이 반등하지나 않을까 지켜봤다. 만약 반등한다면 나는 마진콜을 충족시킬 필요가 없다. 만약 시장이 반등하지 않으면 나는 마진콜을 충족시키기 위해 친구들에게 돈을 빌리려 노력해야만 한다.

나는 서서히 냉정함을 잃어가기 시작했다. 아내, 아이들과 싸움을 했고 식구들은 무슨 일이 벌어지는지 몰랐다. 트레이더의 배우자와 가족들이 트레이더의 시장 포지션이 어떻게 돌아가는지 잘 모르는 것은 그리 드문 일은 아니었다. 나는 가족들 얼굴을 마주치지 않으려고 저녁도 먹지 않았다. 그러느라 살이 7킬로그램 가까이 빠졌다. 잠도 오지 않았다. 다음 날 아침에 일어나서 이 상황을 다시금 지켜봐야 한다는 사실을 알면서 매일 밤 잠자리에 들었다. 그건 끔찍한 일이었다. 아마 금요일이었던 것 같다. 내가 말했다. "좋아. 금요일이군. 시장이 열리지 않으니까 이틀 동안은 더 이상 돈을 잃지 않겠군." 주말은 환영이었다. 내가 트레이드로 돈을 벌어들일 때와는 정반대의 상황이었다. 돈을 벌때는 시장이 열리기만 기다렸다. 돈을 잃고 있으니 시장이 마감하는 시간만 기다려졌다. 돈을 잃을 때는 시간이 얼마나 고통스러운지 모른다. 내가 원하는 것은 시장이 8월의 최고가로 반등하고 나는 빠져나가는 것뿐이었다.

우리는 명확히 눈에 보이는 것을 받아들이지 않고 수면 아래로 가라앉고 있었다. 서로의 손을 잡은 채 평균 2만에서 2만 5000달러씩 날마다 돈을 잃으면서도 곧 괜찮아질 거라고 스스로를 다독였다. 당연히 상황은 결코 괜찮지 않았다. 견딜 수 없을 만큼 고통스러웠다. 하지만 포지션을 유지하는 이상 내가 돈을 되찾을수 있다는 믿음과 기회, 희망이 항상 남아 있기 때문에 시장에서 빠져나올 수가 없었다. 만약 시장에서 빠져나와버리면 더 이상 기회는 남아 있지 않을 테니까. "내일은 내 남은 인생의 첫날이야. 시장이 반등할 거야. 내일은." 시장은 언제나 반등할 것 같다. "내일은." 하지만 그런 일은 결코 일어나지 않았다.

11월 첫 주, 나는 엄청난 손실을 입었다. 20만 달러 아니면 30만 달러였다. 대두유 가격이 25센트로 하락했다. 그래서 8월의 최고

수준에 비해 나는 70~80만 달러를 잃었다. 설상가상으로 친구들에게 40만 달러가량을 빌리기까지 했다. 11월 중순에는 또 한 번 마진콜을 받았지만 친구들에게 더 이상 돈을 빌리고 싶지 않았다. 그래서 다시 한 번 이 위기를 헤쳐나가기로 마음먹고 내가 마진콜을 충족시키지 않아도 될 만큼 시장이 충분히 반등할 것인지 지켜보기로 했다. 11월 17일, 증권회사의 고위간부 한 명이 사무실로 나를 찾아왔고 나의 모든 포지션을 매각했다. 마침내 증권회사는 자비롭게도 나한테서 완전히 손을 떼버렸다. 내가 회생할 가능성이 없었으니까.

그들은 계좌를 청산했을 뿐 아니라 내가 가지고 있던 모든 자산을 압류하기 시작했다. 내 회원권을 빼앗아 팔았고 그로 인해 나는 운영위원회와 집행부에서 사임할 수밖에 없었다. 상업거래소의 회원이 아니라면 위원회에 남아 있을 수가 없었기 때문이다. 그러고 나서 그들은 말 그대로 사무실 집기를 끄집어내기 시작했다. 온갖 가구와 오디오를 비롯해 공중에 떠 있는 책상과 캐비닛까지 모두. 그들이 내 사무실을 탈탈 털기 시작할 무렵에 책상에 앉아서 울었던 기억이 난다. 내 인생에서 최악의 순간이었다. 8월 26일에 모든 것을 손에 쥐고 있던 나는 11월 17일에 빈털터리가 됐다. 그들이 모든 물건을 들고 나가는 모습을 가만히 지켜볼 수가 없어서 벽에 걸어둔 가족사진들을 떼어내 상자 안에 담아 들고 사무실을 나섰다. 앞으로 어떻게 하면 좋을지 궁리하면서 잠시 상업거래소 복도를 배회하던 것이 어렴풋이 기억난다.

친구들에게는 더 이상 한 푼도 빌릴 수가 없었고 그동안 돈을 벌 수 있다는 희망을 걸 수 있었던 것은 대두유 포지션밖에 없었다. 이제 그 희망마저 사라졌다.

팻과 나는 예전에도 어려운 시절을 겪어본 적이 있고 분명히 이번에도 잘 견뎌낼 것이다. 세상에! 팻! 지금까지 일어난 사건을 그녀에게 어떻게 설명하지? 15년간 내가 쌓아온 경력과 재산이 지난 두 달 반 동안 물거품처럼 사라졌다고 어떻게 이야기하지? 나는 잭대니얼스 한 잔을 기울이며 고민을 정리해보기 위해 상업 거래소의 리버클럽으로 향했다.

몇 시간 동안 술을 몇 잔 들이켜고 나서 나는 비틀거리며 포르쉐로 걸어갔다. 그리고 가족들을 이 시련에서 벗어나게 할 유일한 방법은 내가 자살하는 것뿐이라는 결론에 도달했다. 내가 죽으면 100만 달러를 받을 수 있는 생명보험을 들어놨으니 가족들을 위해 이 상황을 바로잡으려면 시속 160킬로미터로 다리를 들이받는 수밖에 없었다. 또 이런 생각도 떠올렸다. "어쨌든 내가 과음하는 것도 모두 봤잖아. 그러니까 사고로 보일 거야." 자살이라면 보험회사가 보험금을 지불하지 않을 거라고 생각했다. 나는 케네디 고속도로로 들어서서 다리를 찾기 시작했다. 도시를 벗어나기도 전에 백미러를 통해 반짝이는 푸른색 경광등이 눈에 들어왔다. 나는 갓길에 차를 세우고 경찰이 창가로 다가오기를 기다렸다.

"면허증과 등록증 주십시오. 폴 씨, 시속 몇 킬로미터로 운전하

섰는지 아십니까?"

"어… 150? 160쯤요?"

"30도 안 되게 하셨습니다."

도저히 믿어지지가 않았다. 나는 너무 취한데다 그날 벌어진 일로 정신이 나간 나머지 기어를 1단에 그대로 두고 있었던 것이다. 나는 과속딱지를 받은 게 아니라 부주의한 운전자에게 부과되는 저속딱지를 끊었다. 포르쉐를 타고 고속도로에서 시속 30킬로미터 이하로 운전을 하고 있었으니 나는 도로 위의 위험요소였다.

자살충동이 일시적인 광기처럼 불어닥쳤다가 가라앉고 난 뒤에 나는 집에서 3주를 보냈다. 거실 바닥을 다시 손질하고 이것저것 집 안팎의 자질구레한 부분들을 손봤다. 마치 건설적인 일을 하는 것처럼 행동해야만 했으므로 나는 만능 수리꾼이 됐다. 그게 내 '일자리'나 마찬가지였다. 나는 텔레비전으로 금융뉴스 채널을 시청하면서 마치 시장을 지켜보며 상황을 계속 파악해나가는 것처럼 굴었다. 설사 상황을 안다고 해도 투자할 돈이 한 푼도 없으면서 말이다. 심지어 차트도 계속 업데이트했지만 모두 가짜였다. 사실은 아무것도 하지 않았다. 그저 무언가 중요한 일을 하는 것처럼 연기했을 뿐이다.

최악의 순간

한 달 뒤에 나는 목재 거래소에서 일하는 오랜 친구 스투 김블을 만나러 갔다. 직업과 돈이 없었을 뿐 아니라 앞으로 직업이나 돈이 생길 가망성도 없었다. 무슨 이유인지는 몰라도 스투는 전혀 실망한 기색이 없었다. 그는 그 사건이 나에게 일어난 최고의 일이라고 생각했다. "잘됐어. 다시 회복할 수 있게 해줄게. 훌륭한 트레이더들은 다들 적어도 한 번쯤은 파산을 하는 법이야. 곧 괜찮아질 거야." 그는 유로달러 거래소의 회비를 빌려주며 대신 지불해주는 한편 자신이 하는 일을 내게 가르쳐주려고 애썼다.

그러다 문득 한 가지 사실을 깨달았다. 나는 트레이더가 아니었다. 나는 그 일을 할 수 없었다. 능력이 충분하지 않았다. 아무리 최고의 선생님이 가르쳐주고 일의 개념을 이해한다고 해도, 나는 그가 하는 일을 정말로 해낼 재주가 없었다. 머리회전이 그렇게 빠르지도 않았다. 그는 믿을 수 없을 정도로 탁월하게 숫자를 잘 다뤘다. 하지만 내 머리는 그의 머리처럼 돌아가지 않았다. 그래서 트레이더가 되려고 노력하면서 유로달러 거래소에 앉아 있었지만 고객을 한 명도 확보하지 못했기에 먹고살 수가 없었다.

1984년 9월, 회계사가 알아낸 바에 따르면 나는 지난 3년 동안의 소득신고서를 제출하고, 즉 3년간의 평균 총수입을 다시 신고하고 세금환급을 받을 수 있었다. 1983년의 손실금과 1982년과 1981년에 벌어들인 수입을 합쳐서 나는 정부로부터 약 10만 달러짜리 수표를 받았다. 내 긴박한 재정 상태에 비하면 그렇게 많은 돈이 아니었지만 새로운 일의 자금이 될 정도는 됐다. 유로달러

시장은 대단히 느리고 효율적이어서 가격 변동이 크지 않았다. 나는 가격 변동이 무척 심한 목재 시장에 익숙했으므로 목재 거래소에서 배운 내용이 무엇이든 유로달러보다는 S&P500지수에 적용하기가 더 나을 거라고 판단했다. 그래서 5만 5000달러를 주고 IOM(Index and Option Market) 회원권을 샀다.

나는 5개월 동안 트레이드를 시도했지만 여기서도 돈 한 푼 벌지 못했다. 이 일에도 전혀 소질이 없었다. 다시 한 번 내가 트레이드 방법을 모른다는 사실이 입증됐다. 나는 이 결과를 어떻게든 합리화하려고 애썼다. 즉 거래소에서 트레이드를 해본 것은 너무 오래전 일이었고 위층 사무소에서 컴퓨터 화면으로 트레이딩을 하는 데 익숙해져 그런 것이라고. 나는 회원권을 6만 달러에 팔았다. 그 6만 달러는 내가 이 세상에서 손에 쥔 마지막 돈이었다. 나는 소형 중개회사에서 일하는 커비 스미스와 다시 어울렸고 우리는 날마다 사무실에 앉아서 마치 트레이드를 하며 돈을 회수할 것처럼 굴었다. 그 게임을 1985년 10월까지 계속하면서 천천히 가진 돈을 탕진했다. 나는 자동차값과 집값을 비롯해 가족을 부양하는 데 드는 각종 비용을 여전히 부담하고 있었다. 그런 종류의 청구서를 처리하면서 수입이 한 푼도 없다면 가진 돈을 순식간에 털어먹을 것이다.

금방 잘해내지는 못하겠지만 나는 제대로 된 일자리를 반드시 얻어야만 했다. 살아남아서 가족들을 먹여 살리기 위해서는 반드시 일터로 돌아가야만 했다. 내가 누구보다 뛰어나다고 믿기 때문에 그 일을 하고 싶었던 것은 아니었다. 반드시 해야 하는 일이었기에 해야 하는 것이다. 하지만 트레이딩을 포기할 생각은 없었다. 트레이딩을 캐디 펜에서 하는 블랙잭 게임이라 여겼다. 게임은 포기하지 않을 생각이었지만 지는 것은 그만둘 작정이었다. 이제 나는 영리한 사람이 될 때가 됐다. 실수를 통해서 교훈을 얻을 줄 아는, 겸손하면서도 결심이 굳은 사람 말이다.

5

전문가들의 조언

나는 대두유 포지션을 어리석게 다뤘기 때문에 자산의 전부를 잃었을 뿐 아니라 실은 진짜 트레이더도 아니었다는 사실을 깨달았다. 물론 시장에서 돈을 벌기는 했지만 사실은 내가 돈을 버는 방법도 이유도 잘 몰랐던 것으로 드러났다. 순전히 트레이딩만으로 먹고살아야 하는 순간이 오자 전혀 이익을 내지 못했던 것이다. 수년간 '트레이딩'을 통해 돈을 번 이유는 내가 훌륭한 트레이더였기 때문이 아니었다. 좋은 영업사원이었고 때와 장소가 잘 들어맞았으며 적절한 사람들과 인맥을 쌓았기 때문이지 타고난 트레이딩 능력이 있어서가 아니었다.

내가 트레이더가 아니었다는 사실을 깨닫는 것은 고통스러웠다. 나는 장내 트레이더로 성공할 만한 인내심이나 기계적인 기술이 있지도 않았고 장외 트레이더로 성공할 만한 일관성도 없었다. 내가 투자로 돈을 버는 법을 배울 작정이라면 다른 사람들은 어떻게 투자로 돈을 벌었는지 알아내야만 했다. 그래서 이 주제와 관련된 책과 기사를 읽고 성공한 시장 전문가들의 인터뷰를 찾아봤다. 월가와 라샐가에서 가장 성공한 투자자와 트레이더들인 피터 린치, 버나드 바루크, 짐 로저스, 폴 튜더 존스, 리처드 데니스를 비롯해 수많은 사람들에 대해 연구했다. 어쨌든 몸이 아프면 최고의 의사를 찾아가 진찰을 받고 곤경에 처하면 최고의 변호사를 찾아가 조언을 구하고 싶은 법이다. 그러므로 나는 성공한 전문가가 시장에서 돈을 버는 법에 관해 들려주는 이야기를 참고했다. 그들이 어떻게 성공했는지 알아낸다면 나도 다시 부자가 될 수 있을 터였다. 그리고 이번에는 번 돈을 지켜낼 작정이었다.

다음은 전문가들이 조언한 돈을 버는 몇 가지 방법이다. 이 책의 부록에는 이 전문가들이 다소 낯설지도 모르는 독자들을 위해 간략하게 정보를 정리해 실었다.

조언과 반대의견

기술적 분석가치고 돈을 많이 번 사람을 보지 못했다.[1]
— 짐 로저스

나는 이렇게 말하는 사람들을 보면 항상 웃음이 난다. '기술적 분석가치고 돈을 많이 번 사람을 보지 못했다.' 그래서 너무 좋다! 어찌나 오만하고 터무니없는 반응인지. 나는 9년 동안 기본적 분석을 이용했지만 기술적 분석가가 되고 나서야 부자가 됐다.[2]

— 마티 슈워츠

그다지 힘이 나는 이야기는 아니다! 좋다. 어쩌면 성공의 열쇠는 기본적 분석가가 되느냐 기술적 분석가가 되느냐를 선택하는 게 아니었나 보다. 내 말은, 나는 두 가지 방법을 모두 이용해 돈을 많이 벌었다. 내가 기술적 분석이야말로 꼭 필요한 게 아닐까 생각하다 보면, 시장을 정말로 움직이게 하는 데에는 괜찮은 기본적 환경에 필적할 게 없었다. 어쩌면 두 번째 주제에서 전문가들의 비밀이 드러나기 시작할 것 같다.

투자를 다각화하라.[3]

— 존 템플턴

좋아! 조금씩 감이 잡혀갔다. 이제야 익숙한 느낌이 들기 시작했다. 아마 내가 대두유 스프레드를 지나치게 강조했던 모양이다. 그 시장과 그 트레이드에 지나치게 높은 비중의 자산을 쏟아 부은 것 같다. 심지어 그 후에도 한 번에 한 시장에서만 트레이드를 했다. 대가들에게 배운 첫 번째 교훈은 바로 이것이었다. 투자를 다각화하라! 혹은 적어도 다음 내용을 읽기 전까지는 그렇게 보였다.

다양한 분산투자는 무식함에 대한 변명거리일 뿐이다.[4]
— 윌리엄 오닐

집중투자하라. 40명의 여인들이 사는 하렘이 있다면 당신은 그들 중 누구도 제대로 알지 못할 것이다.[5]
— 워런 버핏

버핏은 시장에서 10억 달러 이상을 벌었다. 감히 내가 누구라고 그에게 반기를 들겠는가? 하지만 템플턴도 세계 최고의 투자자 중 한 명인데 버핏과 완벽하게 정반대의 이야기를 했다.

좋다. 그러면 분산투자도 정답이 아니었다. 어쩌면 계란을 한 바구니에 모두 담고 바구니를 아주 주의 깊게 지켜본다면 여전히 부자가 될 수 있는 모양이다. 지금까지 내가 선택한 주제들이 너무 폭넓은 의미를 담아냈는지도 모르겠다. 전문가들은 보다 구체적이고 실용적인 투자와 트레이딩 기법에 있어서는 분명 합의를 이룰 것이었다.

손실 물타기

당신이 투자하는 회사의 경영 상태를 파악해야만 한다. 그러지 않으면 가격이 하락할 때 매수량을 늘릴 것인지 판단할 수가 없을 것이다.[6]
— 피터 린치

물타기, 즉 하향 에버리징(가격이 하락한다고 판단될 때 단계적 매수를 통해 평균 매수 가격을 낮추는 방법—옮긴이)은 심각한 손실을 야기할 가능성이 있는 아마추어의 전략이다.[7]
— 윌리엄 오닐

천장권과 바닥권 잡아내기

바닥권 사냥은 금물이다.[8]
— 피터 린치

바닥권에서 매수하지도 말고 천장권에서 매도하지도 마라.[9]
— 버나드 바루크

아마 트렌드는 시카고에서 잠시 당신의 친구인지도 모르지만 대개의 경우 부자가 되는 방법은 아니다.[10]

— 짐 로저스

나는 시장이 변화할 때 돈을 버는 게 가장 좋다고 믿는다. 사람들은 천장권과 바닥권을 잡으려고 애쓰면 죽고 그 중간에서 트렌드를 따라잡으면 그 돈을 다 번다고 말한다. 글쎄, 12년 동안 나는 중간에서 고기를 종종 놓치곤 했지만 바닥권과 천장권에서는 고기를 많이 잡았다.[11]

— 폴 튜더 존스

늘리기

시장에서 벌어지는 상황을 확신하지 못할 때는 과대평가되고 있다고 판단하는 종목에 쇼트 포지션을 취해 자신을 보호하는 것이 현명하다.[12]

— 로이 뉴버거

상승세든 하락세든 나는 언제나 롱 포지션과 쇼트 포지션을 모두 취하려고 한다. 내가 틀린 경우를 대비해서 말이다.[13]

— 짐 로저스

나는 동일한 산업에서 롱 포지션과 쇼트 포지션을 취하려고 노력해왔지만 대체적으로 실패했다고 생각했다.[14]

— 마이클 스타인하트

많은 트레이더들은 어떤 상품시장 혹은 주식시장에 발을 담갔다가 그 시장이 위축되기 시작하면 자신을 지키고 보호할 수 있다고, 즉 다른 상품이나 주식에 쇼트 포지션을 취해 손실을 보상할 수 있다고 생각한다. 하지만 이보다 더 큰 실수는 없다.[15]

— 윌리엄 D. 갠

전문가들 사이에 미묘한 의견 차이가 있을 거라고 예상했다. 어쨌든 그중 어떤 사람들은 주식시장의 주요인사였고 다른 사람들은 옵션이나 선물 계약을 트레이드했다. 하지만 이들이 어느 한 가지에라도 서로 동의한 적이 있었나? 앞서 제시한 사례들을 놓고 본다면 마치 그들은 토론대회에 참가해 점수를 놓고 겨루는 상대팀의 일원들처럼 이야기했다.

나는 전문가들이 시장에서 돈을 번 방법을 알아내야 했다. 그들 모두가 알고 있는 게 틀림없는 그 비결을 배워야만 했다. 하지만 전문가들이 돈을 버는 방법에 대해 의견을 모으지 못한다면 어떻게 내가 그들의 비결을 배울 수 있겠는가? 그러자 이런 생각이 떠오르기 시작했다. 비결이란 없는 게 아닐까? 그러니까, 시장에서 수십억 달러를 벌어들이고 그 돈을 지켜낸 사람들이 많이 있었다. 그들 모두 돈을 벌 때 적어도 몇 가지는 동일한 방법을 쓰지 않았을까? 이렇게 한 번 생각해보자. 만약 한 남자가 다른 남자가 하지 말라고 한 행동을 했다면 첫 번째 남자는 어떻게 돈을 잃지 않았을까? 그리고 첫 번째 남자가 돈을 잃지 않았다면 어째서 두 번째 남자는 그렇게 하지 않았을까?

만약 전문가들이 당신을 당연히 부자로 만들어줘야 하고 그들을 흉내 내지 않으면 당신이 당연히 가난해지게 돼 있다면 이들은 누구도 다른 사람을 흉내 내지 않았기 때문에 전 재산을 마땅히 잃었어야 한다. 그들 모두 서로 정반대의 행동을 자주 했기 때문에 완전히 파산했어야 한다. 마침내 나는 어쩌면 손해에 대해 공부하는 게 돈을 벌어다주는 성배를 찾아나서는 것보다 더 중요하겠다는 생각이 들었다. 그래서 나는 전문가들에 관한 자료를 모두 다시 꼼꼼히 읽기 시작했고 그들이 손해에 관해 들려주는 이야기에 주목했다.

손해

내 기본적인 충고는 돈을 손해 보지 말라는 것이다.[16]
— 짐 로저스

나는 가격 하락세를 관리하는 데 더 관심이 있다. 손실을 감수

하라. 돈을 벌 때 가장 중요한 것은 손실액이 감당할 수 없는 수준이 되지 않게 하는 것이다.[17]
― 마티 슈워츠

나는 돈을 버는 게 아니라 돈을 잃는 것에 대해 항상 생각한다. 돈을 버는 데 초점을 맞추지 마라. 지금 가지고 있는 것을 지키는 데 중점을 둬라.[18]
― 폴 튜더 존스

어느 투자자의 두 가지 투자 원칙.
(1) 절대 돈을 잃지 마라.
(2) 첫 번째 원칙을 절대 잊어버리지 마라.[19]
― 워런 버핏

손실이 적고 적당한 수준인데도 대다수의 미숙한 투자자들은 손절매를 하지 않고 고집을 부리며 계속 붙들고 있다. 그들은 손해를 조금 보고 빠져나올 수도 있었는데 인간이기에 갖게 되는 약점과 감정이 개입하면서 계속 희망을 품은 채 기다리다가 손해만 점점 커지고 결국 큰 대가를 치르게 된다.[20]
― 윌리엄 오닐

손실을 빠르고 확실하게 감수하는 법을 배워라. 언제나 올바른

판단을 내릴 거라고 기대하지 마라. 실수를 하거든 손해가 되는 일에서 최대한 빨리 손을 떼라.[21]

— 버나드 바루크

이제야 나는 조금이나마 진전을 보는 기분이었다. 돈을 버는 방법이 그렇게 다양하다면 도대체 왜 나는 돈을 버는 비결을 배우려고 노력했을까? 돈을 버는 방법에 대해서는 나도 아는 게 있었다. 시장에서 이미 100만 달러를 벌어본 경험이 있었으니까. 하지만 돈을 잃는 법, 즉 실패하는 법에 대해서는 아는 게 하나도 없었다. 전문가들은 모두 손실을 다루는 자기만의 방법을 알고 있었기 때문에 돈을 버는 방법도 하나같이 서로 모순적이었다. 한 사람의 방법이 돈을 벌어들였다면 정반대의 방법으로 접근하는 사람은 돈을 잃었어야 한다. 만약 두 번째 사람이 같은 시장에서 활동했다면 말이다. 바로 그게 핵심이다. 두 번째 사람은 그 시장에 있지 않았다. 그는 명목상의 손실을 입은 방관자일 뿐이었다. 전문가들은 돈을 잃지 않는 것이 자신들의 주된 책임이라고 생각한다.

당연히도 교훈은 블랙잭을 하는 방법이 한 가지 이상이듯이 시장에서 돈을 버는 방법도 한 가지 이상이라는 것이다. 전문가들이 대단히 다양하고 종종 모순적인 방법을 활용해 돈을 벌어온 것으로 보아 세상에 돈을 버는 비결이 없다는 건 분명하다.

돈을 잃지 않는 방법을 배우는 것이 돈을 버는 방법을 배우는 것보다 더 중요하다. 안타깝게도 전문가들은 이 기술을 익히는 방법에 대해서는 설명해주지 않았다. 그래서 나는 시장에서 돈을 잃은 근본적인 원인을 알아낼 수 있을지 확인하기 위해 일반적인 의미의 실패, 그리고 특히 나의 실패에 대해 연구하기로 결심했다. 이 책의 초반에서 설명했듯이 나는 현명하지 않을지는 몰라도 지금 아주 영리한 사람이기는 하다. 결국은 실패를 거울삼아 교훈을 얻었기 때문이다.

PART TWO

실패하는 사람들의 심리

훌륭한 판단이 대체로 경험을 통해 얻어진다면
경험은 잘못된 판단으로 인해 생길 때가 많다.
— 로버트 러벳(트루먼 정부 국방장관)

성공의 비결을 찾기 위해 시작한 여정이 어느덧 실패하지 않는 비결을 찾기 위한 여정으로 변해버렸다. 그렇다면 실패하지 않는 방법을 배우는 것은 왜 이렇게 중요할까? 시장에서 돈을 잃고 나면 대체로 사람들은 돈을 버는 새로운 방법을 찾아나서기 때문이다. 분명히 이전의 방법은 결함이 있었고 절대 투자자나 트레이더의 잘못은 아니었다. 무수한 기본 방법들이 있다는 점을 고려하면 당신은 각각의 방법으로 돈을 벌어보려고 시도했다가 실패하느라 평생을 보낼 수도 있다. 실패하는 방법은 아직 모르기 때문이다. 반면에 사람들이 실패하는 이유가 무엇인지 배워서 실패를 통제할 줄 안다면 이득을 올릴 수 있을 것이다.

기본적으로 내가 알아낸 내용은 시장에서 일하는 사람들의 수

실패하는 사람들의 심리

만큼이나 시장에서 이기는 방법의 종류도 많지만 실패하는 방법은 비교적 가짓수가 적다는 사실이다. 그렇다고 세상에 패배가 전혀 없다는 뜻으로 한 말은 아니다. 테니스를 친다고 매 경기, 매 세트, 매 게임에서 포인트를 다 따낼 수는 없는 법이다. 때로는 이기기도 하고 때로는 지기도 한다. 어느 비즈니스에서나 실패가 있는 것처럼 수많은 패배가 찾아올 것이다. 미국계 은행 씨티코프의 전 CEO 월터 리스턴은 대출 손실이 없는 금융기관은 일을 제대로 하지 않는 것이라고 말했다. 사실 맞는 말이다. 손실을 감수하지 않으려고 하는 것은 패자의 저주다. 하지만 당신이 피하려고 애쓰는 손실은 당신이 미처 감안하지 않았지만 당신도 모르는 사이에 슬금슬금 다가와 결국 당신의 사업을 망하게 만들고 만다.

시장에서 돈을 잃는 원인은 다음 두 가지 중 하나다. (1) 분석이 잘못됐을 경우, (2) 분석의 적용이 잘못됐을 경우. 전문가들이 이미 증명했듯이 시장에서 돈을 버는 단 하나의 확실한 분석 방법이란 없다. 그러므로 '최고'를 찾아서 다양한 분석 방법을 연구하는 것은 시간낭비에 불과하다. 그러지 말고 어떤 것이든 좋으니 한 가지 분석 방법을 적용하거나 적용하지 못하는 데 관련된 요인들을 연구해야만 한다. 정확한 분석, 올바른 예측 그리고 유익한 추천을 받을 때조차 사람들은 여전히 돈을 벌지 못하고 실패한다. 어째서 그들이 받고 있는 시장 자문서비스의 수익 실적에 맞춰 움직이는 못하는 걸까? 바로 분석을 적용하고 추천을 따르지 못하게 가로막는 심리적 요인들 때문이다.

심리적 요인들은 두 가지 범주로 구분할 수 있다. (1) 전문적인 도움이 필요한 정신질환. (2) 기본적으로 우리의 정신이 건강하더라도 누구나 가질 수 있는 심리적 왜곡. 이 책에서는 후자에 관심이 있다.

무시해야 할 시장의 전통

심리적 요인으로 발생한 시장 손실을 해결하는 대부분의 방법은 너무 모호해서 실용적인 적용법을 제시할 수 없는 오래된 시장의 격언들에 해당한다. 사람들은 마치 자명한 진리라도 되는 듯이 이 경구들을 외우고 다닌다. 너무 자주 반복해서 회자되고 나면 이 표현들은 아무 생각 없이 습관적으로 사용되는 닳고 닳은 상투어로 전락한다. 하지만 투자에 관한 지혜의 말씀들은 실행하기보다는 되풀이해 말하기가 더 쉬운 법이다. 마치 말로 표현하기만 하면 그 안에 담긴 원칙들이 실행되기라도 할 것처럼 격언을 되풀이하는 것은 아무 효과도 없다. 예컨대 "시장 포지션에 대해 논의하지 마라. 전문가들은 그렇게 하지 않기 때문이다"라는 격언을 단순히 따라 말한다고 자동으로 당신이 전문가가 되지는 않는다. 당신이 격언들을 통해 이익을 얻을 수 있으려면 먼저 그 원칙들을 이해해야만 한다. 전문가들이 포지션에 대해 논의하지 않는 이유는 애초에 포지션에 관한 논의를 유발하는 원인이 무엇인지, 그리고 그런 논의의 위험성이 무엇인지에 대해서도 잘 이해하고 있기 때문이다. 격언은 기본적인 원칙 혹은 행동 규칙을 간결하게 서술한 것이다. 이런 상투적 표현을 외우고 반복해서 말하는 것은 쉽다. 그에 비해 안에 담긴 원칙을 파악하는 것은 한층 어렵다.

예를 들어 비즈니스에서 가장 많이 인용되는 격언을 생각해보자. "손실은 빨리 잘라내라." 좋은 말처럼 들리지만 도대체 무슨 뜻일까? 적자를 내면 곧바로 손실 포지션에서 빠져나오라는 건가? 그렇다면 손실이 무엇으로 구성됐다고 생각하는가? 시장 손실은 어떻게 정의하는가? 어떤 투자든 트레이드든 한 시점에는 포지션이 손실을 보일 텐데, 그러면 언제가 진짜 손실인지, 즉 제거해야 하는 대상인지, 다시 돌아와서 수익을 낼 포지션이 아닌지 어떻게 알 수 있을까?

그러면 이런 표현은 어떨까? "부화뇌동하지 마라. 다수에 저항하라." 좋다. 하지만 다수의 포지션을 어떻게 파악할 수 있을까? 여론을 가장 진실하게 보여주는 전조는 무엇일까? 주식 또는 달러 거래액과 미결제 거래 잔고를 보고 대중이 무엇을 하는지 결정하는가? 풋 콜 비율? 콜옵션과 풋옵션? 소비심리? 단주? 투자자문들이 기분에 따라 생각해낸 숫자와 정서적 공감대? 게다가 다른 사람들의 행동과 정반대로 행동한다고 성공이 보장되지는 않으며 '다수와 반대되는 트레이딩'이 당신을 몰살시키는 경우도 있다.

그리고 낡았지만 여전히 좋은 격언도 있다. "희망이나 공포에 기대어 투자하거나 감정에 치우친 결정을 내리지 마라." 아주 단순한 말처럼 들린다. 하지만 이 책의 뒷부분에서 다시 살펴보겠지만 일반적인 감정들, 그중에서도 구체적으로 희망과 공포는 시장 참가자들에게 독특한 역설을 만들어낸다.

이 책은 당신이 느끼는 공포와 정면으로 맞서는 방법이나 '당신의 느낌과 감정에 다가가는' 방법을 구체적으로 가르쳐주지는 않는다. 당신 자아의 정당한 내적인 심리적 요구를 당신의 시장 참여와 조화시켜주지도 않을 것이다. 나는 당신이 어떤 특별한 심리 상태나 내적 갈등을 가지고 있는지 알아내기 위한 테스트를 준비해두지도 않았다. 당신이 시장에 참여해야 할지 확인해줄 테스트도 없다. 하지만 내가 굳이 심리학자가 아니더라도 심리적 요인들로 손실이 발생했다는 말은 당신의 자아가 처음부터 시장 포지션에 관련됐다는 전제가 성립한다는 뜻이다. 어떤 원인이 어떤 결과를 일으켰는지 안다는 것은 그것이 영향을 미치지 못하게 막는 첫 번째 단계다. 만약 시장 포지션이 개인화되지(예컨대 자아가 개입한다든지) 않도록 막는 방법을 알아낼 수 있다면 우리는 개인화 현상을 순탄하게 막아낼 수 있을 것이다. 그러면 심리적 요인으로 인한 손실 혹은 실패는 예방될 수 있다.

이 책의 나머지 부분에서 이야기할 생각들은 의미론적 트집 잡기처럼 들릴지도 모른다. 하지만 정확히 말해, 결과적으로 심리적 요인들로 인해 실패로 이어진 혼란스러운 생각에 대체적으로 책임이 있는 것은 그 혼란스러운 언어학이다. 우리가 사용하는 용어에 대해 명쾌하고 구체적인 의미를 밝혀 혼란을 명료하게 정리하자는 것이다. 우선 심리학이 무엇인지, 시장에 참가하는 우리에게 어떻게 적용되는지 살펴보는 것에서 출발하자.

《아메리칸 헤리티지 사전》은 '심리학'을 정신과정과 행동특성, 개인이나 집단의 감정에 대한 학문이라고 정의한다. 심리적 요인들로 인한 시장 손실에 관심이 있으므로 이 책에서는 이 정의의 세 가지 범주를 그러한 유형의 손실이 발생할 때와 연관 지어 각각 검토할 것이다. 따라서 이 책의 2부는 정신과정, 행동특성, 그리고 시장에서 돈을 잃은 사람들의 감정에 대해 검토한다.

1. 정신과정

6장에서는 시장 포지션, 그중에서도 특히 실패가 개인화되면 어떤 상황이 일어나는지 설명한다. 그리고 외부의 객관적 실패와 내부의 주관적 실패가 어떻게 다른지 보여준다. 그다음에는 개인이 부정과 분노, 타협, 우울, 수용 등 내면의 실패를 경험할 때 겪는 정신과정을 살펴본다. 대부분의 사람들은 실패와 잘못을 동일시하므로 외부의 실패로 여겨야 할 것을 내면화한다. 그러면 그들은 내적 실패의 5단계를 경험하기 시작하고 단계를 하나씩 밟아갈 때마다 실패는 더 커져간다. 마지막으로, 이 장에서는 (게임처럼) 별개의 사건에서 발생한 실패와 (시장처럼) 지속적인 과정에서 발생한 실패를 명확히 구분하고 후자만이 5단계에 영향을 받기 쉽다는 걸 보여준다.

2. 행동특성

7장에서는 사람들이 시장 포지션을 개인화하는 가장 일반적인 방법에 대해 이야기한다. 그리고 투자자, 트레이더, 투기자, 내 기꾼, 도박사 등 5가지 유형의 시장 참가자를 소개한다. 참가자 의 유형은 어떤 사람이 관여하는 활동이 아니라, 보여주는 행동 특성으로 결정된다. 다시 말해 모든 카드게임이 도박이 아닌 것 처럼 모든 주식 매수가 투자는 아니다. 그뿐 아니라 시장에서 일 어나는 대부분의 실패의 원인은 각각의 행동특성으로 정의된 바 대로 사람들이 지속적으로 위험한 활동에 돈을 걸기 때문임을 알 려준다.

3. 개인이나 집단의 감정

8장에서는 감정이란 좋은 것도 나쁜 것도 아니며 그저 존재할 뿐이라고 설명한다. 감정 그 자체는 피할 수 없다. 반면에 감정주 의는 피할 수도 있고 당연히 피해야 한다. 감정주의란 감정을 기 반으로 결정을 내리는 것이다. 감정적 의사결정을 가장 잘 설명 하는 존재는 대중이다. 이 장에서는 대중이 움직이는 감정의 매 체라고 설명하고, 역투자 기법 같은 친숙한 용어나 걷잡을 수 없 는 시장에 등장하는 하나의 단계가 아니라 한 개인에게 영향을 미칠 수 있는 과정이라는 측면에서 논의하고자 한다. 대중의 일원이 된다는 것은 그들이 몇 명인지와는 별로 관계가 없으며, 그보다는 겉으로 드러나는 고유한 특성과 관계가 있다. 우리는 개인이 심리적 군중의 일원이 되면서 거치는 단계들을 묘사하는 두 가지 모델에 대해서도 살펴볼 것이다.

6

로스의 심리적 역학

나는 여기서 빠져나갈 수가 없다.
너무 많이 잃고 있으니까.
― 패배자가 남긴 유명한 마지막 말

1983년 10월 중순, 대두유 포지션이 눈앞에서 망가져가는 동안 나는 어머니의 전화를 받았다. "아버지가 암 진단 때문에 진단수술을 받으러 병원에 입원하셨어. 당연히 큰일이 아니어야 하고 병원에서도 문제없을 거랬어. 그래도 들여다보기는 해야 한다네." 어머니가 말했다. 수술하고 다음 날 어머니가 다시 전화를 하셨고 의사가 전한 소식에 따르면 암이 온몸에 퍼져서 아버지는 앞으로 6개월밖에 살지 못한다고 했다. 그들은 아버지에게 잘록창자샛길 형성술을 시행했고 아버지는 곧바로 방사선 치료를 받기 시작했다.

2개월 뒤에 나는 아버지의 전화를 받았다. 아버지가 말했다. "엄마가 없어졌어. 찾을 수가 없네. 어젯밤에 나갔는데 집에 안

들어왔어." 나중에 밝혀진 사실이지만 어머니는 사라지신 날 밤에 스스로 목숨을 끊으셨다. 오하이오강으로 걸어가 물에 투신하셨다. 내가 파산했다는 사실을 어머니는 모르고 가셨으니 내 처지 탓에 어머니가 그렇게 되신 건 아니었다. 어머니가 자살하신 것은 아버지가 많이 편찮으셨고 머지않아 돌아가실 예정이었는데 당신께서 이 상황을 감당할 자신이 없으셨기 때문이었다. 하지만 부모님은 내가 파산했다는 것만큼은 모르셨다. 상황은 전혀 달라 보이지 않았다. 우리는 같은 집에서 여전히 살고 있었으니까. 그저 직업이 달라졌을 뿐이었다. 부모님도 내 직업이 달라졌다는 건 알았지만 이유는 모르셨다.

그 무렵에 아버지는 요양원을 들락거리셨고 집에서는 상근 간호사의 간병을 받았다. 나는 거의 주말마다 아버지를 찾아뵈러 갔다. 나와 동생이 격주로 주말마다 아버지를 찾아가기도 했다. 결국 1984년 8월에 아버지가 돌아가셨다.

1983년 8월부터 1984년 8월까지 나는 재산을 모두 잃었고 40만 달러의 빚을 졌고 회원권과 직업, 운영위원회와 집행부의 위원 자리를 모두 잃었으며 양친마저 잃었다. 아내와 아이들을 빼면 나에게 중요한 존재와 모든 것을 잃었다. 결코 근사한 열두 달이었다고 말할 수 없었다.

동정심을 얻으려고 이런 이야기를 털어놓은 것은 아니다. 손실 혹은 상실을 관찰하고 그 본질에 대해 내가 생각해낸 중요한 의견을 전달하는 데 도움이 되기 때문에 이야기한 것뿐이다. 내가 시장에서 겪은 손실은 개인사에서 겪은 상실과 같지 않았다. 라스베이거스에서 도박으로 인해 겪은 손실은 시장에서 겪은 손실과 달랐다. 그 모든 손실은 부모님을 잃은 상실과는 전혀 달랐으며 이는 운영위원회의 위원 자리를 잃은 것과도 다른 문제였다.

대부분의 사람들은 비즈니스를 하면서 어떤 유형의 시도를 하든 실패할 수 있다고 인정한다. 전구 제조업자는 전구 300개 중에 2개가 불이 들어오지 않는다는 걸 안다. 과일장수는 사과 100개 중에 2개가 썩었다는 걸 안다. 손실 그 자체는 그들에게 문제가 되지 않는다. 예상치 못한 손실과, 균형을 잃어버리는 것이 괴로울 뿐이다.

손실이 비즈니스의 일부라는 걸 인정하는 것과 시장에서의 손실을 감수하고 받아들이는 것은 전적으로 다른 문제다. 시장에서 사람들은 적극적으로(과일장수와 전구 제조업자 같은 경우의 수동적인 태도와는 반대로) 손해를 감수하는 걸(즉 비즈니스적 시도 자체로 패배자가 되지 않도록 손해를 받아들이고 통제하는 걸) 어려워하는 경향이 있다. 그 이유는 모든 손실이 실패처럼 다뤄지기 때문이다. 우리 삶의 다른 영역에서도 손실이라는 단어는 부정적인 의미를 함축한다. 사람들은 손실, 틀림, 나쁨, 실패 등을 같은 뜻으로 사용하고 승리, 옳음, 좋음, 성공 등을 같은 뜻으로 받아들이는 경향이 있다. 가령 우리는 학교에서 시험을 보면 틀린 답안을 써서 점수를 잃는다. 이와 마찬가지로 시장에서 돈을 잃으면 우리는 틀림없이 무언가 잘못했다고 생각한다.

《아메리칸 헤리티지 사전》은 '잃는다lose'를 (1) 사별하다, (2) 승리하지 못하다(즉 게임에서 지다, 패배하다)라고 정의한다. 대개의 경우 '루즈lose'와 '로스(loss, 손실, 손해, 상실, 패배)'는 게임과 관련이 많은 단어다. 어쩐 일인지 '이익profit'과 '손실loss'이라는 개념은 '이기다win'와 '지다lose', '옳다right'와 '틀리다wrong'라는 표현과 혼동된다. 하지만 게임의 참가자로서 'lose'했다면 당신은 틀린 게 아니라 패배했다. 게임의 구경꾼으로 'lose'했다면 분명히 게임의 결과에 돈을 걸었다가(또는 의견을 표현했다가) 돈을 잃었겠지만(또는 틀렸겠지만) 패배한 건 아니다.

로스: 외적인 손실과 내적인 상실

위에서 설명한 '로스loss'라는 단어는 정말 다양한 용례로 쓰인다. 열쇠를 잃어버리기도 하고 게임이나 경쟁에서 지기도 하고 돈을 잃기도 하고 정신을 잃기도 하고 존경을 잃기도 하고 자제심을 잃기도 하고 부모님을 여의기도 하고 내기에 지기도 하고 일자리를 잃기도 하는 등 여러 가지로 쓰인다. 하지만 이 모든 사례들은 단 두 가지의 범주로 나뉜다. 첫째는 자제심과 존경, 사랑, 정신 같은 내적인 상실이고, 둘째는 내기와 경쟁, 돈 같은 외적인 손실이다. 외적인 손실은 객관적이고 내적인 상실은 주관적이다. 즉 외적인 손실은 주관적이거나 개인적으로 해석될 여지가 없는 객관적 사실이다. 반면에 내적인 상실은 그것을 경험하는 한 개인의(즉 대상의) 입장에서 정의된다. 다시 말해 손실이 나와 당신과 다른 모든 사람에게 동일하다면 객관적이다. 그에 비해 상실이 전적으로 개인적인 경험이라면 사람에 따라 다르므로 주관적이라 하겠다.

예를 들어 날마다 수천 명의 사람들이 사망하지만 그 죽음은 모든 사람이 아니라 직접적이고 개인적으로(즉 내적이며 감정적으로) 영향을 받는 사람에게만 '상실'이다. 이런 유형의 로스는 내적인 것이고 그것을 경험하는 사람의 느낌 및 반응과 관계가 있으며 그로 인해 형성된다. 이 로스는 주관적이며 그것을 경험하는 개인만이 정의할 수 있다는 뜻이다.

반면에 켄터키가 농구시합을 졌다면, 외적이고 객관적인 사실관계라는 측면에서 관중은 손실을 입은 것이 아니고 마찬가지로 패배한 팀의 선수도 손실을 입은 것이 아니다. 양자 모두 해당 '졌다'는 사건의 정의에서 완전히 외부에 있다. 시합을 관전한 사람은 누구나 어느 팀이 졌다고 말해줄 수 있고 지켜본 사람이라면 누구든 같은 이야기를 할 것이다. 객관적인 로스는 당신이 어떻게 느끼고 어떻게 반응하는가에 휘둘리지 않는다. 누군가의 판단에 영향을 받지 않으며 평가 없이 받아들여져야 한다. 선수와 관중이 자부심과 팀의 성공 혹은 실패를 동일시한다면 이 외적인 로스를 개인화하게 될 수도 있다. 그러면 외적인 로스를 내적인 로스로 만들게 되는 것이다.

사람들이 **손실, 틀림, 나쁨, 실패**를 동일한 것으로 취급하는 경향이 있기 때문에 우리가 '로스'라는 단어에서 부정적인 어감을 느끼는 것도 당연하다. 그러나 시장 손실은 앞에서 언급한 불량 전구나 썩은 사과 같은 것으로 봐야 한다. 비즈니스의 일부이므로 침착하게 받아들여야 한다. 손실은 '틀리다'와 같은 뜻이 아니고 손실이 꼭 '나쁘다'와 같은 의미인 것도 아니다.

예컨대 손해를 조금 봤지만 손해가 더 커지기 전에 손실 포지션에서 빠져나올까 고려해봤다고 하자. 손실을 입기는 했어도 좋은 결정인 것이다. 마찬가지 이유로 유용한 조언을 바탕으로 한 수익성 있는 투자가 뒤이은 정보의 위험성 때문에 나쁜 결과를 초래할지도 모른다. (이를테면 조언 제공자가 정확하지 않은 정보를 가지고 있었거나 빠져나올 시기를 말해주지 않았다거나 할 수도 있다.)

시장 손실은 외적이고 객관적인 유형의 로스다. 이것이 주관적인 것이 되는 때는 당신이 내면화할 때뿐이다. 이는 당신의 자아와 관련이 있고, 손실을 실패처럼 무언가 틀리거나 나쁜 것인 양 부정적인 시각으로 바라보게 만든다. 심리학은 자아의 문제를 다루기 때문에 만약 의사결정 과정에서 자아를 배제할 수 있다면 심리적 요인들로 인한 손실을 통제할 수 있다. 시장 손실이 내적 상실이 되지 않도록 막는 비법은 손실이 발생하는 방식을 이해하고 그 과정을 피하는 것이다.

시장 손실이 어떻게 내적 상실로 변하는가

외적 손실이 어떻게 내면화하는지 이해하는 비결은 사실과 의견의 미묘한 차이를 이해하는 데 있다. 《아메리칸 헤리티지 사전》은 '사실fact'을 객관적으로 입증된 것이라고 정의한다. 사실은 옳은 것도 틀린 것도 아니라 그저 가치중립적이다. 의견은 개인적 평가이므로 사실과 실제로 일치하는가에 따라서 옳거나 틀릴 수 있다. 그러므로 의견만이 옳거나 틀리다고 표현할 수 있지 사실은 그렇게 표현하지 못한다. 옳고 틀림은 비즈니스 활동이나 시장 참여를 설명하기에 적절하지 않으며 이기고 진다는 용어 역시 마찬가지다. 시장에 참여하는 것은 옳거나 틀린 문제도 아니고 패배와도 아무 상관이 없다. 그저 결정을 내리는 것이다.

의사결정은 신중하게 고민한 뒤에 결론에 도달하는 과정이다. 그것은 모든 사실들이 아직 밝혀지지 않았을 때 대안들 사이의 선택이며, 미래에 펼쳐질 사건들에 의존하기 때문에 아직 알 수 없다. 그러므로 의사결정은 옳거나 틀린 것 중에서 선택하는 게 아니다. 뒤늦게 깨달았지만, 결정은 좋거나 나쁜 것일지는 몰라도 옳거나 틀릴 수는 없다. 시장과 관련해서 말하면 의견 표명만이 옳거나 틀릴 수 있다. 시장 포지션은 수익성이 있거나 수익성이 없다. 그저 그뿐이다. 하지만 앞서 간결하게 설명한 이 어휘의 기이한 특징 때문에 시장에서 돈을 잃는 것을 틀린 것과 동일시하기가 쉽다. 그렇게 당신은 돈에 대해 내린 결정을 받아들이고

(외적인 것) 이를 명성과 자부심의 문제로(내적인 것) 만들어버린다. 그런 식으로 당신의 자아가 포지션에 개입한다. 당신은 시장을 사적인 감정으로 받아들이기 시작하고 로스를 객관적인 것이 아닌 주관적인 것으로 받아들인다. 이제 그것은 돈의 손실이 아니라 개인적 상실이 되어버린다. (이를테면 추락한 비행기에 아는 사람이 타고 있었던 일과 같은 것이 되어버린다.) 시장 포지션을 개인화하는 예를 들어보면, 사람들은 수익성이 있는 포지션에서 빠져나가고 수익성이 없는 포지션을 보유하는 경향이 있다. 마치 수익과 손실이 자신의 지능이나 자존감을 반영하기라도 하는 것처럼 말이다. 만약 손실을 받아들인다면 자신이 어리석었거나 틀렸다는 기분을 느낄 것이다. 그들은 순자산net worth과 자존감self worth을 혼동하기 때문이다.

시장 포지션이나 비즈니스 관계를 설명하면서 옳고 틀리다는 표현을 사용하는 경우에는 다음 세 가지 의미가 있다. (1) 한 개인만이 할 수 있는 어떤 의견이 표명됐다, (2) 시장 포지션이나 비즈니스적 시도가 개인화됐다, (3) 어떤 손실(혹은 성공)을 내면화하려고 한다. 내가 24만 8000달러를 벌어들인 날 시장에 대해 옳은 판단을 했다고 느낀 도취감을 기억하는가? '나'는 나와 다른 모든 사람들을 위해 그 많은 돈을 벌어들인 참이었다. '나'는 무척 영리했다. 당시에는 잘 몰랐지만 '내'가 한 일이라고는 시장 포지션을 완전히 개인화한 것밖에 없었다.

내적 상실의 5단계

인생의 상실을 시장의 손실과 비교하는 것은 다소 이상해 보일지도 모른다. 보통은 시장의 손실을 사느냐 죽느냐 하는 문제로 생각하지 않을 테니까. (물론 160만 달러를 잃어버리고 나면 분명히 목숨이 걸린 문제라고 생각하게 될 거다.) 하지만 사람들이 시장에서 손실을 경험할 때 겪는 단계는 사람들이 죽음을 직면할때 겪는 단계와 놀라울 정도로 비슷하다. 내 아버지가 돌아가셨을 때 친구 한 명이 불치병 환자들에 관한 책을 한 권 선물한 적이 있었다. 엘리자베스 퀴블러로스의 《죽음과 죽어감》이라는 책이었다. 200명의 불치병 환자들과 인터뷰를 하며 저자는 환자들이 자신의 병을 발견하고 나서 겪어나가는 5단계를 하나씩 설명한다. 배우자나 자식의 죽음처럼 개인적으로 비극적인 소식을 마주하는 대부분의 사람들은 동일한 단계를 경험한다. 나 역시 어떤 유형의 내적 상실을 경험하는 사람이라면 이런 단계들을 똑같이 겪는다고 생각한다. 그러므로 이 책의 목적을 위해 내적 상실의 5단계라고 부르기로 하자. 아래에는 단계마다 간결한 설명을 덧붙이고 내가 대두유 트레이드를 할 때 어떻게 똑같은 특성을 보였는지 덧붙였다.

1. 부정

불치병에 걸렸다는 소식을 들으면 환자들은 곧바로 이렇게 반응한다. "아니에요, 전 아니에요. 사실일 리 없어요." 일부 환자들은 다른 진단을 받고 안심하기 위해 여러 의사들을 '찾아다니는' 모습을 보인다. 환자들은 최초의 진단을 확인해준 의사들의 의견을 폄하하고 보다 긍정적인 진단을 내린 의사들의 의견을 강조한다.

1983년 9월과 10월에 대두유 포지션의 가격 상승세가 멈추고 하락세가 시작됐을 때 나도 이와 같은 행동을 했다. 나는 돈을 잃고 있었지만 시장이 정말로 돌아섰다는 사실을 부정했다. 그리고 분개했다. 나에게 1000만 달러를 벌어다줄 트레이드였다. 기억나는가? 10월에 나는 물속에 가라앉고 있다는 걸 깨달았지만 얼마나 깊은 줄은 미처 몰랐다. 부정의 화신이었기 때문이다. 도저히, 아니, 감히 포지션에서 돈을 얼마나 잃었는지 책상 앞에 앉아 계산을 할 수조차 없지만 수익성이 좋은 포지션에서 정확히 얼마를 벌고 있는지는 알고 있다면 당신은 손실을 부정하고 있는 중이다. 나도 다른 트레이더들에게 시장에 관해 의견을 물어보며 '두 번째 의견'을 구했다. 물론 긍정적인 시각을 가진 트레이더들의 말에만 귀를 기울였고 그렇지 않은 사람들은 무시했다.

2. 분노

부정의 단계가 더 이상 유지되지 않을 때 분노의 감정으로(가령 격노, 질투, 억울함 같은 감정들) 대체된다. 분노는 모든 방향으로(예를 들어 간호사, 가족, 의사, 치료로) 옮아가고 무작위로 주변에 퍼부어진다. 나는 손실에 대한 엄청난 좌절감을 다양한 형태의 분노로, 주로 가족을 향해 쏟아냈다. 한동안 아내와 아이들은 마치 전염병처럼 나를 피해 다녔다.

3. 타협

첫 번째 단계에서 사실을 마주하지 못하고 두 번째 단계에서 사람들과 신에게 분노를 쏟아낸 환자들은 불가피한 상황이 발생하는 것을 미루는 일종의 계약을 맺으려고 애를 쓴다. '만약 신이 나를 이 땅에서 데려가려고 결심했고 내 분노에 찬 애원에 반응하지 않았다면 내가 공손하게 부탁드리면 호의를 베풀 가능성이 클지도 모르지.' 1983년 9월, 나는 시장이 8월 말 수준으로 반등한다면 대두유 포지션에서 빠져나가겠다고 자신에게 맹세했다. 11월에는 포지션이 본전치기만 하게 해달라고 시장에 빌다시피했다. 내가 원하는 것이라고는 대두유 트레이드에 투자하기 이전 수준으로 돌아가는 것뿐이었다.

4. 우울

우울은 복잡한 심리적 장애이므로 상세히 논의하려면 이 책의 분량으로는 감당하기 어렵다. 하지만 우울증의 일반적인 징후는 슬픈 감정이 지배적이어서 사랑하는 사람들에게 거리감을 느끼고 식생활이나 수면 습관이 달라진다. 또 에너지가 없고 집중력이 떨어지고 결단력이 없으며 충고를 따르지 않는다. 내가 병적인 우울증을 앓고 있는지 알아보러 의사를 만나러 가지는 않았지만 1983년 가을에 나는 이런 증상을 상당 부분 가지고 있었다. 나는 대두유 포지션에 너무 사로잡힌 나머지 밤새도록 잠을 자지도 못했고 끼니를 건너뛰었고 4주 동안 몸무게가 7킬로그램쯤 줄었으며 한때 즐겁게 여기던 모든 일에 흥미를 잃어버렸다. 끊임없이 피곤했고 일에 집중하지 못했으며 시장에서 손을 떼라고 말해준 사람들의 충고를 듣지 않았다.

5. 수용

마침내 환자들은 불가피한 사실을 받아들인다. 이 단계의 소통은 더욱 비언어적이 된다. 퀴블러로스의 설명에 따르면 수용은 거의 감정이 결여되어 있고 체념으로 나타난다. 물론 끝까지 싸우고 발버둥 치며 희망을 지켜나가는 바람에 수용 단계에 거의 도달하지 못하는 환자들도 있다. 어쩔 수 없는 죽음을 피하려는 몸부림을 더욱 세차게 할수록, 그것을 부정하려고 더 많이 노력할수록 이 마지막 단계에 도달하기가 더욱 어려워진다. 하지만 마지막에는 이 단계에 도달하게 된다. 마찬가지로 트레이더도 피할 수 없는 현실을 마침내 직면하고 손실을 '받아들인다'. 그 이유는 그가 '정신을 차리고' 포지션에서 빠져나가기 위해 조치를 취하기 때문이다. 아니면 더 그럴듯한 이유는 누군가 혹은 무언가가 강제해서 어쩔 수 없이 포지션에서 빠져나갔기 때문이다. 내 경우는 후자였다. 강제가 없었다면 나는 손실을 받아들이지 못했을 것이다.

불치병을 앓는 환자들에게 대체로 모든 단계에서 끈질기게 따라다니는 한 가지는 희망이다. 가장 잘 받아들이는 환자들조차 치료의 가능성은 열어둔다. 신약이 발명된다거나 마지막 순간에 연구 프로젝트가 성공하는 가능성 말이다. 그들은 그런 희망을 용인하는 의사들을 가장 신뢰하고 비록 나쁜 소식이 있더라도 희망을 주면 고마워한다. 대두유 포지션의 상황이 점점 악화되고 있었을 때 나도 똑같은 희망에 의지했다. 다른 트레이더들에게 이야기하면서 내 시장 포지션을 뒷받침해주는 의견과 소식에만 주의를 기울였다.

내적 상실의 5단계와 시장 참가자

시장 포지션을 개인화하고 시장 포지션이 손실을 보이기 시작하면 그는 끝내야 할 시점이나 방법을 확신하지 못한 채(불치병을 앓는 사람이 앞으로 다가올 일을 확신하지 못하는 것과 마찬가지다) 내적 상실의 5단계를 겪는다. 그는 그것이 손실임을 부정한다. ("그럴 리 없어! 시장이 정말로 하락한다고? 프린트가 잘못된 게 아니고?") 그것은 아직 제 방향을 찾지 못했을 뿐인 수익성이 있는 트레이드다. 그는 브로커나 배우자나 시장에 화가 나기 시작한다. 그 뒤로는 신이나 시장과 협상을 하기 시작한다. 본전치기만 할 수 있다면 포지션에서 빠져나가겠다고 말이다. 그러고 나서 손실 포지션 때문에 우울증이 생긴다. 마지막으로, 수용 단계가 찾아오는데 그가 '정신을 차리거나' 애널리스트가 마침내 매도 추천 목록을 건네주거나 위탁증거금 담당 직원이 포지션에서 쫓아내기 때문이다.

시장 참가자는 수용 단계로 곧장 이동할 필요가 없다. 그리고 시장에서 일시적인 충고를 받을 때마다 부정 단계로 다시 돌아가도 된다. 만약 시장이 조금이라도 반등한다면 그는 시장이 마침내 돌아섰다고 생각한다. 하지만 시장이 다시 떨어지기 시작하면 부정 단계로 되돌아가서 분노 등의 단계를 차곡차곡 밟아나간다. 일시적인 반등이 찾아올 때마다 단계를 다시 밟아나갈 기회가 또 생기고 그 과정에서 돈을 더 잃는다.

포지션이 순이익이라고 해도 트레이더나 투자자가 5단계를 경험할 수 있다. 시장 포지션의 수익성이 좋지만 과거만큼 좋지는 않을 시기를 가정해보자. 그 상황이 벌어질 때 그는 그 가격에 가장 수익성이 좋은 포지션을 구축했다. 그러고 나서 움직임이 멈춘 것을 부정하고 시장에서 투매가 시작되면 분노를 느낀다. 시장이 어떤 포인트로 되돌아가면 그때 빠져나가겠다는 협상을 한다. 하지만 그 시점에 빠져나가지 않아서 우울증에 걸리고 어쩌면 이익이 손실로 변해 다시 부정에 빠져들었다가 다시금 분노를 느끼는 식이다. 그는 더 깊은 손실을 발생시키는 연쇄반응의 고리를 만들어낸다.

나는 대두유 트레이드에서 정확히 이렇게 행동했다. 시장이 반등할 때마다 안심했고 하향세가 끝났다고 추측했다. 매번 하강 수익곡선을 그리다 간신히 살아남으면 마치 새로운 포지션을 구축한 것처럼 시장을 보기 시작하곤 했다. 시장을 모니터하는 데 필요한 새로운 수준과 매개 변수를 만들어 넣었다.

개별 사건 대 지속적 과정

이 장의 앞부분에서 우리는 외적인 손실을 내면화하는 현실 속 사례를 살펴봤다. 선수나 관중이 경기에서 진 것을 개인적인 문제로 받아들이고 사실은 외적 손실인 것을 내면화하는 게 **가능**했다. 비록 그 사례에서 내면화가 **가능하긴 했지만** 실제로 농구 경기를 보면서 부정, 분노, 협상, 우울, 수용의 단계를 차례로 밟아가는 장면을 상상하기는 조금 어렵다. 왜 그럴까? 경기는 **개별 사건**, 즉 정해진 종료 지점이 있는 활동이기 때문이다. 하지만 외적 손실을 내면화하는 것은 다른 유형의 손실을 유발하는 활동에서는 훨씬 쉽다. 즉 명백하게 정해진 종료 지점이 없는 활동인 **지속적 과정**이 그렇다. 지속적 과정으로 인한 손실은 내면화되는 성향이 훨씬 더 큰데, 이는 모든 내적 상실이 그렇듯이 미리 정해진 종료 지점이 없기 때문이다.

지속적 과정에서 참가자는 자신이 벌어들일 혹은 잃어버릴 돈의 액수에 영향을 미칠 법한 결정을 끊임없이 내리고 또 내린다. 그에 비해 개별 사건은(예컨대 축구경기나 룰렛, 블랙잭, 기타 카지노 게임 등) 정해진 종료 지점이 있고, 이것은 외적 손실의 특성이다. 개별 사건에서 비롯된 손실은 한정적이며 해석의 여지가 없다. 내가 켄터키 농구경기에 돈을 걸었는데 켄터키가 시합에 진다면 이것은 개별 사건이고 내가 전혀 논쟁할 여지가 없는 외적 손실이다. 혹은 내가 룰렛의 21번에 돈을 걸었는데 공이 검은색 17번에서 멈춘다면 내가 진 거다. 그걸로 끝이다.

시장 포지션에는 미리 정해진 종료 지점이 없기 때문에 시장은 지속적 과정의 범주에 속한다. 당연하게도 시장은 개장시간과 폐장시간이 정해져 있지만 시장 포지션은 시장이 문을 닫아도 지속되고 내내 이어진다. 아무리 시장 손실이 외부적인 것이어도(돈은 내부적이지 않고 외부적이니까) 지속적 과정의 결과이기도 하고 내적인 상실로 변하기도 쉽다. 어째서 그럴까? 지속적 과정에는 시장의 오픈 포지션이 언제, 어떻게 끝난다는 확신이 없기 때문이다. 미래에 관한 불확실성이 내적 상실의 5단계를 유발한다. 즉 손실이 내면화되고 개인화되며 주관화된다는 뜻이다. 시장의 손실 포지션은 지속적 과정이기 때문에 무엇도 그것을 상실로 인식하라고 강요하지 않는다. 그저 당신과 돈, 조용한 도둑인 시장이 있을 뿐이다. 돈을 완전히 날려버리지 않은 이상 당신은 아직은 이익을 안겨주지 않은 포지션이 승자일 거라고 계속해서 자신을 속일 수 있다. 이 포지션에서 돈을 잃을지도 모르는데도 당신은 포지션을 마감하지 않았기 때문에 아직은 손실이 아니라고 중얼거린다. 이는 주식시장 포지션의 경우에 특히 잘 들어맞는 말이다. 주식을 온전히 소유하고 있을 때는 손실을 '손실'이라고 부르라고 강요받지 않아도 되기 때문이다.

개별 사건과 지속적 과정의 차이를 이런 식으로 생각해보자. 만약 경마장에서 도중에 경주를 멈추고 창구를 다시 열어준다면 당신은 돈을 더 많이 잃을 것 같은가, 더 적게 잃을 것 같은가? 다시 말해 당신에게 다음 둘 중 하나의 기회가 있다면 말이다. (1) 내기를 그만둔다, (2) 두 번째 말에 두 번째로 돈을 건다. 당신은 경주가 시작되기 전에 자리에 앉아 경마 예상표를 들여다보며 이렇게 말했다. "좋아. 4번이 아주 멋진 말이군. 그런데 배당률이 3 대 2네. 난 제일 마음에 드는 녀석한테는 걸지 않을 거야. 수익이 충분하지 않아. 7번이 마음에 드는데 이 녀석은 5 대 3이네. 그런데 9번도 좋아 보이네. 7 대 1이로군. 9번으로 해야겠다." 경주가 절반쯤 진행됐을 때 누가 제일 앞서나가고 있었을까? 7번이었다. 만약 경마장에서 경주를 멈추고 당신에게 돈을 다시 걸어도 좋다고 허락한다면 어떻게 하겠는가? 아마 이렇게 대답할 것이다. "그럴 줄 알았어! 처음부터 7번이 마음에 들더라. 7번으로 골랐어야지." 당신은 창구로 달려가서 7번에 다시 돈을 걸 것이다. 누가 이길까? 4번이다. 실제 시장에서는 결코 창구를 닫지 않는다. 창구는 언제나 열려 있으므로 당신은 결정을 끊임없이 다시 내릴 수 있고 계속해서 새로 '돈을 걸' 수 있다.

잭 샐먼이 경영하는 지역 증권 중개회사의 클리블랜드 영업

소에서 일할 때 나는 이 외적 손실을 내면화한다는 개념이 증명되는 것을 직접 체험한 적이 있었다. 한번은 나의 고객들 대다수가 목재 시장에서 쇼트 포지션을 취했다. 그들은 목재 현물시장의 거물급 헤저들이었고 누구 못지않게 그 시장에 대해 잘 알았다. 그들의 분석과 나의 분석은 시장이 고평가됐고 폭락할지도 모른다는 것이었다. 그래서 우리는 쇼트 포지션을 취했다. 흠, 시장은 급격히 반등했다. 시장은 개장과 동시에 가격 상한선을 기록했고 네 시간 동안 계속 그 상태를 유지했다. 닷새 뒤 시장이 트레이드를 시작했지만 나는 빠져나오지 않았다. 우리는 시장이 다시 하락하지 않을까 상황을 지켜보고 싶었다. 하지만 그런 일은 일어나지 않았다. 시장의 트레이딩을 며칠 더 지켜봤지만 가격 상한선을 기록하며 폐장하자 우리는 모두 쇼트 포지션을 벗어났다. 세상에, 정말 끔찍한 일이었다. 그 일로 인해 영업소 자본의 90퍼센트를 날렸다.

나는 세인트루이스에 있는 잭 샐먼에게 연락했다. "저기요, 제가 영업소를 방금 날려먹었어요. 더 이상 돈이 없습니다. 비즈니스도 없고요. 다 끝났어요. 제가 다 망쳤습니다."

"무슨 일이 일어났는데?"

"목재에서 쇼트 포지션을 취했는데 시장이 계속 상승세를 타더니만…."

"흠, 그 트레이드는 누구 생각이었어?"

"고객들 생각이기는 했지만…."

"좋아, 소송이 얼마나 걸려 있지?"

"소송은 하나도 없습니다. 고객들이 좋은 분들이라서요. 소송을 제기하지 않는답니다. 그렇지만….."

"차변이 얼마인데?"

"차변은 없습니다! 모르시겠습니까? 돈을 전부 잃었다고요!"

"잠깐만! 내가 제대로 이해를 했는지 좀 보자고. 소송도 없고 차변도 없고 고객 불만도 없다는 거지."

"맞습니다."

"그럼 자네는 일터로 돌아가면 된다는 거군. 다시 전화기를 집어 들어야겠어. 이건 비즈니스의 일부야. 계약의 일부라고. 사람들은 시장의 미움을 사서 가진 돈을 전부 잃기도 해. 그러면 브로커가 결정을 해야 하지. '이 비즈니스를 계속할까, 아니면 여기서 나갈까?' 나가고 싶은가? 그럼 나가. 계속 있고 싶은가? 아무 문제 없어. 그냥 일터로 돌아가기나 하면 돼."

나는 손실이 비즈니스의 일부라는 사실을 알지 못했을 뿐 아니라 지금까지 다른 사람의 손실마저 내 개인적인 일로 받아들였다. 지금 적고 있는 사실을 당시에 알고 있었다면 얼마나 좋았을까….

7

투자와 도박

자신이 투자를 한다고 생각하는 사람들은
대부분 투기를 하고 있고, 자신이 투기를 한다고
생각하는 사람들은 대부분 도박을 하고 있다.
— 출처 미상

1981년의 어느 여름날, 나와 동업자인 래리 브로더릭은 라스
베이거스에서 가장 중요한 고객들 중 한 명인 콘래드 피넷을
만났다. 피넷은 캐나다의 거대 목재회사의 매니저로 일하는 돈
많은 프랑스계 캐나다 사람인데 카지노계의 큰손으로 바카라
를 즐겨 했다. 우리는 라스베이거스에 도착해서 콘래드가 묵는
힐튼호텔에 투숙했다. 래리와 나는 라스베이거스 힐튼호텔에
처음 방문한 것이었으므로 호텔에서 우리를 전혀 알 리가 없었
다. 하지만 콘래드는 알았다. 그는 바카라에 큰돈을 썼기 때문
에 호텔에서 무척 반기는 손님이었다. 라스베이거스 호텔에서
원하는 손님이란 오직 도박을 하는 사람이고 콘래드가 바로 그
런 사람이니까.

우리는 호텔 로비에서 콘래드를 만났고 얼굴을 보자마자 그는 이렇게 말했다. "친구들, 몇 줄을 원해?" 내가 말했다. "모르겠는데요." "그럼, 내가 1만씩 준비해줄까?" "1만요? 달러요?" 나는 1만 달러를 잃고 싶은 생각이 전혀 없었다. "아, 그럼 한 줄 준비해줄게. 걱정하지 마."

내가 카지노에 도착해서 한 일이라고는 종이 쪼가리에 서명한 것뿐이었다. 그러자 카지노 직원이 칩을 가져다줬다. '어라, 이거 근사한데.' 나는 속으로 생각했다. 심지어 돈을 가지고 있을 필요도 없는 것 같았다.

콘래드는 바카라를 하러 가기 전에 '몸 풀기 시간'을 갖고 싶어 했다. 몸 풀기란 최소 베팅 금액인 50달러로 블랙잭 테이블에 앉는 거였다. 내가 지역 트레이더로 일하면서 20, 30, 혹은 40계약을 트레이딩하던 시절과 마찬가지였다. 20계약을 트레이딩하면 거래소에서 한 시간에 아마 1000달러, 3000달러, 혹은 5000달러를 벌거나 잃었을 것이다.

큰돈이었다. 그런데 지금 상황에서 블랙잭에 건 50달러는 큰돈이 아니었다. 그렇지만 그 테이블에 내가 앉아 있을 때 50달러는 엄청난 돈처럼 보였다. 나는 혼잣말을 했다. "50달러를 걸고 뭘 하는 거지? 미친 짓이야." 하지만 그는 고객이었고 래리와 나는 그를 기분 좋게 만들어주고 싶었다. 그러다 30분 뒤에는 몸 풀기 게임에 500달러를 쓰고 말았다. 내가 말했다. "어, 이거 별로네요…. 여긴 재미가 없네요. 이제 몸은 충분히

풀었으니 바카라를 하러 가죠."

바카라는 근사했다. 15세기 이후로 프랑스와 이탈리아의 부자들이 하는 게임이었다. 1981년의 나는 부자였으므로 바카라를 해보고 싶었다. 카지노에서 바카라를 하는 장소는 항상 외진 곳에 있다. 사방에 벨벳 로프가 잘 둘러져 있고 직원들이 로프를 풀어 당신을 안으로 들여보내준다. 그곳에서는 거물들이 게임을 한다. 별로 중요하지 않은 손님들은 밖에서 주사위를 던지거나 룰렛을 돌리지만 중요한 인물들은 이 안의 근사한 테이블에 앉아서 무엇이든 원하는 대로 주문한 술이나 음료를 마신다. 웨이트리스는 바카라 테이블까지 유명 브랜드의 술을 가져다준다. 나는 그게 마음에 들었다.

벨벳 로프 앞에서 만난 직원이 이렇게 말했다. "피넷 씨, 폴 씨, 브로더릭 씨, 모시게 되어 영광입니다." 우리가 자리에 앉아서 서류에 서명을 하자 그 직원이 우리 앞에 칩 한 보따리를 내밀었다. 나는 바카라가 처음이었지만 제임스 본드가 주인공인 책 《골드 핑거》에서 바카라에 관해 읽은 적이 있었다. 바카라에서 제일 먼저 알아둬야 할 건 어느 쪽에(플레이어, 하우스, 타이) 베팅할 것인지와 베팅 금액만 결정하면 된다는 것이었다. 블랙잭에서는 얼마의 금액을 베팅할 것인지와 더불어 카드를 받을 것인지 말 것인지 계속 결정을 내려야 한다. 그에 비해 바카라에서는 카드에 관해서는 결정할 일이 없다. 정해진 규칙에 따라 결정이 내려진다. 이 게임은 전적으로 우연으로 정해진다. 딜러는 두 장의 카드를 하우스와 플레이어에게 나눠주고 규칙에 따라 세 번째 카드를 뽑을지가 정해진다. 게임의 목표는 카드를 뽑아 숫자의 합을 9에 가깝게 만드는 쪽이 이기는 것이다. (10과 킹, 퀸, 잭의 페이스 카드는 0으로 계산한다.) 딜러는 베팅한 사람들이 변경할 수 없는 규칙들을 잘 따르도록 만들어야 한다.

바카라 플레이어의 전략은 트레이더가 시장에서 사용하는 전략과 비슷하다. 그들은 트렌드를 찾는다. 플레이어는 작은 득점표를 받는다. 득점표 맨 뒤에는 하우스, 플레이어, 타이라고 적혀 있고 그 밑에는 세로 줄이 그어져 있다. 카드를 받을 때마다 그들은 해당 제목 밑에 자그맣게 X 자를 적어 누가 이겼는지 표시한다. 그들이 기대하는 것은 하우스나 플레이어가 연속해서 이기는 것이다. 가령 하우스가 세 번의 핸드를 연달아 이기면 그들은 네 번째 핸드에서 하우스에 베팅을 한다. 콘래드가 이런 것을 모두 설명해주었지만 나는 대부분 이해가 가지 않았다. 하지만 그는 아주 잘나가는 도박꾼이었으니 자기가 뭘 하는지 아마 잘 아는 것 같았다.

그래서 나는 '연승을 기대'하는 판에 박힌 연기를 하며 최소 금액인 25달러를 베팅했다. 그런데 어쩌다 보니 이 연승을 기대하는 쓸데없는 짓을 하며 2000달러가량을 날렸다. 2000달러는 큰돈이었다. 내가 2000달러로 이것 말고 뭘 했을지는 잘 모르겠지만 그래도 할 수 있는 게 많지 않았을까 생각해본다. 루

체스 부츠(미국의 고급 수제 카우보이 부츠-옮긴이) 두 켤레를 산다든가 엽총을 한 자루 산다든가.

어쨌든 새벽 3시쯤에 새로운 딜러가 새 딜링 슈(카드를 담는 통-옮긴이)를 들고 들어왔다. 새 카드 통으로 시작한 두 번의 핸드는 플레이어가 이겼다. 콘래드가 우리를 쳐다보면서 말했다. "친구들, 이거야. 느낌이 와. 이거라니까. 우리가 연달아 이길 거야." 그래서 그는 베팅 금액을 두 배로 올렸다. (그는 한 번에 100에서 200달러를 걸었다.) 나는 여전히 25달러를 걸었고 우리는 플레이어를 선택했다. 플레이어가 세 번째 핸드에서도 이겼다. 나는 50달러를 올려놓았다. 플레이어가 다시 이겼다. 나는 100달러를 올려놨다. 플레이어가 다시 이겼다! 플레이어가 16번의 핸드를 연이어 이긴 후에야 연승 행진이 멈췄다. 운 좋게도 10번째인지 11번째인지 핸드에서 우리는 이 테이블의 판돈을 줄이고 베팅 금액을 낮추기 시작했다. 콘래드는 4만 달러가량을 벌었다. 브로더릭과 나는 각자 7000달러 정도를 땄다.

이제 우리는 라스베이거스에서 새벽 4시를 맞았고 모두가 하늘에서 뚝 떨어진 공돈이 생겼다! 필요하지도 않고 생기리라 기대하지도 않았으며 다음 날 있어도 그만 없어도 그만인 거액의 공돈을 들고 라스베이거스에 있으면 큰 문제에 휘말릴 수도 있다.

인생은 리스크투성이다. 길을 건너는 것도 리스크고 운전을 하는 것도 리스크고 결혼을 하는 것도 리스크며 아이를 낳는 것도 리스크다. 두말할 필요 없이 비즈니스를 시작하고 운영하는 것은 리스크며 시장에 참여하는 것 역시 리스크가 크다. 리스크는 손실을 입을 **가능성**이라고 정의할 수 있다. (손실이 일어날 만한 가능성에 수치를 매길 수 있다면 **확률**이라고 부른다.) 인생의 어떤 활동도 성공한다는, 혹은 당신이 원하는 방식대로 결과가 나온다는 보장은 없다. 그중에서도 우리가 관심을 두는 유형은 금전적 손실을 일으키는 재정적 리스크가 분명하다.

대다수 사람들은 자신이 투자를 하는지 투기를 하는지 도박을 하는지 알지 못한다. 그리고 미숙한 눈에 이 세 가지는 대단히 비슷해 보인다. 지난 라스베이거스 여행을 돌아보면서 나는 카지노와 주식중개소가 비슷하다는 생각을 했다. 브로커는 바카라 딜러나 마찬가지다. 수수료 비율도 하우스와 비슷하다. 중역 회의실은 카지노 자체. 증권거래소와 티커테이프(과거 증권시장에서 주가를 알려주던 종이테이프-옮긴이)는 도박 도구다.[1] 그러나 시장과 도박의 유사성은 둘 다 금전적 손실 가능성이 있다는 사실 하나뿐이다. 법적인 의미뿐 아니라 경제적인 의미에서도 서로 다르다. 무엇보다 큰 차이는 도박이 리스크를 만들어내는 반면에 투자·투기는 이미 존재하는 리스크를 예측하고 관리한다는 것이다.

내재된 리스크

내재된 리스크는 일반 시장과 공금융시장 모두에서 자연히 발생한다. 경영의 대가 피터 드러커의 설명에 따르면 "리스크란 현재의 자원을 미래의 기대에 투자할 때 발생한다."[2] 일반 시장은 우리가 소비자가 되어 참여하는 백화점, 슈퍼마켓, 주유소 같은 곳이다. 생산자들은 상품이 소비자에게 전달될 때 발생하는 재정적 리스크를 감내한다. 그에 비해 조직된 시장은 중앙집중화된 거래소와 주식, 채권, 통화, 옵션, 선물계약을 위한 장외거래 시장이다.

새로 형성된 리스크

새로 형성된 리스크는 느닷없이 금전적 손실이 일어날 가능성이 생겨났기 때문이지 그렇지 않았더라면 애초에 존재하지도 않았을 것이다. 새로 형성된 리스크는 어떤 활동 자체로 인해 생긴 자연스러운 부산물 아니다. 금전적 손실이 발생하지 않고도 룰렛 휠이 돌아갈 수 있고 축구경기가 진행될 수 있으며 경주마가 달릴 수 있다.

일반적으로 사람들은 내재된 리스크와 새로 형성된 리스크를 구분할 수는 있다. 그러나 좀더 면밀히 검토한다면, 새로 형성된 리스크와 내재된 리스크 중에 어느 것과 관련돼 있는지를 결정짓는 것은 어떤 사람의 활동 자체가 아니라 그 사람이 그 활동을 할 때 보이는 특성이다.

여기서 다섯 가지 활동과 각각에 관련된 특성을 정의해보자.

1. 투자는 원금과, 그 자본금에 대한 적절한 수익이 배당금이나 이자 혹은 초과 이윤의 형태로 보장된다고 기대하며 자금을 내놓는 것이다. 자본금에 대한 수익이 이자나 배당금이 되어 정기적으로 지급되기 때문에 투자는 연장된 기간 동안 원래의 자본금과 분리시키려는 의도가 있음을 보여준다. 따라서 대체로 투자는 비교적 긴 기간으로 계획을 세운다. 무기한으로 보유할 의도로 주식을 매입하거나 만기까지 보유할 의도로 채권을 매입하는 것이 투자다.

2. 트레이딩은 기본적으로 누군가(대체로 딜러가) 정해진 금융상품으로 시장을 조성하는 활동을 말한다. 트레이더는 시장에서 호가 스프레드를 잘 찾아내려고 노력한다. 그 좋은 사례가 증권거래소의 장내 스페셜리스트다. 그는 주문을 체결하고 시장의 질서를 유지하며 시장의 수요 및 공급의 양을 맞추기 위해 기꺼이 매도호가에 매도하고 매수호가에 매수하기도 한다. 장외거래 주식과 채권시장의 트레이더들도 마찬가지 일을 한다. 가장 기본적인 의미에서 트레이딩은 시장을 조성하는 것이다. 본질적으로 트레이더는 (롱도 쇼트도 아니라) 플랫 포지션을 유지하면서 호가

스프레드를 잘 찾아내서 돈을 버는 것이다. 이런 의미에서 목재와 유로달러 거래소에서 일하는 내 친구 스투 김블은 고도로 능숙한 기술적 트레이더였다.

3. 가장 단순한 형태의 투기는 상품선물이나 금융상품이 흔히 그렇듯이 사용이나 수익이 아니라 전매를 목적으로 매수하는 것이다. 투기는 가격 상승으로 인한 이익을 기대하고 자본금을 내놓는다. 가격 상승으로 인한 이익은 투기자가 낼 수 있는 유일한 '수익' 범위다. 그는 연장된 기간 동안 포지션을 보유할 의사가 전혀 없기 때문에 정기적 배당금이나 이자가 지급되는 형태의 수익을 예상하지 않는다. 투기라는 단어는 '보다'라는 뜻을 갖는 라틴어 '스페케레 specere'에서 유래했다. 투기란 시력, 지각, 지적인 조사를 하는 능력이라는 뜻이다.

4. 베팅은 당사자가 불확실한 사건의 결과에 대해 **틀렸다고** 밝혀지면 약정한 물건이나 금액을 상대방에게 몰수당할 것이라고 양자가 동의하는 것이다. 그러므로 베팅이란 맞느냐 틀리느냐의 문제다. 이를테면 사람들은 선거나 축구경기의 결과를 놓고 베팅을 한다. 흔히 자신들이 이길 것이라고 생각하는 대상이 아니라 이기기를 원하는 대상에게 베팅을 한다. 나는 언제나 켄터키 농구팀에 베팅을 한다. 만약 포인트 스프레드를 고려했다면 그건 도박이었을 것이다. 만약 내가 양쪽에 베팅을 하는 마권업자여서 손실 금액

을 고르게 유지하려고 노력하면서 수수료를 받으려고 했다면 오히려 나는 플랫 포지션을 유지하면서 호가 스프레드를 찾으려고 노력하는 트레이더에 더 가까웠을 것이다.

5. 도박은 베팅에서 파생된 단어다. 도박한다는 말은 게임이나 시합, 사건의 결과에 돈을 건다는 것이다. 아니면 돈 내기나 다른 내기를 위해 기술이 아니라 운에 좌우되는 게임을 하는 것이다. 때로는 기술과 운이 모두 필요한 게임을 하기도 한다. 도박이 일반적으로 공중도덕에 해가 되는 범죄나 비행처럼 여겨지기도 하지만 실제로는 오락의 일종이다. 강박적인 도박은 해로울지도 모르지만, 종류에 관계없이 강박적인 행동은 모두 해롭다. 도박사는 돈을 벌겠지만 돈을 벌지 못한다고 해서 즐거움을 느끼지 못하거나 오락을 즐기지 않은 것은 아니다. 카지노에서 몇백 달러를 잃어버린 사람들은 오락비를 내는 것이며 그들도 그 사실을 잘 알고, 그럴 만한 가치가 있다고 결정한 것이다. 도박이라는 행위 자체를 위해, 그리고 참여하는 즐거움을 느끼려고 그 활동을 한다는 말이다.

행동특성이 어떤 활동인지 결정한다

당신이 시장에 참가한다고 해서 자신이 자동적으로 투자자거나 트레이더이거나 투기자라고 추측하는 실수를 저지르지 말기 바란다. 시장은 당신이 베팅이나 도박을 하는 것이 아니게 해주지 않는다. 다섯 가지 가운데 어느 활동을 할지 결정하는 것은 당신이 보이는 행동특성이다. 도박과 투자, 트레이딩은 어떤 특정한 활동 자체가(즉 카드게임, 주식 매수, 선물 트레이딩) 아니라 개인이 그 활동에 어떻게 접근하는가에 따라 규정된다. 카드게임이 모두 도박은 아니고 주식 매수가 모두 투자는 아니며 선물 매매가 모두 트레이딩은 아니다.

도박과 베팅은 대체로 대회나 게임과 관련되는 경우가 많다. 몇 가지만 예를 들어보면 카지노 게임, 스포츠 게임, 경마, 슬롯머신, 빙고 등이 있다. 내기꾼과 도박사는 그들이 돈을 거는 경기의 구경꾼도 참가자도 아니다. 하지만 내기꾼이나 도박사의 특징적인 성격은 추측이 맞아서 만족감을 느끼거나 참여하는 **오락적 즐거움**을 맛보고 싶어 한다는 것이다.

내기꾼은 자신의 추측이 맞는지에 관심을 보인다. 그의 자아는 위태롭다. 어떤 팀, 시장 포지션, 혹은 의견에 충실한 태도를 보인다. 시장의 분석가들이 이 함정에 빠지는 경우가 아주 많다. 시장의 방향이나 특정 주식의 가치에 대해 의견을 표명하고 나면, 불가능하지는 않겠지만 그 의견을 포기하기가 어려워진다. 그 분석가는 자신의 의견이 틀리거나 어리석게 보이는 것을 원하지 않는다. 판단이 맞기를 바란다. 그는 베팅을 하는 것이다.

도박의 최우선 목표는 오락, 즉 즐거움을 위해 돈을 거는 것이다. 사람들은 일상의 단조로움에서 벗어나기 위해 도박을 한다.

도박은 자극에 대한 욕망을 채워주고(예컨대 아드레날린 증가와 혈압 상승) 일상의 고통스러운 지루함이 있던 자리에 스릴과 흥분을 채워 넣는다. 도박의 뚜렷한 특징은 순전이 우연에 의지해 미지의 것을 다룬다는 것이다. 돈은 이 게임을 하는 유일한 티켓이므로 이기느냐 지느냐는 상대적으로 중요하지 않다. 도박에서 중요한 것은 흥분이고, 베팅에서 중요한 것은 맞느냐 틀리느냐고, 투자와 트레이딩, 투기에서 중요한 것은 돈이다. 도박에서 승리가 간절히 필요한 것은 오로지 게임을 시작하거나 계속하기 위해 돈이 필요하기 때문이다. 돈은 단 한 가지에 도움이 되는데, 도박을 하는 데 필요할 뿐이다.

전통적인 도박은 다른 형태의 놀이에서도 공통적으로 그렇듯이 어떤 목적도 없다. 도박사는 게임을 하지 않는다. 그저 그 행위를 하는 것이다. 도박사에게는 어떤 평범한 기준의 가능성도(각각의 수익, 승리 가능성 등) 적합하지 않다. 포커 테이블에는 원하는 카드를 얻을 확률이 낮은데도 인사이드 스트레이트(스트레이트를 만들어야 하는데 중간에 한 장이 빠진 경우-옮긴이)를 노리고 핸드마다 스테이를 부르는 사람이 항상 있다. 가장 잘 풀리면 그는 12 대 1의 승산이 있고, 만약 그가 필요한 카드 한 장이 이미 플레이 중이거나 다른 플레이어의 패에 들어갔다면 상황이 악화되기 시작한다.

나는 브로더릭, 피넷과 함께 라스베이거스에 갔을 때 룰렛 테이블에서 도박사들이 돈을 마구 써젖히는 모습을 봤다. 하지만 그들은 신경 쓰지 않았다. 그들의 관심은 돈이 아니라 오락과 흥분이었다.

도박에 참가한다고 모두 도박사는 아니라는 걸 이해하는 것은 중요하다. '전문 도박사'로 불리는 사람의 목표는 돈을 버는 것이다. 그는 신중하고 철저히 훈련한 대로 돈을 걸어서 인정받을 수 있다. 그가 돈을 거는 때는 체계적이고 드물지만 대단히 좋은 기회로 제한돼 있다. 전문 도박사는 행동을 잘 통제하고 지극히 계획적인 방법으로 자신이 선택한 게임에 접근해서 결과를 얻어낸다. 그들은 블랙잭과 패리뮤추얼 베팅(경마 등에서 베팅 참가자들이 낸 판돈에서 일정한 수수료만을 공제하고 베팅에 따른 각자의 몫을 분배하는 방식−옮긴이)처럼 기술의 요소가 플레이어에게 충분히 유리하게 작용하는 게임에 집중한다.

전문 도박사는 주식 차익거래자(저평가된 주식을 매수하고 고평가된 주식을 매도하는 전략을 쓰는 금융전문가−옮긴이)와 비슷한데 둘 다 계산된 리스크를 감수한다는 공통점이 있다. 그들은 불확실한 결과를 다루고 미래를 예측하거나 **미래를 보는** 능력으로 이익을 추구한다. 달리 말하면 투기를 하는 것이다. 전문 도박사들은 그들이 과감하게 돈을 걸 때 보이는 특성 때문에 사실상 투기자들과 같다. 그들은 도박사들처럼 테이블에서 오락거리를 찾지도 않고 판단이 맞기를 바라지도 않는다. 다만 돈을 벌려고 노력할 뿐이다.

《딜러를 이겨라》의 저자이자 수학자인 에드워드 O. 소프는 고

성능 컴퓨터를 기반으로 이미 나온 카드의 패를 외워 앞으로 나올 카드를 예측하는 카드카운팅 기법을 고안했다. 그가 라스베이거스에서 블랙잭 게임으로 많은 돈을 따는 바람에 라스베이거스 호텔협회는 게임 규칙을 변경했다. 소프가 카드게임을 한 것은 맞지만 그렇다고 도박을 한 것은 아니었다. 그는 전문적인 투기자였다.

《비즈니스 위크》에 실린 어느 사업가의 이야기를 한 번 생각해 보자. 그는 작은 용역회사를 차려 크게 키워 2000만 달러를 벌고 난 뒤에 방향을 돌려 다른 투기적 사업에 손댔다가 돈을 잃었다. 그는 "도박과 사업가정신 사이에서 균형을 잡기가 쉽지 않다"라고 말하면서 사업을 하면서 도박사처럼 행동했다고 고백했다.[3] 이 남자는 투기적 사업에 투기를 한 게 아니었다. 그는 도박을 했고 '도박사의 파산'이라는 덫에 걸려버렸다. 즉 그는 그 한 번의 모험에 가진 돈을 모두 걸었다. 마치 내가 대두유 트레이드에 비정상적으로 돈을 걸었던 것처럼 말이다. 만약 짜릿한 흥분을 즐기려고 금융시장의 리스크나 비즈니스 리스크에 접근한다면 그 사람은 도박을 하고 있는 것이다. 앞으로 나올 결과를 자신이 어느 정도 통제할 수 있는지도 상관하지 않은 채.

카지노에서 투기자들의 모습을 찾을 수 있다면 주식시장과 상품선물 시장에서도 고객이나 브로커 혹은 애널리스트로 활동하는 도박사와 내기꾼도 찾아볼 수 있을 것이다. 그들이 베팅을 하느냐 아니면 도박을 하느냐는 시장에 참여하는 방식과 밀접한 관계가 있다. 그들이 시장에서 도박사나 내기꾼의 어느 한 가지 특성을 드러내고 있다면? 그럼 스스로 무엇을 한다고 생각하든 무엇을 한다고 말하든 그들은 지금 도박이나 내기를 하고 있는 셈이다.

위험한 조합

이 장의 서두 인용문에서 표현한 것처럼, 대부분의 사람들은 자신이 내재된 리스크 활동에 참여하는지 아니면 새로 형성된 리스크 활동에 참여하는지 알지 못한다. 이 내용과, 앞 장의 끝부분에 소개된 손실을 발생시키는 두 가지 유형, 즉 지속적 과정과 개별 사건을 구별하지 못한다는 사실이 결합되면 앞날에는 재난이 기다리고 있을 것이다. 도박과 베팅을 하는 게임과 같은 개별 사건의 리스크 활동에는 명백한 끝이 있다는 것을 기억하라. 하지만 내재된 리스크 활동들은 끝이 예정되지 않은 지속적 과정이다. 예를 들어 사업을 운영하면 당신은 미래에 대한 기대에 재원을 투입하는 동시에 리스크에 지속적으로 노출된다. 한 번의 매도 거래는 시작과 끝이 있는 정해진 사건인지 모르지만 경영 활동 자체는 지속적 과정이다. 이와 마찬가지로 시장 포지션은 지속적 과정으로, 언제 끝날지가 불확실하기 때문에 내적 손실이 발생할 가능성이 있다. 반면에 새로 형성된 리스크 활동은 스포츠 경기, 정치 행사, 주사위 굴리기 같은 개별 사건들과 관련이 있다. 경기는 시간이 되면 종료되고 행사도 막을 내리며 주사위는 멈추는 법이다.

베팅과 도박은 개별 사건에는 적합하지만 지속적 과정에는 맞지 않다. 지속적 과정에 베팅이나 도박의 행동특성을 도입한다면 스스로 엄청난 손실을 입을 가능성을 만드는 것이다. 베팅이나 도박을 할 때 당신은 돈을 걸고 자신의 판단이 맞는지 지켜보거나 약간의 흥분을 느끼기 위해 기다린다. 그 결과로 생기는 금전적 손실은 대단히 실질적이지만 동시에 수동적이기도 하다. 개별 사건이 저절로 끝나버리기 때문이다. 반면에 시장의 포지션은 당신이 끝내지 않는 이상 저절로 끝나지 않는 지속적 과정이다. 시장에서 '돈을 걸고 기다리기'만 한다면 엄청난 돈을 잃어버릴 수 있다. 베팅이나 도박을 하는 게임에서 당신이 행동을 멈추거나 아무 조치도 취하지 않아도 손실은 멈출 것이다. 하지만 투자나 트레이딩, 투기에서 당신이 돈을 잃고 있는데 아무 행동도 하지 않는다면 손실은 멈추지 않는다. 손실은 거의 무기한으로 늘어날 것이다.

심리적 오류

우리의 일상에 리스크가 반드시 포함돼 있다는 것은 이미 살펴봤다. 이와 마찬가지로 그런 리스크를 추정하고 관리하는 것 역시 일상에서 꼭 필요한 부분이다. 확률이란 리스크를 추정하는 일종의 수학인데, 여러분도 내가 수학을 어떻게 생각하는지 잘 알 것이다. 나는 이 주제에 대해 기나긴 논문을 작성할 마음은 없다. 하지만 확률에 관한 몇 가지 보편적 오해를 지적하고 어떤 가능성을 자신에게 편리하게 해석하기 위해 우리가 어떤 식으로 상황을 심리적으로 왜곡하는지 알아볼 것이다.

이 부분에서는 확률에 관해 널리 받아들여진 믿음들 가운데 몇 가지 사례를 골라 살펴보고 시장 참가자들이 각자의 시장 전략과 포지션에 동일한 오류를 어떻게 적용하는지 지적하려 한다. 개별 사건에 적용될 때 오류에 굴복하는 것도 대단히 위험하지만 지속적 과정에 적용될 때에는 끔찍한 재앙을 일으킨다. 다음은 리스크나 확률과 관련해 사람들이 심리적 오류를 범하게 되는 몇 가지 사례들이다.[4]

1. 첫 번째 심리적 오류는 비교적 확률이 높고 돌아올 이익이 적은 내기를 과소평가하기 위해 확률이 낮고 돌아올 이익이 높은 내기를 과대평가하려는 경향이다. 가장 좋은 사례는 경마의 페이버릿과 롱숏(페이버릿은 이길 가능성이 가장 높은 말, 롱숏은 가장 낮은 말이다-옮긴이)이다.

2. 두 번째 심리적 오류는 연속해서 일어나는 독립적인 사건들을 단순한 나열로 보지 않고 선행 사건의 속성이 발전해 벌어진다고 해석하려는 경향이다. 다시 말해 주사위에서 특정 숫자가 나오도록 던질 가능성은 한 번 던지는 것보다 두 번 던질 때 두 배로 높아진다고 생각한다. 가령 크랩스 게임(주

사위 두 개로 하는 도박의 하나-옮긴이)에서 네 번 연속 6을 던
졌다면 다음에는 7이 나올 가능성이 커졌으리라고 생각하
는 것이다.

3. 세 번째 심리적 오류는 연이어 성공을 경험하고 나면 실패
가 수학적으로 불가피하다고 믿거나 그 반대로 믿는 경향
이다. 이는 몬테카를로의 오류라고도 알려져 있다. 한 사
람이 크랩스에서 더블식스(주사위 두 개 모두 6이 나오는 경
우-옮긴이)를 열 번 연속 던지면서도 어떤 확률 법칙도 위
반하지 않을 수 있다. 주사위를 던지는 각각의 차례는 매
번 독립적이기 때문이다.

4. 네 번째 심리적 오류는 어떤 사건이 긍정적이라면 그 사건
이 일어날 심리적 확률이 수학적 확률보다 높고, 부정적이
라면 그 사건이 일어날 심리적 확률이 수학적 확률보다 낮
아지는 인식의 문제다. 예컨대 복권에서 일등에 당첨될 확
률과 번개를 맞아 사망할 확률이 모두 1만분의 1이어도 개
인적인 관점에서 보면 일등으로 당첨될 복권을 사는 것이
번개에 맞는 것보다 훨씬 더 가능성이 큰 것처럼 여겨진다.

5. 다섯 번째 심리적 오류는 무작위로 연이어 발생한 다양한
종류의 사건들을 종류별로 빈도에 관심을 두고 지켜본 다
음에 좀처럼 일어나지 않는 사건의 발생빈도를 과대평가
하고 비교적 자주 일어나는 사건의 발생빈도를 과소평가
하는 경향이다. 따라서 승리와 손실이 오랫동안 계속되어

그 '연속'만을 기억하게 되면 단기 동향의 숫자는 과소평가 하려고 한다.

6. 여섯 번째 심리적 오류는 '특이한' 사건들이 일어나는 것과 확률이 낮은 사건이 일어나는 것을 혼동하는 경향이다. 예를 들면 브리지 게임에서 스페이드 카드 열세 장을 쥐었을 때 주목할 특징은 그 배열의 규칙성이지 희소성이 아니다. (어떤 패든 똑같이 가능하다.) 또 다른 예로는 어떤 사람이 일등 당첨번호와 비슷한 숫자의 복권이 있다면 그는 끔찍한 불운이 닥쳐 아슬아슬하게 우승을 놓친 것처럼 느끼곤 한다.

몇 가지 사례

독립적인 사건들

바카라의 딜링 슈는 앞서 카드들이 어떻게 돌았는지 전혀 알지 못한다. 덱에서 나오는 카드는 통계적으로 독립적인 사건들이다. 사실 대수법칙에 따르면 각각의 승률이 50퍼센트이므로 바카라에서 우승 카드와 반대로 베팅을 해야 한다고 주장할 수도 있다. 그럼에도 불구하고 바카라를 하는 사람들은 딜링 슈에서 카드가 나오는 무작위한 사건들이 어떻게든 서로 관련이 있고 승리 카드가 연속해서 나오기 쉽다는 전제로 베팅을 한다.

리스크, 노출, 확률

리스크의 정의는 손실의 **기회** 혹은 **가능성**에 노출된다는 것이다. 대부분의 사람들은 그 가능성에 수치를 할당하려고 잘못된 노력을 기울인다. 이는 단순히 리스크와 가능성을 혼동하기 때문이다. 시장에서 우리는 되풀이되지 않는 고유한 사건들에 대해 이야기하고 있으므로 그 사건의 발생빈도 확률을 할당할 수는 없다. 통계 용어로 그런 사건들은 급간 확률(인과성이 지배하는 자연과학에서 활용—옮긴이)이 아니라 사례별 확률(목적론이 지배하는 인간행동학에서 활용—옮긴이)로 분류된다. 이 말은 시장 사건들의 확률이 어떤 종류의 수치 평가도 이용하지 않는다는 뜻이다. 당신이 실제로 결정할 수 있는 것은 시장에서 특정 가격이 형성될 가능성이 있는지 없는지가 아니라 당신의 노출 정도다. 그러므로 당신이 할 수 있는 것은 이익을 예측하는 것이 아니라 노출과 손실을 관리하는 것뿐이다.

금전적 어려움 대 확률적 어려움

어쩌면 시장 참가자들이 쉽게 저지르는 가장 일반적 오류는 금전적 어려움 대 확률적 어려움의 문제다. 대다수 시장 참가자들은 리스크 보상 비율과 관련해 성공 확률을 표현한다. 이를 테면 나의 유명한 인수주를(이 일화는 다음 장에서 듣게 될 것이다) 26달러에 매수해서 시장가격보다 낮은 23달러에 매도가격 역지정 주문을 설정했는데 결과적으로 가격이 36달러로 올랐다면 내가 받는 리스크 보상은 3달러에서 10달러가 됐을 것이다. 내가 확률을 이해하지 못한다는 것은 분명하다. 내 이론을 산수로 설명하다 보면 누구라도 자연히 내 입장을 조금도 신뢰하기 힘들 것이다. 3 대 10의 비율은 인수주가가 **어쩌면**, 혹은 **분명히** 36달러가 될 **확률**과 아무 관계가 없다. 비율로 확인할 수 있는 내용은 **내가 입을 것 같은 손실액**과 **내가 벌어들일 것 같은 수익**을 비교하는 것이다. 하지만 두 사건이 일어날 가능성에 대해서는 아무것도 알려주지 않는다.

어떤 돈은 다른 돈보다 크다

블랙잭 테이블에 놓인 돈이 어째서 그렇게 크게 보였던 걸까? 나는 25달러나 100달러가 인쇄된 카지노 토큰이 아니라 시장에서 가격 틱(주식, 선물, 외환 시장의 최소 가격 변동단위−옮긴이)을 다루는 데 익숙해졌기 때문이다. 보통 칩은 돈의 중요성을 최소화하기 위한 심리적 속임수로 이용되며 대다수 사람에게 효과를 발휘한다. 하지만 나는 커다란 외침 한 번으로 수십만 달러의 시장 거래를 다루는 데 익숙했고 그러다 보니 사실은 돈과 관련 없는 일처럼 여겨졌다. 내가 25달러짜리 칩을 실제로 손에 쥐고 블랙잭 테이블에 던져야 했을 때 그 칩은 진짜 돈처럼 느껴졌다.

시장에서 틱으로 2000달러 손실이 나는 것과 바카라 테이블에서 2000달러 손해를 보는 것은 기분이 다르다. 바카라에서 손해를 볼 때 기분이 훨씬 나빴다. 그리고 바카라에서 7000달러를 따는 것은 시장에서 7000달러를 버는 것보다 훨씬 더 많은 돈이 생긴 것처럼 느껴졌다. 어째서 그럴까? 거래소에서 나는 그런 종류의 돈을 벌기 위해 당연히 일을 해야 하지만 바카라 테이블에서는 공돈이나 다름없었다. 그 말은 카지노에서 딴 7000달러를 쓰는 것이 시장에서 번 돈을 쓰는 것보다 훨씬 더 쉽다는 뜻이다.

돈을 따고 난 다음 날 밤에 나와 피넷, 브로더릭은 피넷과 트레이드 몇 건을 성사시키려고 애쓰는 그의 중개인 친구를 만났다. 우리는 시내에서 가장 좋은 음식점으로 가고 싶었다. 중개인은 예약도 하지 않고 그렇게 급하게 연락해서는 자리를 잡을 수 없다고 장담했다. 그래도 우리는 식당으로 향했고 내가 웨이터주임에게 100달러짜리 지폐 몇 장을 찔러주고 좌석을 얻어냈다. 600달러나 들었지만 다른 중개인이 받을 관심을 가로채기 위해서라면 그럴 만한 가치는 충분했다. 우리가 일해서 번 돈이 아니었으니 돈은 중요하지 않았다. 그 100달러짜리 지폐들은 내가 거래소에서 힘들게 일해야만 벌 수 있는 돈처럼 크지는 않았다.

이윤의 동기 혹은 예언의 동기?

세상에는 인정과 돈이라는 두 종류의 보상이 있다. 당신은 사전에 시장의 움직임을 예상한 것을 자축하고 사후의 움직임을 설명하며 인정받기 위해 시장에 참가하는가 아니면 돈을 벌기 위해 시장에 참가하는가? 당신은 금화로 주는 재정적인 보상보다 훈장으로 기리는 심리적 보상에 더 관심이 가는가? 당신의 선택이 맞기를 바라는가 아니면 돈을 벌기를 바라는가? 예언의 동기로 움직이는가 아니면 이윤의 동기로 움직이는가?

여기에 대답하기 위해서는 내기꾼, 도박사, 투자자, 트레이더, 투기자 중에서 자신이 어떤 유형의 참가자인지 알아내야 한다. 구체적인 확인 방법은 자신이 드러내는 **특성**과 **행동양식**을 살펴보는 것이지 자신의 활동, 즉 정치적 경쟁의 결과에 대해 의견을 밝히기, 블랙잭 테이블에서 게임하기, 주식 매수하기, 거래소에서 트레이딩하기, 블루버드 원더로지에서 상품선물 매매하기 등은 관계가 없다. 이처럼 겉으로 드러난 특성이 활동을 결정하는 것이다.

게임을 시작하거나 시장에 진출하는 것은 목적 아니면 수단이 될 수 있다.[5] 이것은 게임의 변화무쌍함이나 시장이 제공하는 자극과 흥분을 열망하는 사람들이나(예컨대 도박사) 교활함과 기술이 필요한 게임을 할 때 우월한 능력을 보여줌으로써 허영심을 채우고 싶어 하는 사람들에게는(예컨대 내기꾼) 목적이다. 하지만 돈을 벌고 싶어 하는 전문가들에게는(예컨대 투기자, 투자자, 트레이더) 수단이다.

어느 아침, 조 시겔과 내가 주식거래 시장에 나와 있었을 때 휴가를 떠난 고객 한 명이 전화를 걸어왔다.

"오늘 목재 시장이 좀 어때요?"

"가격 상한선까지 올랐어요."

"왜요?"

"북서부에 폭풍이 불어서 목재가 공장 밖으로 나오기 힘든 바람에 현물시장이 훨씬 강세랍니다."

"현물은 어디 있어요?"

나는 그에게 단면 약 5×10센티미터의 북미 전나무 목재들, 서양 연질목재 세 가지(가문비나무, 소나무, 전나무), 서부산 '푸른' 미송 가격들을 말해줬고 뉴스에서 전해준 소식들을 계속해서 읽어줬다. 서부산 미송이 '푸르다'는 것은 나무를 새로 베었다는(즉 아직 마르지 않았다) 사실을 뜻한다. 마치 일을 시작한 신참을 파릇파릇하다고 표현하는 것과 마찬가지다.

시겔이 나를 보며 이렇게 말했다.

"파랗게 칠한 목재에 그렇게 프리미엄 가격을 얹어주는 이유를 도저히 이해하지 못하겠어."

나는 믿을 수가 없었다. 세상에, 거래소의 어느 누구보다 많은 양의 목재 선물 트레이딩을 손쉽게 성사시키는 조 시겔이 현물시장의 생재목과 인공건조 목재의 차이조차 몰랐다니. 나는 그가 농담을 하는지조차 확신할 수 없었다.

하지만 돌아보니 생재목이 실제로 초록색 페인트를 칠한 게 아니라는 사실을 모르고도 그렇게 성공적인 트레이더가 될 수 있었다는 걸 이제는 알겠다. 시겔은 트레이더였고, 그가 트레이딩에 쓸 수 있는 시간은 아주 짧기 때문에 결정을 내리기 위해서는 주문 흐름과 가격 행동 같은 단기 정보에 기댈 수밖에 없었다. 그는 투자자에게 더욱 적합한 장기 정보가 자신의 트레이딩을 방해하게 내버려두지 않았다. 트레이더와 투자자의 차이를 잘 알고 있었기 때문이다.

8

감정과 군중

인간은 불확실한 것을 극도로 불편해한다.
이 불편함을 해소하기 위해 인간은 불확실한 것을 확실한 것으로
대체함으로써 거짓된 안정감을 만들어내는 경향이 있다.
이는 군거본능이 된다.

– 베넷 W. 굿스피드, 《도가의 평범한 사람》 中

1980년 여름의 어느 날, 파트너 래리 브로더릭이 나에게 전화를 걸어 이렇게 말했다. "이봐, 짐. 내 주식중개인이 방금 전화를 걸더니 중요한 정보를 알려줬어. 우리 이 주식을 사야겠어." 이름도 기억나지 않는 어떤 회사가(방금 나는 기억하지도 못하는 곳에 투자했다고 고백한 셈이다) 인수 후보라는 소문이었다. 그 주식중개인이 전한 '소문'에 의하면, 인수가 진행될 경우 아마 60일 안에 주식당 60달러 정도를 벌게 될 듯했다. 그 당시에 주식은 25달러에 트레이딩되고 있었다.

그래서 우리는 주식에 옵션이 있는지 확인해봤다. 35에 스트라이크되는 콜 옵션이 외가격으로 트레이딩되고 있었고 시간 프리미엄도 거의 없었다. 이 옵션들은 16분의 1포인트나 8분의

1포인트로 트레이딩되고 있었다. 이런 옵션은 아주 적은 돈으로 수천 개를 살 수 있었다. 우리는 무엇이든 수천 개를 살 수 있으면 좋았으므로 이 콜 옵션을 수천 개 매수했다. 그리고 나중에 대두유에서 한 것과 정확히 같은 일을 했다. 내가 아는 거의 모든 사람들이 이 옵션을 200개 정도 매수해야 했다. 모든 고객들과 지인들 중 35에 스트라이크되는 콜 옵션을 수만 개 보유한 것은 우리였다.

나는 선물 고객들에게 전화를 걸어서 이렇게 말했다. "고객님, 제가 이걸 팔 수는 없지만 저를 믿어주세요. 주식중개인에게 전화하셔서 조금 사두세요." 자, 내가 팔 수도 없고 돈을 벌지도 못하는 상품을 사라고 말했을 때 나를 믿지 않는 사람이 있을까? 그들은 믿는다.

그래서 그들은 이 옵션을 매수했다. 모두가 그랬다. 우리가 아는 사람은 한 명도 빼놓지 않고 옵션을 매수했다. 그러고 나서 이 주식이 움직이기 시작했다. 25달러… 26달러… 27달러… 28달러… 29달러… 그리고 거래량도 개선되기 시작했다. 얼마 지나지 않아 옵션은 여전히 1달러 미만에 트레이딩되고 있었지만 그래도 상승세를 타고 있었다. 옵션이 16분의 1포인트에서 4분의 3포인트로 오르자 2000에서 3000개 정도를 가지고 있었던 사람이라면 꽤 상당한 수익을 올렸을 것이다. 나는 35달러에 30만 주를 가지고 있었다. 인수가가 60달러였으니 750만 달러의 이익이 생겼다.

당연하게도. 일이 잘 풀리기 시작하니 사람들이 당신을 믿기가 아주 수월해진다. "좋아요. 2주 전에 이 옵션이 16분의 1포인트일 때 매수하라고 말했죠. 이제는 4분의 3포인트예요. 지금이라도 참여하고 싶은가요, 아니면 계속 어리석게 굴고 싶은가요?" 내가 당신과 아는 사이였다면 당신도 건강보험 삼아 이옵션을 적어도 200개는 매수해야 했을 것이다. 건강보험이라니 무슨 뜻이냐고? 오늘 16분의 1포인트인 상품이 한 달 뒤에 25달러의 가치가 있다고 말해준다면 당신은 조금이라도 매수해야 할 것이다. 내가 그런 이야기를 들려줬는데도 당신이 매수를 진행하지 않았고 내가 말한 상황이 그대로 벌어진다면 당신은 죽고 싶은 기분이 들 거다. 그래서 건강보험이라는 뜻이다.

3주 뒤에 이 주식은 37달러나 38달러가 되고 우리의 옵션은 돈이 된다. 우리는 옵션에 고작 16분의 1포인트를 지불했는데 이제 옵션은 3에서 4달러의 가치가 생겼다. 그러다가 선물시장이 문을 닫은 어느 금요일 오후, 우리는 내 사무실에 모두 모였고 나는 재미있는 이야기를 들려주고 있었다. 그때 전화가 울렸다. 내 파트너 래리였다.

"세상에! 짐, 우리 주식 트레이딩이 방금 멈췄어! 다음 뉴스를 기다려야 해!"

"그거야! 그거라고!"

내가 소리를 질렀다.

"됐어. 이런… 됐어."

'우리 주식' 트레이딩이 중지됐다. 뉴스를 기다리는 중이었다. 우리가 35달러에 사들인 이 주식에 누군가 60달러를 지불할 터였다. 우리는 집으로 돌아가서 주말 내내 월요일 아침이면 백만장자가 될 거라는 생각을 했다. 우리의 가장 중요한 고객 한 명이 이 옵션을 1만에서 1만 5000개쯤 보유하고 있었고, 그는 브리티시항공사에 전화를 걸어 콩코드 비행기 렌트 비용을 알아봤다. 단지 우리 두 사람을 위해서 말이다! 그 고객은 실제로 콩코드 비행기를 렌트해 단지 축하하기 위해 런던까지 날아가고 싶어 했다. 우리는 뉴욕의 월도프애스토리아 호텔에서 만나서 콩코드 비행기에 탑승한 다음 런던으로 날아가 즐거운 시간을 보냈다. 정확한 금액은 기억이 나지 않지만 렌트 비용이 아마 20만 내지 30만 달러 정도였던 것 같다. 월요일 아침이면 우리 모두 수백만 달러 부자가 될 테니 그런 돈은 문제가 되지 않았다.

월요일 아침이 돼도 그 주식은 뉴스를 기다리느라 여전히 거래가 제한되어 있었지만, 그래도 옵션은 트레이딩이 시작되어 가격이 더 올랐다. 30분쯤 지나자 마침내 주식 트레이딩도 시작됐고 6달러가 떨어졌다! 그리고 발표된 뉴스는 "계류 중이던 잠재력 있는 기업 인수가" 끝장났다는 것이었다. 우리의 옵션은 휴지조각으로 끝나버렸다. 하지만 주말 동안 나는 진짜 600만 불의 사나이가 될 거라고 생각했다.

감정과 군중

시장에서 발생하는 손실의 이유로 가장 자주 언급되는 것은 감정일 것이다. 이러한 설명은 단순히 욕심과 공포를 인용하는 것에서부터 감정에 대해 대단히 자세히 파고드는 다른 사례들, 어린 시절부터 시작된 감정의 근원, 그리고 당신에게 미친 영향에 이르기까지 실로 다양한 범위를 총망라한다. 하지만 개별적 감정을 검토하는 것만으로는 핵심을 놓치기 마련이다. 감정은 좋지도 나쁘지도 않다. 그저 감정일 뿐이다. 감정은 피할 도리가 없다. 하지만 감정주의는(예컨대 감정을 바탕으로 결정을 내린다거나 하면) 나쁘고, 통제할 수 있으며, 반드시 피해야 한다. 그러므로 수많은 개별적 감정을 검토하는 대신에 이 장에서는 감정주의의 완벽한 보기라고 할 수 있는 존재, 즉 군중에 초점을 맞추기로 하겠다.

감정은 **의식적인** 정신적 노력보다는 주관적으로 생겨나는 대단히 강력한 느낌이다. 곧 드러나겠지만 군중의 기본적인 특성은 **무의식적인** 동기에 전적으로 이끌린다는 것이다. 달리 말해, 감정의 지배를 받는다. 당신이 행동을 의식적으로 통제하지 않으면 감정이 당신을 통제할 것이다. 그러므로 감정주의가 투자자나 트레이더, 투기자인 당신에게 어떻게 부정적인 영향을 미치는지 이해하기 위해서는 군중의 특성과 행동을 알아야 한다. 19세기 철학자 귀스타브 르봉은 이렇게 표현했다. "군중은 고대 우화에 등

실패하는 사람들의 심리

187

장하는 스핑크스와 다소 비슷하다. 자신의 심리가 제시하는 문제의 해답에 반드시 도달해야 한다. 그러지 못하면 잡아먹히는 것을 운명이라고 받아들여야 한다."[1]

군중에 대한 전통적인 관점

1. 겉잡을 수 없는 시장

우리는 모두 대중과 군중에 대한 다음과 같은 오래된 시장의 격언에 익숙하다. "시류를 쫓지 마라." "역발상을 하라." "일반 대중과 반대로 트레이드하라." 하지만 대부분의 사람들은 군중이 무엇인지 제대로 알기는커녕 알아보는 방법조차 알지 못하며 자신이 군중의 일부분인지도 모르고 있다. 군중에 대한 대부분의 설명은 역사를 통틀어 인류를 지배한 충만한 광기에 대한 연구나 언급이다.

예를 들어 1841년 《대중의 미망과 광기》에서 영국의 역사가 찰스 맥케이는 여러 가지 광증 가운데에서도 군중이 집단적으로 정신을 놓았던 역사상 꽤 유명한 사건에 대해 이야기한다. 네덜란드 튤립 광풍의 예이다. 1634년에 네덜란드의 초기 주식시장에서 일어난 과열 투기 현상이 꽃 시장으로 확산됐는데 이는 1980년대의 세계 주식시장의 투기 광풍이 예술 시장에 불어닥친 방식과 흡사했다. 네덜란드 각계각층 사람들이 재산을 현금으로 전환해서 튤립 구근에 투자했고, 1637년 2월에 튤립 시장은 절정에 달해 튤립 한 뿌리의 가격이 일반 근로자의 10년 치 임금과 맞먹었다.

일반적인 패턴들을 조사하면서 그런 역사적 투기 사건들을 살펴보면 시장이 군중에 의해 주도될 때 어떤 단계의 과정이 작용하는지 설명해주는 다양한 모델들을 볼 수 있다. 이를테면 찰스 P. 킨들버거가 쓴 《광기, 패닉, 붕괴: 금융위기의 역사》를 보면 민스키 모델을 발견할 수 있다. (1) 변위: 전쟁, 흉작 등의 외인성 사건이 거시경제 시스템에 충격을 준다. (2) 기회: 변위가 일부 경제 부문에서 수익성 있는 기회를 창출하고 다른 부문들을 닫아버린다. 투자와 생산이 수익성 있는 부문에 집중되고 붐이 일어난다. (3) 신용팽창: 신용팽창이 붐을 유지시킨다. (4) 희열: 가격 인상에 대한 투기가 생산·매출에 대한 투자와 연결된다.[2]

시장을 능가하는 군중을 묘사하기 위해 사용되는 또 하나의 일반적인 패턴은 (1) 투기 (2) 신용팽창 (3) 경제적 고통 (4) 위기 (5) 패닉과 붕괴다.

이런 모델들은 다양하게 변형이 가능하지만 본질적으로 군중은 개인에게 일어날 수 있는 정신과정보다는 역사적 사건을 통해 연구, 묘사, 설명됐다. 따라서 군중이란 걷잡을 수 없는 시장에 휘말려든 익명의 **다수**처럼 보인다.

2. 역투자 기법

군중을 바라보는 또 다른 방법으로 역투자 기법이 있는데, 사람들이 시장 꼭대기에서 보편적인 지지를 찾으려 하고 시장 밑바닥에서 항복한다는 것을 기반으로 한다. 역투자 기법을 쓰는 사람들은 군중과 반대되는 시장 포지션을 취한다. 그렇다고 언제나 군중과 반대의 포지션을 취할 수는 없다. 사실 아마 적어도 몇 번은, 수익을 낼 수 있는 유일한 방법이 그뿐이기에 군중과 동일한 방향의 포지션을 취해야 할 것이다. 그러면 군중이 밀려와서 당신이 취한 방향의 포지션대로 시장이 흘러가게 만들 것이다.

　군중에 대한 이러한 전통적인 관점은 우리의 목표를 달성하는 데 도움이 되지 않는다. 광기와 패닉, 붕괴의 패턴을 아는 것은 그런 사건이 시장에서 반복해서 발생하기 시작하는 시기를 알아보는 데 도움이 되겠지만 이런 패턴은 개인의 의사결정 과정에 대해서는 거의 알려주는 바가 없다. 이 패턴은 시장의 사건은 자세히 설명하지만 군중의 부분을 이루는 개인의 정신적 상태를 설명해주지는 못한다. 우리가 중점을 두는 부분은 역사가나 경제학자가 아니라 시장 참가자들이므로 금방이라도 닥칠 시장의 광기나 패닉에 대해 경고해줄 모델은 필요하지 않다. 그보다는 군중의 일원이 될 때 우리의 주의를 환기시켜줄 모델이 필요하다.

군중이란 무엇인가

일반적인 의미에서 **군중**이라는 단어는 개인들이 모여 있다는 뜻이며 그들을 모이게 한 원인은 아무 관계가 없다. 하지만 귀스타브 르봉은 《군중심리》에서 심리학적 관점으로 그 단어의 의미를 전혀 다르게 해석한다. 한데 모인 모든 사람들의 감정과 생각이 하나가 되어 한 방향으로 향하고 의식에서 개성이 사라지고 나면 이 집단은 **심리적 군중**[3]이 된다. 내 견해로는 이 과정에 반드시 사람들이 모여 있을 필요는 없다. 모든 의도와 목적에 있어 그런 특성을 보이는 고립된 개인이 곧 군중의 일원인 것이다.

아무리 당신이 동굴 속에 홀로 앉아서 시장을 쫓아가고 있다 해도 군중의 일부로 분류될 수 있을까? 당신이 바람 앞의 촛불처럼 어찌할 줄 모르고 망설이고 화면에 새로운 뉴스가 뜨거나 주가 등락이 있을 때마다 마음이 흔들린다면, 그렇다. 당신은 개인적 의사결정 과정에서 군중의 특성을 보이는가? 만약 당신이 시장에서 보이는 행동과 반응에서 군중의 성향과 감정, 특성을 입증하고 있다면 당신은 **군중 트레이드**를 하고 있는 셈이다.

개인과 군중의 기본적인 차이는 개인이 추론과 숙고, 분석을 한 뒤에 행동한다면 군중은 느낌과 감정, 충동에 따라 행동한다는 것이다. 개인은 자신의 의견을 신중하게 생각해내는 반면 군중은 추론보다는 감정적인 관점에서 많이 흔들린다. 군중 사이에서는 감정적이고 생각 없는 의견이 모방과 전염을 통해 널리 퍼져나간다.[4] 군중의 특성과 군중이 어떻게 형성되는지를 배우면 감정주의가 당신의 의사결정에 어떤 식으로 영향을 미치는지 보여주는 구조가 마련될 것이다. 일단 이 구조를 알아두면 감정주의에 빠지지 않으려면 무엇을 피해야 하는지 알게 된다.

군중의 특성

군중을 구성하는 개인의 정신적 상태를 묘사하는 세 가지 주된 특성이 있다. 앞으로 살펴보겠지만 이와 동일한 특성들은 개인이 투자와 트레이딩에 관한 결정을 내릴 때에도 찾아볼 수 있다.

1. 누구도 꺾을 수 없는 권력의 감정

군중을 구성하는 개인은 누구도 꺾을 수 없는 권력의 감정을 가지게 된다. 이 군중이나 구성원에게 일어날 법하지 않은 일이란 없다. 《웹스터 사전》의 정의에 의하면 '감정sentiment'은 느낌과 의견의 복잡한 조합으로, 판단의 근거가 된다. 천하무적처럼 강하다는 느낌은 사람이 평소에 억누르던 본능과 감정에 굴복하게 만드는 경향이 있다. 하지만 군중은 익명의 존재이므로 군중에 속한 사람은 누구나 자신의 행동을 책임지려고 하지 않는다.

군중의 일원이 되고 나서 사람들이 평소에 하지 않는 행동을 하는 이유는 익명성이 보장되고 군중이 부여해준 권력을 얻어먹기 때문이다. 개인을 통제하는 책임감은 군중 속에서 자취를 감춰버린다. (응원하는 팀이 승리한 뒤에 축구 경기장을 급습해 골대를 망가뜨리는 팬들의 행동을 보라.) 나 역시 대두유 트레이드에서 이런 모습이었다. 나는 아무도 꺾을 수 없는 사람이었다. 절대로 틀린 판단을 내릴 리 없는 사람 말이다. 내가 아는 한 그 트레이드가 1000만 달러를 벌어들일 거라는 데에는 의문의 여지가 전혀 없었다.

2. 전염

《아메리칸 헤리티지 사전》은 '전염$_{contagion}$'을 영향력이나 정서적 상태가 널리 확산되는 경향이라고 정의한다. 이는 축구 경기장에서 즉흥적으로 감정이 고조되는 현상이나 홈팀이 결승전에서 우승한 뒤에 도시에 벌어지는 큰 소동과 마찬가지의 것이다. 마치 최면에 걸리거나 넋이 나가기라도 한 것과 같다. 컴퓨터 화면으로 가격 변동을 지켜보거나 하루 종일 주식중개인이 전하는 소식들을 듣거나 무턱대고 시장에서 가격 등락을 경험하는 것은 피험자의 눈앞에서 앞뒤로 흔들리는 최면술사의 시계나 다를 바 없다. 이는 캠핑카를 타고 다니면서 전화로 시장 동향을 주시하던 나의 정신 상태를 정확히 묘사하는 것이기도 하다.

3. 피암시성

피암시성을 설명하는 가장 좋은 방법은 최면술사의 손에 최면에 걸린 피험자가 암시의 힘에 어떻게 반응하는지 보여주는 것이다. 그는 남의 영향을 받기 쉬운 상태이기 때문에 자신의 행동을 더 이상 의식하지 못한다. 암시를 받고 있는 동안은 성급한 마음을 도저히 억누르지 못한 채 특정한 행동을 어떻게든 끝까지 완성하려고 노력할 것이다. 마치 내가 뉴저지의 유료 고속도로를 운전하고 다니면서 전화기에 달라붙어 선물 가격 변동에 촉각을 기울이고 대두유 트레이드와 주식 트레이드에 대한 의견들을 받아들이고 따르던 모습과 정말 비슷하지 않은가? 매혹당한 특별한 상태(즉 전염 상태)에서 개인은 화면에 뜬 가격 변동이나 누가 됐든 처음에 그를 시장으로 끌어들인 사람 혹은 그가 조언을 구하는 다른 사람의 말과 의견에 이리저리 휘둘리기 마련이다.

심리적 군중에게 가장 눈에 띄게 드러나는 특성은 다음과 같다. 일단 개인이 모여 군중을 이루고 나면 그들의 생활양식이나 직업, 성격, 지능이 비슷하든 비슷하지 않든 관계없이 자신들이 하나의 군중으로 변형됐다는 사실 하나만으로 고립된 상태의 개인과는 전혀 다르게 행동하도록 만드는 집단정신을 갖게 된다.[5] 군중에 속한 사람은 명확한 이익에 반하는 행동도 무심코 하게 된다. 군중의 가장 이해하기 어려운 특징 가운데 하나는 타당성에 의문을 제기하는 증거들이 계속 쌓여만 가는데도 불구하고 구성원들이 잘못된 가정을 고수하며 고집을 피운다는 것이다.[6] 따라서 어떤 개인이 손실이 늘어만 가는데도 시장 포지션을 고수하고 있다면 그는 군중으로 볼 수 있다.

이 이론은 당신이 하지 않겠다고 말한 것을 실행하거나 하겠다고 말한 것을 실행하지 못했을 때 어떤 상황이 벌어지는지 잘 설명해준다. 그뿐 아니라 내가 대두유 포지션에서 벌어들인 금액보다 잃은 금액이 더 많아지기 시작한 뒤에도 여전히 대두유를 놓지 못한 이유가 무엇인지도 설명해준다. 다른 투기적 사업에서 돈을 챙기거나 계속 누적되는 손해를 해결하기 위해 돈을 빌리는 게 나의 최대 관심사가 아니었다는 것은 너무도 분명했다. 한 때 수익성이 좋았던 포지션이었는데 어째서 나는 그 포지션을 유지하기 위해 실제로 돈을 빌려야만 하는 상황까지 흘러가게 내버려둔 걸까? 만약 당신이 1973년이나 1976년, 아니, 심지어 1983년 8월에 내가 그런 행동을 할지도 모른다고 지적했다면 나는 그 생각 자체를 완전히 부인했을 것이다. 만약 보유 포지션이 있는 상태에서 한 가지 조치를 취할 생각이었지만 실제로는 다른 행동을 했다면 당신은 심리적 군중의 일원이며 **군중 트레이드**를 한 셈이다. 당신이 그 사실을 알았든 몰랐든 관계없다. 그렇지 않았다면 당신은 애초에 의도한 대로 행동했을 것이다.

핵심은 군중을 바라보는 시장의 전통적 관점 외에도, 다른 사람들이 없거나 아무 영향을 끼치지 않는데도 개인은 군중 트레이드나 군중 투자 같은 것을 할 수 있다는 사실이다. 심리적 군중과 손해 보는 시장 참가자의 공통점은 아주 명백하다. 명심해야 할 것은 다수의 개인들이 심리적 군중이 형성됐는지를 규정하는 역할을 하는 것이 아니라는 점이다. 드러난 특성이 그 역할을 한다. 만약 어떤 사람이 그런 특성들을 내보인다면 그는 심리적 군중의 일원이며 **군중 트레이드**를 하는 중이다.

개인이 군중 트레이드를 할 수 있도록 시장에 거품이 생성될 필요도 없고 앞서 서술한 군중 모델 중 어느 쪽에 속할 필요도 없다. 만약 사람이 충동적이고 성급하고 논리적 추론이 불가능하고 감정이 과장되며 냉철한 판단력을 하지 못하는 등 군중이 가진 특별한 특성들을 드러내고 있다면 시장은 그냥 옆길로 샐 수도 있고 사람은 여전히 군중 트레이드를 할 수도 있다. 이것이 감정적인(그리고 손해를 보는) 시장 참가자의 특징들이 아니라면 무엇이겠는가? 이 특성들은 다른 수많은 트레이드는 말할 필요도 없고 대두유 트레이드와 인수주 트레이드를 하던 시절의 내 모습을 완벽하게 묘사하고 있다.

다음에 제시하는 두 가지 모델은 귀스타브 르봉의 《군중심리》에서 변형한 것이다. 르봉이 사회학적 관점에서 군중 행동의 과정과 특성에 관심을 보였다면 우리는 그 과정과 특성이 시장에서 결정을 내리는 개인에게서 어떻게 나타나는가에 관심이 있다.

두 개의 심리적 군중 모델

망상 모델

망상 모델은 개인이 포지션을 보유하기 **전에** 심리적 군중의 일부가 되는 과정을 묘사한다.

(1) 기대감에 차서 주의를 기울이는 상태 (2) 암시에 걸림
(3) 전염 과정 (4) 참석자 모두의 수용

이 모델은 깨어 있는 동안 컴퓨터만 들여다보며 지내는 사람들이 시장에 어떻게 참가하는지 정확하게 설명한다. 그는 이제

준비가 됐다! 아주 간절히 돈을 벌고 싶기 때문에 기대감에 차서 집중하는 상태다. 시장에 대한 작은 정보나 사소한 언급도 무심히 듣지 않는다. 그의 열정은 전염성이 강해서 최면에 걸린 듯한 무아지경에 빠지고 관련 정보를 복음처럼 받아들이며 거기에 맞게 조치를 취한다. 이것을 당신이 성급하게 감정에 이끌려 충동적으로 결정하거나 다른 사람의 조언을 따라서 시장에 들어오거나 나간 경우에 비교해보자. 나는 인수주 트레이드와 대두유 포지션에 진입하려고 할 때 이와 동일한 과정을 겪었다. 다른 무수한 일들과 마찬가지로 두 가지 경우에서도 나는 기대감에 차서 주의를 기울인 상태였고 돈을 벌 준비가 돼 있었다. 나에게 트레이드 제안이 들어왔고 전염 과정이 이미 시작됐으므로 나는 행동에 나섰다.

손해를 만회하려고 노력하는 사람들이 금방 다시 손해를 보는 이유는 기대감에 차서 주의를 기울이는 상태라 제안이 들어온 어떤 트레이드에도 달려들 준비가 되어 있기 때문이다.

착각 모델

착각 모델은 개인이 포지션을 보유한 **후에** 심리적 군중의 일부가 되어가는 과정을 정확하게 묘사한다.

(1) 확언 (2) 반복 (3) 위세 (4) 전염

다음과 같은 시나리오를 생각해보자. 시장에 대한 하나의 의견이 당신이나 다른 누군가에 의해 표명된다(확언). 이 의견이 다른 사람들에게 되풀이된다(반복). 친구들은 시장에 대해 어떻게 생각하는지 당신에게 물어보고 당신은 그 의견을 되풀이해서 대답하며 다시 한 번 스스로 납득한다. 위세란 개인이나 일, 생각, 소원이 우리에게 행사하는 일종의 지배력을 말한다. 이는 우리의 비판력을 완전히 마비시키고 우리가 상대를 경탄해 마지않게 만든다. 시장은 당신 뜻대로 움직일 테고 당신은 영웅처럼 보이므로 대단히 영리한 사람이다(위세). 당신은 동료들로부터 넘치는 칭찬을 받게 된다. 당신은 감정주의에 완전히 사로잡힌다(전염). 최면에 걸린 것이다.

만약 당신이 대담한 행동을 하고 손해가 난 포지션의 가혹한 벌을 받아들일 줄 알기 때문에 위세를 얻었다면 착각 모델은 손해가 난 트레이드에도 적용될 수 있다. 물론 시장은 당신에게 불리한 방향으로 흘러가겠지만 당신은 용감하므로 견딜 수 있다. 시장의 판단이 지금 틀렸지만 경기는 곧 호전될 것이다. 당신은 군중과 반대의 선택을 했다는 자신의 용기에 자부심을 느낄 것이다. 시장에 관한 구전 지식에 따르면 군중의 판단은 당연히 틀린 것이기 때문이다. 손해를 보는 포지션을 보유하는 당신의 능력에 사람들은 경탄을 금치 못한다. 다시 한 번 말하지만 당신은 최면에 걸렸고(전염) 통제 불능 상태다. 이 트레이드는 당신이 외부세력에게(예를 들어 돈, 가족, 위탁증거금 담당 직원) 강제로 쫓겨날 때

비로소 끝날 것이다. 이는 대두유 포지션이 나에게 불리한 상황으로 움직이기 시작했을 때 내가 한 행동과 정확히 일치한다. 그렇지 않으면 왜 내가 한때 수익성이 좋았던 대두유 포지션이 악화되도록 내버려두었겠는가?

감정

기본적인 경제학 이론을 떠올려보면 시장은 소비자의 욕구와 필요를 충족시키기 위해 존재한다. 이는 곧 사람들이 구매를 하는 것은 오직 두 가지 이유 중 하나 때문이라는 뜻이다. **기분이 나아지거나**(욕구를 충족시키기) **문제를 해결하기 위해서다**(필요를 충족시키기). 금융시장에서 기분이 나아지려고 노력하는 것은 위험하다.

만약 특정한 감정 상태에 도달하거나 자존감을 세우기 위해서 시장에 참여한다면 당신은 심리적 장애가 있으니 치료 전문가를 만나볼 필요가 있다. 인격장애의 하나인 강박적 도박이 이 책에서 중점으로 다루는 내용이 아닌 것처럼 다른 정신병리적 문제들도 마찬가지다.

우리가 여기서 논의할 쟁점은 시장에 참가하는 사람들의 정상적인 감정 기복이지 심리적 장애가 아니다. 감정 자체는 좋지도 나쁘지도 않은 중립적인 것임을 기억하라. 감정은 그저 감정일 뿐이다. 우리가 피하려고 하는 것은 감정주의다.

희망과 공포의 역설

심리학자들과 정신과 의사들은 대부분 감정을 억누르지 말라고 조언하며, 감정을 억압하면 대체로 부정적인 감정이 생겨난다. 긍정적인 감정의 억압으로 치료를 받는 환자는 극히 드물다. 대단히 놀랍게 들리겠지만, 긍정적인 감정과 부정적인 감정은 모두 당신이 시장에서 하는 결정과 행위에 해로운 영향을 미칠 수 있다. 이것이 사실인지 확인하기 위해 희망과 공포라는 질병, 그리고 그 두 가지와 군중의 독특한 관련성에 대해 검토해보자.

보편적으로 욕심과 공포는 시장 참가자들에게 가장 영향력이 큰 두 가지 감정으로 언급된다. 하지만 희망과 공포는 기본적인 감정이기도 하다. 욕심은 단지 도를 넘어선 희망이다. 희망과 공포에 대한 조언은 전문가들이 우리에게 돈을 버는 방법이라고 알려주는 조언과 거의 모순을 이룬다.

우리는 희망이나 공포를 기반으로 주식을 사고팔거나 트레이드를 해서는 안 된다는 이야기를 모두 들어왔다. 포지션이 우리에게 유리하게 작용할 것이라는 희망을 품어서도 안 되고 포지션이 우리에게 불리하게 작용할 것이라는 공포를 느껴서도 안 된다는 말이다. 희망으로 인해 우리는 주식 가격이 이미 상승하고 난 뒤에 상한가에서 매수하게 되고 공포로 인해 우리는 주식 가격이 한참 하락하고 난 뒤에 하한가에서 매도하게 된다. 혹은 역발상의 아버지 험프리 닐의 설명에 따르면 "군중은 주의하고 신중해야 할 시기에 가장 열정적이고 낙천적이며 마땅히 대담해야 할 시기에 가장 두려움을 느낀다."[7] 반면에 공포를 느낄 때 희망을 가져야 하고 희망을 느낄 때 두려워해야 한다는 제시 리버모어의 조언을 해석해보자. 이 말은 이익이 악화되기를 두려워하기보다는 우리의 이익이 더 커진다는 희망을 가져야 하고 손실이 개선될 것이라는 희망을 품기보다는 손실이 더 커질 것이라고 두려워해야 한다는 뜻이다.

이 서로 모순되는 충고는 희망과 공포가 동전의 양면에 불과하다는 역설로 설명할 수 있다. 다시 말해 대체로 당신은 희망과 공포를 동시에 경험할 가능성이 크다는 말이다.

당신이 롱 포지션을 취하는데 시장이 상승하면 당신은,
(1) 시장이 계속 상승할 것이라는 희망을 갖지만
(2) 시장이 상승하지 않을 것이라고 두려워한다.
만약 공포가 크다면 당신은 시장에서 벗어나 시장이 하락하기를 바란다.

당신이 롱 포지션을 취하는데 시장이 하락하고 있으면 당신은,
(1) 시장 경기가 호전될 것이라는 희망을 갖지만
(2) 그렇지 않을 것이라고 두려워한다.
만약 공포가 크다면 당신은 시장에서 벗어날 것이고 경기가 계속 하락하기를 바란다.

당신이 시장에서 롱 포지션을 **취하지 않은** 상태에서, 시장에 들어가고 싶고 시장이 상승하고 있다면 당신은,

(1) 당신이 들어갈 수 있도록 시장 경기가 일시적으로 하락하기를 희망하지만

(2) 시장이 계속 상승할까 봐 두려워한다.

만약 공포가 너무 커지면 당신은 매수를 하고 시장이 계속 상승하기를 희망한다.

여기서 요점은 개인의 감정에 집중하다 보면 대단히 혼란스러울 수 있으므로 그보다는 감정주의, 즉 감정의 흐름에 집중하는 편이 더 낫다. 그렇게 하는 가장 좋은 방법은 심리적 군중을 이해하는 것이다.

광기와 패닉: 희망과 공포가 군중을 만날 때

이 장의 서두 인용문에서 말하듯이 사람은 불확실한 것을 극도로 불편해하고 불확실한 것을 확실한 것으로 대체하려 노력하며 그러기 위해 군거본능에 굴복한다. 미래의 불확실성은 두 가지 주요한 감정적 반응을 끌어내기도 한다. 바로 희망과 공포다. 우리는 미래가 근사한 결과를 맺기를 희망하지만 그렇지 않을까 봐 두려워한다. 군중의 일원으로서 우리는 언제나 이러한 감정을 극단적으로 몰아간다. 군거본능이 시장환경에서 희망과 공포와 결

합하면 우리는 광기와 패닉을 느낀다.

《아메리칸 헤리티지 사전》에 의하면 '광기$_{mania}$'는 어떤 대상에 대해 지나치게 맹렬한 열정이나 희망을 품는 것이다. 이는 평범한 사람들이나 일반 대중과 관련된, 잠시의 유행을 즐기는 행동이나 열기, 광기를 뜻한다. 또 사전은 '패닉$_{panic}$'을 종종 한꺼번에 다수의 사람들에게 영향을 미치는 갑작스럽고 압도적인 공포라고 정의한다. (그리고 유의어 '공포$_{fear}$'가 참조항목으로 붙어 있다.) 광기와 패닉을 사전적으로 정의할 때 '희망' '공포' '군중'의 정의가 직접 참조항목으로 제시된다는 사실에 주목해보자.

광기와 패닉은 네덜란드의 튤립 광풍처럼 엄청난 규모의 일반 군중이 일으킨 사건일 필요는 없다. 광기와 패닉은 한 개인이 시장에 들어가거나 나가는 문제를 결정하는 정도의 규모로 발생할 수도 있다. 고립된 개인이 군중으로 분류될 수도 있으므로 그 개인이 고립된 패닉이나 광기에 휩싸일 수도 있다. 그리고 이런 현상이 발생하기 위해 시장에 거품이 나타날 필요조차 없다. 시장 경기가 악화될 수도 있으며 이때 개인은 희망이나 공포가 결합된 군중의 특성을 보이는 것만으로 고립된 패닉이나 광기를 경험할 수 있다.

고립된 패닉에 빠졌을 때 군중 행동은 손해를 볼 것이라거나 수익을 올릴 기회를 놓칠 것이라는 개인의 공포와 결합되어 행동을 하거나 하지 못하는 주된 이유가 된다. 고립된 광기에 휩싸였을 때 군중 행동은 강렬하게 이익을 내고 싶어 하거나 손해를 낸 포지션이 곧 회복될 것이라는 개인적 희망과 결합되어, 행동을 하거나 하지 못하는 주된 이유가 된다.

그러므로 온갖 감정들과 그 감정에 담긴 의미 때문이 아니라 그저 군중 형성 과정의 몇 단계를 살펴보기 위해 자신을 모니터 하라. 군중의 일원이 될 때 딸려오는 숨길 수 없는 증상들을 피한 다면 당신은 감정주의를 자동적으로 피할 수 있다.

1983년 8월에 24만 8000달러를 잃어버린 목요일이 지나고 그 다음 날, 나는 브로더릭의 호숫가 집 부두에 그와 나란히 앉아 있었다. 그가 나를 돌아보며 이렇게 말했다. "이 시장을 어떻게 든 지킬 수 있는 유일한 게 뭘까?" 나는 잠시 생각에 잠겼다가 대답했다. "글쎄… 비가 온다면 모든 게 달라지겠지."

그날 밤 우리는 뉴스를 유심히 지켜봤고 주말에 비가 온다는 일기예보가 나왔다. 브로더릭은 나를 쳐다보며 말했다. "어때? 된 거지, 그치?" 내가 말했다. "글쎄… 아니… 아니야…. 비가 충분히 내리지 않을지 몰라…. 그리고 비구름이 인디애나로 안 올지도 모르지…." 나는 비가 중요하지 않다는 결론을 내리기 까지 고작 30분밖에 걸리지 않았고 그날 시장은 그 약간의 비를 이미 대수롭지 않게 여기고 소폭 상승세를 보이며 마감했다.

브로더릭은 월요일에 시장에서 손을 뗐다. 비가 내렸기 때문 이었다. 그리고 나는 비가 내리면 트레이드가 끝난다고 그에게 이미 말을 해뒀다. 그래서 그는 시장을 빠져나갔고 돈을 벌었 다. 그러면 나는 어땠을까? 아니다, 돈을 벌지 못했다! 나는 그대로 남아 있었고 아직 비가 충분히 내리지 않았다고 나 자신을 설득했다. '약간의 비' 때문에 지난 10년 동안 해온 최고의 트레이드 중 하나를 포기할 수 없었다. 나는 이렇게 계속하게 만드는 광기를 가지고 있었다.

지금까지 다룬 이 책의 중심주제를 다시 정리해보자. 사람들이 돈을 잃는 것은 심리적 요인들 때문이지 분석적 요인들 때문이 아니다(5장). 그들은 시장과 포지션을 개인화하고(1~4장) 외적인 손실로 그쳐야 할 것을 내면화하고(6장) 다른 유형의 리스크 활동을 서로 혼동하며(7장) 군중 트레이드를 한다(8장). 이 모든 실수들에 들어 있는 하나의 공통 요인이 있는가? 그리고 우리는 그런 실수들을 피하기 위해 해당 요인을 해결할 수 있는 방법을 정할 수 있을까?

PART THREE

심리와 투자의 통합

자본주의 시대에 인간은 여러 가지 지적 수단을 발전시켜왔지만.
감정과 심리의 벽은 여전히 높기만 하다.

– 워런 버핏

9

규칙, 도구, 그리고 바보들

바보도 때로는 우연히 맞을 때가 있다.

— 윌리엄 쿠퍼(영국 시인, 고전문학가)

이 이야기의 마지막 아이러니는 1983년 11월에 내가 파산한 직후에 대두유 시장이 되살아났다는 것이다. 내가 시장에서 조금만 더 오래, 아니, 1984년 5월까지만 버틸 여력이 있었더라면 내 스프레드 540계약은 320만 달러의 가치가 있었을 것이다. 하지만 이제 생각해보니 아무 차이도 없었을 것이다. 조만간 전 재산을 다 잃었을 테니 시기가 조금 더 늦춰졌다면 내가 잃어야 할 돈의 액수만 더 늘어났을 터였다. 만약 그 죽음의 계곡을 지나지 않고 320만 달러를 가지고 다른 방향으로 가다가 도중에 다른 트레이드를 하게 됐더라면 160만 달러가 아니라 끝내 600만 달러를 잃고 말았을 것이다. 불가피한 손실을 미루고 손실의 규모만 키우는 결과를 낳았을 터였다. 어쩌면 주택 대출금을 전부 상환하거나 돈의 일부를 안전한 곳에 보관하는 영리한 행동을 하는 것도 가능했을까? 어쩌면 그랬을지도 모르겠다. 하지만 나는 이 끔찍한 실패가 결국은 일어났을 것이라고 여전히 믿는다.

이 실패가 불가피했다고 그토록 확신하는 이유는 무엇일까? 비록 인생의 여러 가지 일을 게임처럼 다루고 단순히 규칙을 잘 지켜서 성공을 거뒀다고 해도(가령 신입생 영어과목, 미네소타 가치관연구 검사, OCS 훈련, MOS 우등졸업 등) 규칙을 어긴 덕분에 성공을 거둔 분야들도 많이 있었기 때문이다. 내가 시도한 많은 일들이 성과를 거뒀지만 사실은 그런 결과가 나오지 말았어야 했다. 예를 들어 사교클럽 가입을 권유하는 파티가 열리는 기간에 클럽하우스에 전화를 걸어 서약 핀을 요구해서 기어이 받아내는 신입생은 세상에 아무도 없다. 600달러짜리 양복을 빼입고 50달러짜리 넥타이를 매고 발리 구두를 신었다는 이유로 시카고 상업거래소 운영위원회에 선출되는 사람도 없다. 그 규칙들을 어겼지만 그래도 성공을 거뒀다는 사실을 깨닫고 나자, 규칙이 다른 사람들에게는 적용되지만 나는 어기고서도 여전히 성공을 거둘 수 있다고 생각했다.

이 말은 때때로 내가 알게 모르게 규칙들을 어겼으며 언젠가 실수할 날이 오겠지만(그리고 우리 모두는 때로 실수를 저지른다) 그걸 받아들이지도 믿지도 않는다는 뜻이었다. 그런 태도로 살다 보면 분명히 나는 손실이 발생했을 때 완전히 무너지게 돼 있다.

만약 이따금 규칙을 어기고도 여전히 연이어 성공을 거둔다면 당신은 자신이 다른 사람들보다 뛰어나고 규칙을 초월한 존재라고 생각해 문제를 악화시킬 가능성이 크다. 자만심이 너무 강하기 때문에 당신은 손실이 발생해도 그 현실을 인정하지 않으려 한다. 당신의 판단이 당연히 옳을 것이라고 추정한다. 아무리 시장이 당신에게 불리하게 돌아가더라도 곧 상황이 좋아질 것이라고 생각한다. 내가 100만 달러가 있었을 때 자만심이 지나친 게 문제였다면 죽음의 계곡을 지나며 가까스로 죽음을 모면한 뒤에는 어떤 종류의 문제가 생겼을까? 내가 그런 손해를 겪고도 살아남았고 시장에서 계속 돈을 벌어들였다면 아마 자만심이 한층 더 강해졌을 것이다.

질문에 대한 답

앞장의 끝머리에서 제기한 질문에 대답해보자. 물론 깨어 있는 시간이면 컴퓨터만 들여다보는 사람들의 감정과 행동특성, 정신 과정을 유발하는 공통 요인이 존재한다. 그것은 바로 미래의 불확실성이다. 어떤 세상에서는 우리도 특정한 선택을 하거나 행동할 필요가 없을 것이다. 그러면 확실성이 확률을 대신할 것이다. 그런 세상에서는 손실(즉 리스크) 가능성이 없으므로 (내재된 리스크든 새로 형성된 리스크든) 어떤 리스크 활동도 하지 않을 것이다. 손해를 입지도 않을 것이고 내면적 상실의 5단계를 경험하지도 않을 것이다. 경제담당 기자 제임스 그랜트의 설명에 따르면, "미래란 언제나 깊이를 헤아릴 수 없기 때문에 모든 시장에는 항상 판매자와 구매자가 있는 법이다. 만약 사회주의자들이 옳다면, 즉 미래가 정확하게 예측될 수 있다면 누구도 트레이드에서 손실을 보는 쪽을 선택하지 않으려 할 테니 시장이 와해될 것이다."[1] 군거본능과 군중 행동은 불확실성을 확실성으로 대체하고 싶은 열망에서 생겨나기 때문에 만일 미래가 확실하다면 우리는 감정주의에 굴복하지 않을 것이다. 이와 마찬가지로 불확실한 미래에 대한 가장 강한 감정적 반응이라 할 수 있는 희망과 두려움으로 인해 우리가 개인적인 패닉과 광기에 시달리지도 않을 것이다. 공교롭게도 우리는 확실한 세상에 살고 있지 않으므로 불확실한 미래에 대처할 방법이 필요하다.

미래의 불확실성에 대처하기

모든 사업, 아니, 인간의 모든 활동에 불가피하게 리스크가 수반되는 까닭은 미래가 결코 확실하지 않고 우리에게 완전히 드러나지 않는다는 단순한 이유 때문이다.[2] 미래의 불확실성이 가져다주는 리스크에 대처할 때 당신은 세 가지 선택권이 있다. 설계를 하거나, 도박을 하거나, 추측을 하는 것이다. 미래를 설계하는 사람은 자신의 문제에 대해 기술적으로 만족스러운 해답을 얻기 위해 반드시 알아야 할 모든 것을 알고 있다. 손해가 발생할 위험이 없도록 안전범위를 계산에 넣고 불확실한 부차적 요소들을 제거한다. 그러므로 미래 설계자는 직무의 성과에 영향을 미치는 변수들을 잘 알고 설사 전부는 아닐지라도 대부분 통제할 수 있기 때문에 기본적으로 확실한 세계에서 움직인다.[3] 그와 반대로 도박을 하는 사람은 도박의 결과를 결정할 사건에 대해 아무것도 모른다. 도박의 두드러진 특징이 바로 미지의 대상을 다루는 것이기 때문이다. 도박사는 그 자극, 아드레날린이 갑자기 솟구칠 때 느끼는 흥분 때문에 게임을 한다. 그는 이기려고 게임을 하는 게 아니라 그냥 게임을 할 뿐이다.[4] 추측을 하는 사람은 미래 설계자가 가진 장점은 없다. 자연과학의 법칙은 미래의 가격이 어떤 방향으로 향할지 예측할 수 있게 만들지 않는다. 하지만 추측가는 도박사보다 더 많은 것을 안다. 도박사가 순전한 우연에 기대고 있는 데 비해 추측가는 적어도 무엇이 자기 행동의 결과를 결정하는가에 대해 약간의 지식을 가지고 있기 때문이다. 추측이란 불확실한 미래의 문제를 해결하기 위해 지적인 조사와 체계적인 분석을 하는 일이다.

성공적인 투자는 성공적인 추측의 결과다. 만약 주식에 '투자'한다면 당신은 그 회사에서 생산하는 상품의 시장을 정확히 예견하는 경영진에게 의존하고 있는 셈이다. 만약 예금계좌에 투자한다면 당신은 미래의 경기를 정확히 예견하고 건전하고 수익성 좋은 대출상품으로 이자를 발생시켜 당신에게 지불하는 은행의 대출담당 직원들에게 의존하고 있다. 무에서 유가 창조되듯 돈을 그냥 은행에 맡기기만 한다고 이자가 느닷없이 생겨나는 것은 아니다. (이는 주장을 강조하기 위해 연방예금보호공사FDIC의 보증을 무시하고 일부러 과거의 은행 업무 방식을 예로 든 것이다.) 연방준비제도 이사회 전 의장인 앨런 그린스펀은 이렇게 표현한다. "역사적으로 볼 때 은행의 목적은 대출 기한 연장이라는 리스크 감수 비즈니스를 통해 건전한 리스크를 만드는 것이다."[5] 즉 은행가들은 추측을한다는 말이다.

성공적인 트레이딩은 성공적인 추측의 결과이기도 하다. 트레이더는 주식을(혹은 채권, 선물, 외환 등을) 매수 및 매도하고 시장의 수요와 공급에서 일어나는 미묘한 변화를 모니터하는 체계적인 접근 방법을 보유하고 있다. 그는 예측이 얼마나 위험한지 너무 잘 알고 있기 때문에 시장의 방향을 예상하려 하지 않는다. 그의 다음 매매 결정에 영향을 미칠 '만약…라면' 구절의 엄격한 한계 안에서 움직인다.

성공적인 헤지 또한 성공적인 추측의 기능을 한다. 헤저는 현재 및 미래성 있는 비즈니스와 시장의 상황을 검토할 뿐 아니라 이 요소들이 어떻게 변화할 것인지와 오늘 가격으로 이익을 낼 수 있는지를 추측한다. 그럴 경우 재고자산 혹은 재고자산의 거래 수요를 헤지한다.

추측이란 깊이 생각한다는 뜻이다. 그리고 행동하기 전에 생각한다는 말은 논리적 추론을 거친 뒤에 매수 및 매도 여부와 종목, 시기를 결정한다는 뜻이다. 이는 곧 추측하는 사람이 미래의 사건에 관해 가능성 있는 시나리오를 몇 가지 전개시키고 각각의 시나리오 안에서 어떻게 행동할지 결정한다는 말이다. 그는 행동하기 전에 생각한다. 생각한 뒤에 행동한다는 순서는 **계획**이라는 단어를 정확하게 정의한다. 그러므로 추측하는 것과 계획하는 것은 결국 동일한 행위다. 계획을 세우면 당신은 장기적 안목으로 추측하거나(투자가) 단기적인 안목으로 추측하거나(트레이더) 스프레드의 관계를 추측할(베이시스 트레이더 또는 헤저) 수 있다. 시장에서는(월가의 생리를 '완벽히 꿰뚫는 천재'가 아닌 이상) 미래 설계자가 될 수도 없고 시장에서 도박을 하는 것이 얼마나 위험한가도 이미 논의해봤기 때문에 추측을 하는 것, 즉 계획을 세우는 것은 시장에서 미래의 불확실성을 다룰 수 있는 유일한 방법이다. 이 정의를 고려할 때 이 책의 나머지 부분에서는 '추측가'라는 말에 투자자와 투기자, 트레이더를 포함하여 사용할 텐데, 이들은 모두 추측을 한다.

명사 '계획'은 목표를 달성하기 위해 미리 생각한 아주 상세한 구성이나 프로그램, 방법을 말한다. 동사 '계획하다'는 행동하기 전에 생각한다는 뜻으로, 생각과 행동을 동시에 한다거나 생각하기 전에 행동한다는 뜻이 아니다. 계획이 없는 사람은 두 범주로 분류된다. 자신의 판단이 맞는지 틀린지가 주된 관심사라면 내기꾼이고, 오락이 주된 관심사라면 도박사다. 만약 시장이 앞으로 무엇을 할 것이라는 의견을 낸다면 당신은 이미 시장에 개인적으로 관여한 셈이다. 시장이 하는 일을 자기 개인의 생각이 반영된 것처럼 여기기 시작하는 것이다. 시장의 가격이 예상대로 움직이면 자신이 옳다는 것이 증명된 듯하지만 그렇지 않으면 무언가 잘못된 기분이 든다. 더욱이 시장이 당신의 생각과 반대로 움직이기라도 하면 당신의 의견을 정당화하기 위해 무슨 말이라도 해야 한다는 의무감에 사로잡힌다. 설상가상으로, 손해가 난 포지션을 늘려서 당신이 소신대로 행동할 용기가 있다는 걸 보여준다든가 아니면 뭐라도 해야 할 것 같은 의무를 느끼기까지 한다. 자신의 판단이 맞는지 확인하는 일에 참가하는 것이 바로 베팅, 즉 내기고 흥분과 자극을 위해 내기를 하는 것이 도박이다. 추측을 하기 위해 당신은 당연히 계획이 있어야 한다.

의사결정

6장에서 살펴봤듯이 시장에 참가하는 것은 결정을 내리는 문제다. 당신은 결정을 시행할 계획을 세우기 전에 시장에 들어갈 조건을 결정해야 한다. 물론, 시장에 들어가지 않겠다고 결정한다면 계획이 전혀 필요 없다. 대략적으로 의사결정 과정은 다음과 같다. (1) 당신이 어떤 종류의 참가자가 될 것인지 결정하라. (2) 분석 방법을 선택하라. (3) 규칙을 개발하라. (4) 통제력을 확립하라. (5) 계획을 수립하라.

당신의 목적이나 목표가 소극적인 것에서 적극적인 것으로 연이어 생겨남에 따라 당신은 투자자가 될 것인지 투기자가 될 것인지 결정하게 될 것이다. 이 결정은 당신이 어느 시장에 참가할 것인지, 어느 분석 방법을 활용할 것인지, 어떤 규칙을 만들어낼 것인지, 어떤 통제력을 발휘할 것인지, 어떻게 계획을 세워 이런 일들을 시행해나갈 것인지 결정하는 데 도움을 준다. 우리는 모든 사람에게 두루 통하는 하나의 분석 방법이란 존재하지 않는다는 사실을 이미 알고 있다. 그 대신 당신은 자신의 위험노출 수용능력과 양립할 만한 방법을 찾을 가능성이 크다. 당신은 직접 조사한 내용과 위험노출 수용능력을 기반으로 자세한 내용을 채워갈 것이다.

당신이 가장 먼저 결정할 것은 어떤 참가자가 될 것인가의 문제다. 즉 투자자가 될 것인가 아니면 투기자가 될 것인가? 그러고 나서 어느 시장에 참가할 것인지(주식, 채권, 외환, 선물) 선택하라. 당신이 세운 계획은 당신이 선택한 시장 참가자의 특성이나 투자 기간과 일치할 것이다. 왜 그럴까? 트레이드가 한창 진행 중일 때 처음에 정한 투자 기간을 바꾸는 것은 참가자의 유형을 바꾸는 것이나 마찬가지여서 시장에서 내기를 하거나 도박을 하는 것만큼이나 위험하다.

예를 들어 주식시장에 잠시 손을 댄 대부분의 사람들에게 투자란 무엇일까? 대부분의 경우에 '투자'는 제대로 성과를 내지 못한 '트레이드'다. 사람들은 비교적 단기간에 돈을 벌겠다는 생각으로 시장에 발을 들여놓지만 돈을 잃기 시작하면 시장 참가 기간을 늘이게 되고 갑자기 트레이드가 투자로 변한다. "짐, 여기서 XYZ 를 매수해야 한다고 생각합니다. 20달러에 트레이딩되고 있는데 곧 30달러가 될 겁니다." 우리는 매수를 진행했고 그 종목은 가격 이 15달러로 하락했다. "여기서 15달러면 정말 좋은 거래예요. 곧 좋아질 겁니다." 그래서 우리는 추가 매수를 진행했다. 그러자 가 격은 10달러로 내려갔다. "좋아요. 장기적 안목으로 보죠. 그게 바 로 투자입니다." 이 나라에서 펜센트럴 운송회사의 주식 중 얼마 가 신탁기금에 들어 있을까? 수없이 많다. 그들은 미국 철도산업 에 투자했기 때문이다. 1968년에 86달러였던 주가가 1970년에 6 달러로 하락했을 때 그들은 손해가 막심했기 때문에 매도할 수 없 다고 생각했다. 그래서 손해가 나는 포지션을 계속 보유하는 것을 합리화하기 위해 투자 기간을 늘렸다.

주식을 하는 사람들이 대부분 직면하는 문제들 중 하나는 원론 적인 이야기 때문에 주식을 매수한다는 것이다. 그들이 이 이야 기를 믿는 것은 마치 내가 대두유 이야기를 믿은 것과 마찬가지 다. "대두유가 곧 떨어질 거야. 재고가 부족해지면 가격이 오를 테고 사람들이 곧 추가 지급을 할 거야." 수익이 상승할 것이라고 생각하기 때문에 주식을 매수하지만 주가가 하락하기 시작한다 면 문제가 생긴다. 이 이야기를 믿고 트레이드를 한 사람으로서 나는 결정을 내려야 한다. "애초에 그런 이야기를 믿을 정도로 내 가 멍청하거나 시장이 틀린 거야." 과연 내가 어느 쪽을 선택했을 것 같은가? 당연히 시장이 틀렸다는 판단을 내렸다. 그래서 나는 시장과 싸웠고 손해가 난 포지션을 붙들고 있었으며 내 트레이드를 투자로 돌렸다.

《월스트리트 저널》이 보도한 어느 개인 투자자에 관한 다음 기사에 대해 곰곰이 생각해보자. "'20세기 인베스터스 울트라 펀드'가 생명공학과 컴퓨터 관련 주식에 집중한 덕분에 1991년에 거의 87퍼센트의 수익을 달성한 것을 보고 나자 그는 주식에 뛰어들어서 울트라 펀드의 주식을 18달러에 매수했다. 울트라 펀드의 주식을 보유한 지 1년 뒤 주가가 15달러를 밑돌았고 그는 이도저도 못 하는 처지가 됐다. 그는 이렇게 말했다. '어떤 사람들은 손을 떼라고 하지만 저는 이미 손해를 너무 많이 봤는걸요. 다행히 그 돈이 당장 필요하지는 않네요.'" 글쎄, 그가 돈이 필요한 시기에 맞춰 시장이 편리하게 다시 반등할까? "여기서 빠져나갈 수가 없어. 돈을 너무 많이 잃고 있어." 이것이 트레이더나 투자자로부터 들을 수 있는 최악의 말이다! 그는 이렇게 말하는 셈이다. 완전히 얻어터지고 고통받고 파묻히게 생겼다는 것이다. 그리고 시장에서 빠져나갈 수가 없는 **이유는** 바로 지금 얻어터지고 고통받고 파묻히는 중이기 **때문이다.** 그거야말로 어리석다. 그가 돈을 너무 많이 잃었기 때문에 시장에서 빠져나가지 못한다고 누군가 이야기할 때마다 그는 시장을 개인화해왔다. 손실을 깨닫고 체면을 손상시키고 싶지 않은 것이다. 설상가상으로 주식을 하는 대다수의 사람들은 주식에 자금을 전부 쏟아붓기 때문에 처음의 투자 기간을 연장하려는 경향이 크다. 이유가 무엇일까? 포지션에서 손실이 나기 시작해도 시장에서 강제로 퇴장당하지 않기 때문이다. 마진율로 주식을 살 때에도 선물 트레이더에게 보통 4에서 12퍼센트가 지급되는 것과는 대조적으로 50퍼센트의 마진을 갖는다. 그러므로 주식시장에서는 투자 시간을 연장하고 투자자가 되는 간단한 방식으로 손실을 통제할 수 없게 하는 것이 아주 쉽다.

주식 투자자는 영원히 포지션을 보유할 **수도 있다.** 반면에 선물 투기자는 계약이 만료되면 시장에서 강제로 쫓겨난다. 그러므로 손해가 난 선물 포지션에 자금을 댔다면 그는 거래 만기일에 포지션을 계속 보유할 것인지와 관련해 새로운 결정을 내리도록 강요당한다. 주식을 하는 사람들은 그렇게 강요당하는 부분이 없는데, 바로 이런 이유 때문에 당신이 주식시장에 참가할 때 어떤 유형의 참가자가 될지 결정하는 것이 특히 중요하다.

다음으로, 당신은 앞으로 활용할 시장 분석 방법을 선택해야 한다. 그러지 않으면 시장 포지션을 보유하는 것이 타당하다고 입증할 증거를 찾는 과정에서 몇 가지 방법들을 이리저리 사용할 것이다. 시장을 분석하는 방법이 너무 많이 있기 때문에 당신은 포지션을 보유하는 이유를 정당화하는 데 활용할 수 있는 몇 가지 분석 방법에서 궁극적으로 어떤 지표를 발견할 것이다. 이 것은 수익성이 많은 포지션과 수익을 올리지 못하는 포지션 모두 해당된다. 당신은 처음에 의도했던 것보다 훨씬 오랫동안 수익을 내는 포지션을 보유할 것이고 어느 날 손실을 내기 시작할 수도 있다. 그러면 처음에 기꺼이 손해를 감수하려고 하던 것보다 훨씬 더 많은 손해를 본 포지션을 보유하는 이유를 합리화할 것이다.

당신의 분석은 시장의 환경을 묘사하기 위해 사용할 한 벌의 도구다. 주식시장의 기본적인 분석은 주식시장에 진입해야 할 시기를 알려주지 않는다. 당신에게 매수 시기와 매도 시기를 알려주는 다양한 기본적인 데이터를 결합하는 데 쓰는 마법의 공식 같은 것은 없다. 주가수익률, 주가순자산비율, 그리고 다른 기본적인 변수들과 결합된 특정 수준의 예상 수익은 당신에게 실질적인 매매 시기를 구체적으로 가르쳐주지 않는다. 다른 기술적 분석 방법들도 매매 시기에 관해 구체적인 지시사항을 항상 제공하지는 않는다. 이들은 모두 시장의 상황을 묘사하는 수단이다. 분석은 단순히 분석일 뿐이다. 당신이 할 행동이나 행동의 시기를 알려주지 않는다.

당신의 분석을 단순한 논평 이상의 것으로 바꾸기 위해서는 당신에게 무엇이 기회가 되는지 정의할 필요가 있다. 그것이 바로 규칙이 할 일로, 규칙은 당신의 분석을 실행에 옮긴다. 규칙은 대단히 엄중하다. 도구는(즉 분석 방법들은) 활용 방법이 다소 유동적이다. 바보는 규칙도 도구도 없다. 당신은 기회를 정의하고 당신의 행동 방법과 시기를 결정해줄 한도를 설정해야 한다. 어떻게 하면 될까? 숙제를(즉 연구, 검사, 시행착오를) 하고 규칙을 이용해 한계를 밝힌다. 그리고 당신의 규칙은 분석을 실행하는 '만약…라면' 구절이다. 이는 당신이 분석을 마치고 나면 진입점과 종료점이 파생된다는 뜻이다.

기회를 정의한 기준에 맞지 않으면 당신은 행동하지 않는다. 그렇다고 당신이 포기한 특정한 트레이드나 투자가 결국 수익성이 없는 것으로 드러난다는 말은 아니다. 여기서 하나 기억할 점은 시장에 참여하는 것이 의사결정에 관한 일이라는 것이다. 드러커가 말하듯이 "세상에 완벽한 결정은 없다. 우리는 기회를 놓쳤다는 의미가 될 법한 가격을 항상 지불했다."[6] 당신이 참가하지는 않겠지만 수익성이 발생하는 상황이 일어날 것이라는 사실을 받아들여야 한다.

의사결정의 다음 단계는 통제력을 확립하는 것, 이를테면 당신이 이익이나 손실이 발생하는 시장에서 나가는 종료 기준 등을 정하는 것이다. 종료 기준은 지정가격 주문, 시간 청산, 조건 청산(즉 미리 정해둔 특정한 일이 벌어지거나 벌어지지 않으면 시장에서 나가는 것이다)의 형태를 띤다. 당신의 종료 기준은 개별 사건을 지정해서 포지션을 종료시키고 지속적인 과정이 이어지지 않도록 막는다. 드러커의 설명에 따르면 "통제력은 전략을 따른다."[7] 그러므로 비즈니스 계획에서 시장의 선택과 진입 기준이 전략을 구성하는 데 비해 종료 기준은 통제력을 구성한다. 드러커가 주장하는 바는 통제력이 전략과 일관성이 있어야 하며 전략이 시행되고 난 뒤에 통제력이 선택되어서는 안 된다는 뜻이다. 안됐지만 대부분의 시장 참가자들은 시장에 진입하기로 결정하고 난 **뒤에** 그만둘 지점을 고르고 어떤 사람들은 손실 한도를 전혀 설정하지 못한다. 당신은 손실 측면부터 먼저 골라야 한다. 그 이유는 무엇일까? 그렇게 하지 않으면 시장에 진입하고 난 뒤에 눈으로 보고 귀로 듣는 모든 것이 당신의 포지션에 유리한 방향으로 왜곡될 것이다. 가령 누군가가 롱 포지션을 취하고 있는데 당신이 그에게 시장에 관해 의견을 묻는다면 그는 어째서 가격이 하락할 수밖에 없는지 설명해줄까? 물론 그러지 않을 것이다. 그는 가격이 상승할 수밖에 없는 이유를 말해줄 것이다. 통제력이 전략보다 선행돼야 하는 또 다른 이유는 7장에서 이미 배웠듯이 당신은 트레이드가 수익성이 날 가능성을 계산할 수 없기 때문이다. 당신은 자신의 위험노출밖에 계산하지 못한다. 그러니 당신이 할 수 있는 일이라고는 손실을 관리하는 것이지 이익을 예상하는 것이 아니다.

계획

11가지 허브와 양념

사람들은 누구나 성공적인 계획의 비밀 성분을 알고 싶어 한다. 그러나 알아야 할 핵심은 단지 개별 구성요소만은 아니다. 전체 레서피가 핵심인 것이다. 일련의 지시사항들은 **어떤 순서와 얼마큼의 양으로** 구성요소들을 적절히 배합하라고 알려준다. KFC의 오래된 광고 문구를 기억하는가? "대령의 비밀스러운 11가지 허브와 양념의 배합." 글쎄, 샌더스 대령(KFC의 창립자–옮긴이)은

11가지 허브와 양념의 **이름**(즉 구성요소들)을 누군가에게는 안전하게 말해줬을 수도 있다. 그가 이 11가지 허브와 양념으로 만든 **비밀 배합**을 아무에게도 말해주지 않는 한(가령 분량과 혼합 방법) 그는 다른 사람이 자신의 비즈니스를 훔쳐가지나 않을까 걱정할 필요가 없다.

누구도 모든 시장 참가자들이 받아들일 계획의 개요를 일러줄 수는 없다. 게다가 우리가 지키고 성공할 수 있는 갖가지 계획들이 무수히 많기 때문에 어떤 **계획을 가지고 있는지는 계획을 세웠다는 사실보다 덜 중요하다.** 명심해야 할 점은 참가자들의 수만큼이나 시장에서 돈을 버는 방법 역시 무수히 많다는 것이다. 또 참가자들의 수만큼이나 실현 가능성이 있는 계획들도 많지만 계획을 세심히 세우기 위해서는 오직 한 가지 레서피만이 타당하다. 여기서 활용된 방법과는 관계없이 시장에 들어가기로 결심하기 전에 당신은 어디서(가격), 언제(시간), 왜(새로운 정보) 더 이상 포지션을 보유하지 않을 것인지 정해야만 한다.

계획 수립에 관한 거의 모든 언급에 진입, 손절매, 가격 목표 같은 구성요소들이 차례로 나열될 것이다. 그러나 손실 통제의 효과를 거두려면 이 계획은 **손절매, 진입, 가격 목표**의 결정에서 **나온 것이어야 한다.** 가격 목표를 선택하지 못하면 트레이더의 잠재수익을 희생시키게 된다. 빈곤한 진입 가격은 손실을 증가시키거나 이익을 감소시킨다. 하지만 예정된 손절매를 하지 않으면 당장 당신의 돈을 많이 잃게 되거나 언젠가는 그렇게 된다. 대체로 사람들은 시장에 들어가고 난 뒤에 출구를 선택한다. 적어도 출구를 선택할 의사가 있다면 말이다. 그들의 진출점은 진입점의 역할도 하는데, 대개는 그들이 기꺼이 잃을 의향이 있는 임의적인 액수를 말한다. 그러고 나서 그들은 돈의 배당률이라는 오류로 트레이드를 표현함으로써 그것을 합리화한다. "3 대 1의 위험 보상 비율이야! 내가 500달러를 걸어서 1500달러로 만들 수 있어." 그 가격이 수익을 내는 목표에 도달한다는 주장을 뒷받침할 만한 통계적 확률에는 아무 근거도 없다.

'고유한' 레서피의 특징적인 요소는 시장의 진입 여부와 진입 장소를 결정하기에 앞서 손절매의 기준부터 결정한다는 점이다. 드러커의 설명을 다시 한 번 인용하면 "계획의 첫 번째 단계는 어떤 활동, 어떤 상품, 어떤 지속적 과정이나 시장에 대해 질문을 던져보는 것이다. '지금 이 한 가지에만 매달리지 않더라도 여기에 진입하려 할까?' 답이 부정적이라면 이렇게 말할 것이다. '어떻게 여기서 빠져나갈 수 있을까? 그것도 빠르게.'"[8] 시장 참가자가 한 시장에 완전히 헌신할 필요는 없으므로, 맨 처음 그 시장에 발을 담그기 전 후자의 질문을 던져봐야 한다. 시장에서 **빠져나가고** 싶은 지점을 알아내고 나면 당신이 시장으로 **진입할** 것인지 그리고 어느 지점으로 진입하는 것이 편할지 확신할 수 있다. 대다수 사람들이 하는 행동과는 대조적으로 당신의 진입 지점은 진출 지점의 역할을 해야만 한다. 일단 당신이 포지션을 더 이상 보유하고 싶지 않은 때의 가격이 얼마인지 어떤 조건인지를 구체화하고, 기꺼이 잃을 수 있는 액수를 구체화한 다음에, 반드시 그런 다음에야, 시장에 진입할 지점에 대해 생각해보자.

당연히도 이 과정을 밟고 나면 당신은 몇 가지 좋은 트레이드를 놓치게 될 것이다. 새로운 포지션을 시작하기 위해 가격제한 주문을 입력했지만 주문을 다 채우지 않은 상태가 바로 우리가 바라 마지않던 트레이드다. 그러나 못 보고 놓친 '수익성 좋은 트레이드'는 실제로 비용이 전혀 들지 않는 반면에, 통제력이 엉망이거나(나중에 손절매를 선택한다) 통제력이 없으면(손절매를 하지 않는다) 조만간 엄청나게 돈을 손해 보기 마련이다. 포지션을 취하기 전에 출구 손실 기준을 고르면 아마 당신은 감당할 만한 규모의 손실을 선택할 것이다. 그 후로는 출구 주문만을 남겨두거나, 기술적 분석 방법을 따르는 경우라면 더 많은 수익을 확보하기 위해 추적 손절매 주문을 고치거나, 혹은 기본적 방법을 따르는 경우라면 과거에 포지션에서 빠져나가겠다는 결심을 하게 만든 기본적 요소들의 변화를 모니터하라. 이때 (1) 포지션이 정해져서 당신의 진출 지점을 선택하거나 (2) 손실 폭을 더 넓히기 위해 손절매를 이동하기 시작하거나 (3) 의사결정 과정에서 당신이 모니터하는 기본적 요소들을 변경할 때까지 당신이 그저 기다린다고 가정해보자. 그러면 당신은 (1) 체면을 잃고 싶지 않아서 손실을 내면화하고 (2) 자신의 판단이 맞기를 바라는 마음 때문에 포지션을 두고 내기나 도박을 하며 (3) 감정적 결정을 하고 있기 때문에 군중 트레이드를 감행하게 된다. 결과적으로 당신은 감당하지 못할 정도로 꽤 많은 돈을 잃을 것이다.

당신의 계획은 특정한 분석 방법을 기반으로 일어날 것이라 예상하는 사건의 대본과도 같아서 혹여 사건이 발생하지 않더라도 명쾌한 행동방침을 제공한다. 당신은 다양한 시나리오를 준비해뒀고 각각의 시나리오에 대응하는 방법도 잘 알고 있다. 그렇다고 해서 당신이 미래를 예측한다는 뜻은 아니다. 다만 당신이 사건 A나 B, C가 일어날 경우에 어떤 대체 행동을 취할 것인지 알고 있다는 뜻이다. 이 방법이 시장과 비즈니스 모두에 잘 맞는지는 시나리오 플래닝이 입증해준다. 시나리오 플래닝이란 "유동적인 정치와 경제 상황의 전개를 예측하기 위해 미래와 기술에 대해 생각하는 체계적이고 예리한 방법이다."[9] 이 시나리오 플래닝 기술은 랜드 연구소RAND Corporation의 전략가들이 핵전쟁의 특성에 관련된 쟁점들에 관해 연구하기 위해 개발했다. 애널리스트들은 가능성 있는 결과를 사실로 상정하고 예기치 않은 어떤 일련의 정치 사건들과 경제 흐름이 어떻게 각각의 결과로 이어지는지 확인했다. 이것들은 미래로 가는 길이 펼쳐지는 동안 지켜볼 이정표 역할을 톡톡히 해냈다.

1970년대 초 거대 정유회사인 로열더치셸의 전략 기획자들은 이 기술을 기반으로 해서 정유사업에 이를 적용하기 시작했다. "결과적으로, 전략을 평가하고 투자 결정을 시험하며 리스크와 불확실성을 분명하게 밝히는 방법을 제공한 것은 시나리오 플래닝이었다."[10] 정유산업은 대단히 장기간의 투자를 기반으로 움직이므로 투자의 성공 가능성은 사회적, 경제적, 기술적 변화에 크게 영향을 받을 수밖에 없었다. "미래에 대한 계획의 일환으로 셸의 기획자들은 시나리오 플래닝을 에너지 비즈니스만이 아니라 더 광범위한 글로벌 경제 및 사회적 트렌드에 적용했다."[11] 당신도 리스크와 불확실성을 분명히 하고 미래의 계획을 세우기 위해서는 시나리오 분석을 활용해야만 한다.

만일 기술적 분석 방법을 시장에 적용한다면 당신이 결정을 내리기 위해 참고한 데이터는 둘 중 한 가지 형태를 띤다. 가격이 상승하거나 하락한다는 말이다. 기본적 분석 방법으로 시장에 접근한다면 당신이 결정을 내리기 위해 참고한 사건은 다양한 형태로 나타날 수 있다. 하지만 아무리 기본적 분석 방법을 활용한다 해도 당신이 도저히 견딜 수 없다고 생각하는 금전 손실액은 정해지기 마련이다. 다만 우리는 있을 법한 시나리오와 손실을 관리하려고 노력하는 것이지 미래와 수익을 예상하는 것이 아님을 기억하기 바란다. "물론 시나리오 플래닝은 미래에 대한 정보를 알려주지 않는다. 그런 일은 점쟁이밖에 하지 않는다."[12] 그리고 우리가 이미 알다시피 미래를 예측하려 한다는 것은 당신이 내기를 하고 있다는 뜻이며 내기를 하다 보면 답을 맞히려 애쓰는 데에만 온통 빠져든다. "시나리오 방법의 목적은 어느 시나리오가 맞는지 결정하는 게 아니다. (중략) '정답'은 없다."[13]

정답을 맞히고 싶어 하거나 정답을 맞혔다고 인식되고 싶어 하는 데 집착하는 모습을 보고 있으면 시장에서 어떤 일이 벌어지는가보다 그런 일이 일어나는 이유에 초점을 두는 사람들의 경향이 잘 설명된다. 사람들은 끊임없이 이렇게 묻는다. "시장이 왜 상승하지? (또는 왜 하락하지?)" 누군가가 이런 질문을 던진다고 해보자. "어째서 시장이 상승하지?" 그 사람은 정말로 이유가 궁금한 걸까? 아니다. 롱 포지션을 취하고 있는 사람이라면 자신이 옳다는 생각을 강화하고 그 덕분에 기분이 한층 좋아지며 자화자찬을 할 수 있도록 그 이유를 듣고 싶은 것이다. 롱 포지션을 취하지 않은 사람이라면 아마 쇼트 포지션을 취하고 있을 테니 시장의 상승 이유에 대해 **시장은** 어떻게 생각하는지 알고 싶을 것이다. 그래야 시장의 의견과 논쟁을 벌이고 자신의 판단이 옳고 시장이 틀렸다고 확신할 수 있기 때문이다. 그는 이렇게 말하고 싶다. "아, **고작 그런** 이유로? 글쎄, 내가 들어본 제일 멍청한 이유로군." 이쯤에서 '이유'와 시장에 관한 좋은 소식과 나쁜 소식을 알려주겠다. 우선 좋은 소식은, 당신이 롱 포지션을 취하고 시장이 상승하고 있는데 그 이유가 짐작조차 가지 않는다면 당신은 모든 돈을 가질 수 있다는 것이다. 모든 돈을. 당신은 '단지 운이 좋으면' 한 푼도 돈을 낼 일이 없다. 나쁜 소식은, 시장이 상승하고 당신이 쇼트 포지션을 취하고 있는데 시장의 상승 이유를 정확히 알고 있다면 당신은 돈을 한 푼도 돌려받지 못한다는 것이다. 이제 **이유를** 아는 게 얼마나 중요한지 이해가 가는가? **이유**를 안다고 해서 당신이 시장의 환심을 살 가능성은 전혀 없다. 마치 학창시절에 수학 문제를 틀린 **이유**를 알아내도 아무 도움이 되지 않았던 것처럼 조금도 득이 될 게 없다. 그리고 이것은 비단 시장에만 적용되는 게 아니라 모든 비즈니스에 해당된다.

《월스트리트 저널》은 한때 《포브스》 선정 '올해 미국 최고의 부자'였던 존 클루지에 관한 기사를 실었다.[14] 클루지는 폰데로사 스테이크하우스 체인점을 사들이기 직전에 이 결정을 회의적으로 바라보는 은행가 몇 명에게 이런 질문을 받았다고 한다. "투자하기 적절한 사업이 아니라고 생각하지 않으십니까?" 당시 이 나라의 모든 사람이 건강한 음식에 대해 이야기하고 있었고 스테이크를 몸에 좋은 건강한 음식으로 꼽을 수는 없었다. 클루지는 주먹으로 식탁을 두드리기 시작했다. "미국인은 스테이크를 먹고 싶어 합니다!" 그가 소리를 질렀다. 그는 이 나라 국민이 티본스테이크와 채끝스테이크를 좋아한다고 완전히 확신했기에 향후 3년 동안 스테이크 레스토랑에 10억 달러에 가까운 돈을 투자했다. 이게 어찌 된 영문인지 소고기 소비량이 줄어들었는데도 불구하고 레스토랑들의 스테이크 판매량은 꾸준히 유지됐다. "클루지 씨가 옳았다. 사람들은 정말로 스테이크를 원한다. 단지 클루지가 투자한 레스토랑의 스테이크를 원하지 않을 뿐이다."《월스트리트 저널》은 이렇게 결론지었다.

하지만 그의 판단이 옳았다고 한들 돈을 전혀 벌지 못했는데 무슨 소용이 있었겠는가? 설상가상으로 돈을 잃기까지 했다면? 폰데로사는 엄청난 손해를 입었고 클루지는 체인을 계속 운영하기 위해 막대한 돈을 쏟아부었다. 1992년에 6000만 달러를 투자했고 1993년에 3000만 달러를 추가로 투자해 폰데로사를 완전히 개조했다. 《월스트리트 저널》의 보도에 따르면 그 일이 생기기 전까지 "클루지 씨는 미다스의 손으로 유명했다." 익숙한 이야기처럼 들리지 않는가? 나 역시 미다스의 손을 가졌다고 생각했다. "조만간 대두유가 부족해질 거야!" 그리고 내 판단은 옳았다. 대두유가 부족해졌다. 하지만 나는 대두유로 돈을 벌지 못했을 뿐 아니라 엄청난 액수를 잃었다. 내가 **옳았다**는 것을 입증하고 대두유 포지션을 유지하기 위해 다른 모험적 사업에서 끌어온 돈을 퍼부었지만 허사였다. 클루지처럼 내 판단이 틀리지는 않았다. 하지만 우리 둘 중 누구도 투자에서 돈을 벌지 못했다. 그러므로 **올바른** 판단을 하고도 돈을 잃을 수 있다. 그렇다면 어느 쪽이 더 중요할까? 기억해야 할 것은 세상에는 두 가지 종류의 보상이 있다는 사실이다. 사람들의 인정을 받는 것과 돈을 버는 것. 당신은 예언 실현 동기와 이익 추구 동기 가운데 어디에 더 마음이 동하는가? 시장과 비즈니스에서 자신의 생각이 맞는지 틀리는지에 너무 마음을 쓰지 마라. 그보다는 계획을 따르고 돈을 주시하라.

올바른 추측을 하는 데 몰두한다는 것은 내기를 하고 있다는 뜻이며, 이는 시장을 개인화할 뿐 아니라 심리적 요인들로 인한 손실의 근원이기도 하다. 당신이 시장에 진입하고 빠져나올 조건을 한정하기 위해 마땅히 해야 할 사전작업을 마쳤는지, 그리고 그 계획을 잘 실행하고 있는지에 관심을 쏟아라.

이제 진짜 계획이 무엇인지 알고 있으므로 계획을 세우고 따르면 6장과 7장, 8장에서 다룬 분야들 각각의 고유한 불확실성을 어떻게 다루게 되는지 살펴보기로 하자.

계획 대 손실, 리스크, 그리고 군중

당신이 시장에서 손해를 보면 미래의 불확실성은 내적 상실의 5단계를 유발한다. 당신은 이렇게 혼잣말을 해본 적이 있는가? "안 돼! 시장이 정말로 그렇게 크게 하락한 거야?" **부정**의 단계다. 시장에 극도로 화가 솟구쳐본 적이 있는가? 욕을 퍼부은 적은 없는가? 포지션 때문에 친구나 가족에게 화를 낸 적은 없는가? **분노**의 단계다. 본전이라도 찾아서 시장에서 벗어나게 해달라고 시장이나 신에게 간곡히 빌어본 적이 있는가? **타협**의 단계다. 시장에서 입은 손해 때문에 수면습관이나 식습관이 달라진 적은 없는가? **우울** 단계다. 증권회사가 당신의 포지션을 전매도한 적이 있는가? **수용**의 단계다. 아직 계획이 없다면 손실 가능성을 모르는 상태이므로 5단계를 거치는 동안 몹시 힘들 것이며 각 단계를 지날 때마다 더 많은 돈을 잃게 된다. 앞에서 살펴봤듯이 당신의 경우에는 4단계까지의 악순환이 거듭될 수 있다. 결국 당신은 손실을 받아들이게 되므로 차라리 손실을 예정된 금액으로 맞추는 편이 나았을지도 모른다. 그러면 수용의 단계로 곧장 들어가서 5단계를 피할 수도 있었다. 손실 금액을 미리 알면 미래의 불확실한 요소를 최대로 낮출 수 있다. 손실이 발생하기 전에 잠재적 손실 액수를 인정하고 **수용**하기 때문이다.

계획이 있으면 내적 상실의 5단계의 고통을 예방할 뿐 아니라 게임의 긍정적인 속성을 시장에 부여한다. (이 문제에 관해서는 잠시 후에 논의하자.) 시장 포지션은 지속적인 과정이어서 카드 판이나 스포츠 경기 같은 개별 사건의 결과에 비해 그 미래가 불확실하다. 앞에서 언급한 경마장 사례에서 우리가 도중에 경주를 멈추고 내기를 다시 걸자고 했던 걸 기억하는가? **사건을 규정하는 조건**을 만들어내지 않는 이상 당신은 그런 활동에 완벽하게 맞지 않는 환경에서 도박이나 내기를 하는 위험에 놓인다. 만약 지속적 과정을 멈추게 할 방법이 없다면 수익이나 손실 그 어느 것도 고정돼 있지 않다. 그리고 당신은 유동적인 가격과 뉴스로서 가치가 없는 무작위한 사건들, 다른 사람들의 의견에 이리저리 휘둘린다. 가격 변동이 생기거나 뉴스가 나올 때마다 무수한 시장 분석 방식이 동원되어 상황이 합리화된다. 분석은 그 자체로 보상이자 목표이며 올바른 판단이기를 바라는 시도, 즉 단지 돈내기가 된다. 그러므로 불안정한 시장 환경에는 지속적 과정에서 개별 사건을 만들어낼 운영 조건이 필요하다. 계획은 시장 포지션을 위해 종료 지점을 만들어줌으로써 정확히 그 역할을 해낸다. 손절매를 결정하는 계획을 세우면 무엇보다 당신은 속성상 위험한 지속적 과정을 한정적인 개별 사건으로 변형시킬 수 있다.

시장 참가자들은 자신들이 하는 일과 도박과의 관련성을 단호하게 거부한다. 그들은 이렇게 주장한다. "돈을 따려고 게임을 하는 것과 시장경제에서 비즈니스를 하는 것은 별로 비슷하지 않습니다. 게임의 특징은 두 명 이상의 플레이어나 팀이 서로 적대감을 갖는다는 것인데 이에 비해 시장은 소비자들이 원하는 것을 공급하려고 합니다."[15] 다른 사람들이 자신을 도박사라고 생각하는 게 싫어서인지 그들은 오랜 시간을 들여 시장이 카지노와 어떻게, 어째서 다른지 설명한다. 하지만 7장에서 논의했듯이 대부분의 사람들은 자신이 어떤 유형의 리스크 활동에 참가하는지 잘 알지 못한다는 걸 기억하기 바란다. 그들은 자신이 내기를 하는지 도박을 하는지 투기를 하는지 트레이딩을 하는지 투자를 하는지 정의하는 것은 행동 자체가 아니라 스스로 드러내는 특성이라는 것도 이해하지 못한다. 이처럼 잘 이해하지 못한다는 말은 사람들이 그런 활동들이 포함되는 개별 사건보다 지속적 과정(예컨대 시장)에 돈을 걸고 내기나 도박을 하는 특성이 있다는 뜻이다. 분명히 수많은 시장 참가자들은 시장을 카지노처럼 보지 말아달라고 말하면서도 행동으로는 그렇게 한다.

그러나 내가 트레이딩과 도박을 한 경험에 비춰보면 시장을 게임처럼 취급할수록 심리적 요인들 때문에 당신의 손실이 적어질 가능성이 크다. 그 이유가 뭘까? 게임은 규칙이 있고 종료 지점이 분명하다. 참가자들은 게임의 작전을 세운다. 작전, 즉 계획은 게임의 긍정적 특성으로(도박이 아니라 게임의 개념을 말한다) 이를 시장에 적용시켜 개별 사건을 만드는 데 꼭 필요한 구조를 제공한다. 즉 당신은 추측, 내기, 도박을 혼동하지 않는다는 뜻이다. 또 지속적 과정을 두고 내기나 도박을 하는 일도 막아준다. 행동하기 전에 생각하는 것이 추측의 정의다. 그 과정의 순서를 뒤섞는 것은(예컨대 행동하고 나서 생각한다든가) 내기나 도박이다. 결코 끝나지 않는 어떤 사건에 대해 **옳게 판단하려** 노력하는 것은(예컨대 베팅하는 것) 당신이 완전히 옳을 수 없다는 뜻이다. 결코 끝나지 않는 어떤 사건에서 자극을 얻으려고 노력하면(예컨대 도박하는 것) 예상했던 것보다 더 큰 자극과 흥분을 얻는다.

계획을 세우기 위해서는 반드시 생각을 해야 하고 이것은 군중이 아니라 오직 개인이 할 수 있는 일이다. 군중은 먹거나 마시는 것보다 더 깊이 생각하지 못한다. 집단 뇌 같은 것은 없다. 계획이란 규칙을 가진다는 것이고, 대중의 행동은 규칙으로 다스리지 못하는 것이기 때문에 계획을 세우고 지킨다는 말은 당연히 군중의 일부가 아니라는 뜻이다. 자신의 규칙을 지키기 위해서는 감정보다 자제력을 우위에 두어야 한다. 자제력이란 감정이 시키는 것을 하지 않는다는 뜻이므로 계획을 지킬 자제력을 기르지 않는다면 감정이 온통 장악하고 당신은 군중의 일원이 되고 만다. 만약 당신이 계획을 통해 감정을 통제하지 못한다면 감정을 기반으로 의사결정을 할 것이다. 그러면 유동적인 가격의 최면효과로 인해 당신은 아주 쉽게 전염이 되고 앞에서 언급한 심리적 군중 모델 중 하나에 빠지게 된다. 군중은 감정주의의 완벽한 본보기이기 때문이다. 그러므로 개별적 감정의 증거를 찾으려고 자신을 모니터하기보다는 군중 행동의 특징을 피한다면 자연스럽게 감정적 의사결정도 피하게 될 것이다. 내 어머니는 이렇게 말씀하곤 했다. "자기 행동이 감정의 지배를 받게 내버려두는 남자는 나약해. 행동이 감정을 통제하도록 밀어붙이는 남자는 강하지." 의식적으로 후자가 되지 않는다면 당신은 무의식적으로 전자가 되는 셈이다. 이는 개인이 군중에 편입됐을 때 개인의 의식적 성격이 사라지는 현상에 대한 르봉의 설명과 정확히 일치한다.

이 마지막 절에서는 계획을 세우고 지키면 6장, 7장, 8장에서 논의한 세 부분의 심리적 덫에 어떻게 빠지지 않게 되는지 자세히 설명했다. 분명히 이 세 부분의 덫은 우리가 설명한 순서대로 발생하지는 않는다. 이것은 5장에서 등장한 심리학적 정의에 따른 순서일 뿐이다. 어떤 순서에서도 실수가 발생해서 악순환이 생겨날 수 있다. 예를 들면 당신은 (1) 앞에서 간략히 설명한 군중 모델 중 하나로 분류된 뒤에 군중 트레이드를 하고, (2) 여러 가지 유형의 리스크 활동을 혼동하다가 맞히는 데에만 관심을 기울여 결국 내기에 빠지고, 마침내 (3) 손실이 커지고 내적 상실의 5단계를 겪으면서 손실을 개인화하게 된다. 또는 두 번째와 세 번째의 순서를 쉽게 뒤집거나 전체 순서를 뒤섞어도 된다. 순열조합은 당신이 잘 계산할 수 있겠지만 여기서 이해해야 할 요점은 이 세 가지 실수가 서로의 자양분이 되어 당신이 처음에 어느 쪽에 속하든 상관없이 결국 나머지 단계에도 차례로 이어진다.

235페이지의 표는 계획을 세워서 지키지 않으면 어떤 일이 벌어지는지를 시각적으로 나타낸 플로차트다.

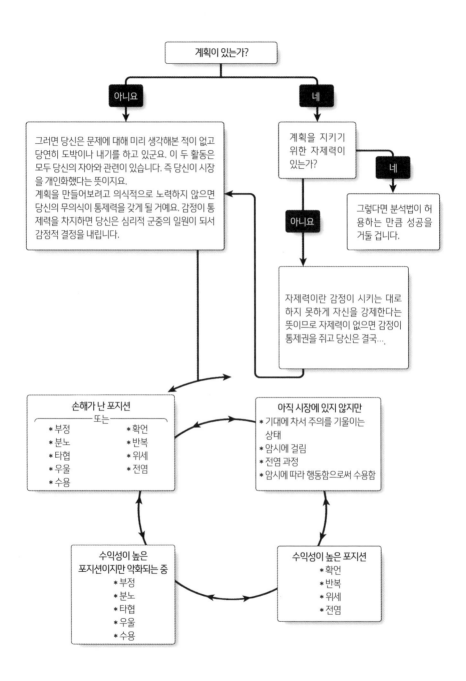

계획이 있는가?

아니요

그러면 당신은 문제에 대해 미리 생각해본 적이 없고 당연히 도박이나 내기를 하고 있군요. 이 두 활동은 모두 당신의 자아와 관련이 있습니다. 즉 당신이 시장을 개인화했다는 뜻이지요.
계획을 만들어보려고 의식적으로 노력하지 않으면 당신의 무의식이 통제력을 갖게 될 거예요. 감정이 통제력을 차지하면 당신은 심리적 군중의 일원이 되서 감정적 결정을 내립니다.

네

계획을 지키기 위한 자제력이 있는가?

네

그렇다면 분석법이 허용하는 만큼 성공을 거둘 겁니다.

아니요

자제력이란 감정이 시키는 대로 하지 못하게 자신을 강제한다는 뜻이므로 자제력이 없으면 감정이 통제권을 쥐고 당신은 결국…,

손해가 난 포지션
또는
* 부정   * 확언
* 분노   * 반복
* 타협   * 위세
* 우울   * 전염
* 수용

아직 시장에 있지 않지만
* 기대에 차서 주의를 기울이는 상태
* 암시에 걸림
* 전염 과정
* 암시에 따라 행동함으로써 수용함

수익성이 높은 포지션이지만 악화되는 중
* 부정
* 분노
* 타협
* 우울
* 수용

수익성이 높은 포지션
* 확언
* 반복
* 위세
* 전염

계획과 객관성

계획을 세우고 지키지 못하는 것은 시장에서 돈을 잃는 다른 '이유들'의(아니, 보다 정확히 표현하자면 '변명들'의) 근본 원인이다. 그리고 계획을 세우더라도 여전히 돈을 **조금은** 잃겠지만 계획이 없으면 결국 전 재산을 잃을 게 분명하다. 당신은 시장에 들어가고 난 **다음에는** 필요에 따라 근거를 대고 그럴듯한 행동 방침을 정한다. 시기가 완벽하지 않으면 (그런데 시기가 완벽한 경우는 가끔은 몰라도 흔하지는 않고) 시장 포지션이 정해지고 나서 곧바로 이익과 손실 혹은 손실과 이익이 순차적으로 드러날 것이다. 어느 시점에서는 손실이 나타나게 돼 있으므로 당신은 이렇게 말할 것이다. "매수하지 말고 매도했더라면 지금쯤 손해가 아니라 이익을 봤을 텐데." 그런 트레이드를 연이어 하고 나면 당신은 이렇게 말할 법하다. "이 모든 손실이 다 이익이 될 수도 있었는데. 그러면 총수익이 ×달러가 됐을 텐데." 말도 안 되는 소리다! 시기는 십중팔구 완벽하지 않기 때문에 시장은 어느 시점에 가면 당신에게 불리해지면서 감정적 결정을 내리고 돈을 잃을 기회를 충분히 제공할 것이다. 당신은 의사결정을 하는 동안 시장을 '주관적으로 경험하지' 않을 방법이 분명히 있을 것이다. 이와 반대로 결정을 내리는 동안 시장을 '객관적으로 인식하고' 일단 시장에 진입하고 나서 그 객관성을 유지하는 방법도 분명히 있다. 바로 그것이 계획이 하는 역할이다.

룰렛 플레이어들이 마지막으로 객관성을 유지하는 순간은 돈을 걸고 휠이 회전하기 직전으로, 휠이 회전하기 시작하면 이미 돈을 건 액수보다 더 많이 잃으려고 해도 할 수 있는 게 하나도 없다. 시장 참가자들이 마지막으로 객관성을 유지하는 순간은 시장에 들어가기 전으로, 시장에 진입하고 난 이후에도 더 많은 돈을 잃기 위해 **할 수 있는** 게 여전히 많이 있다. 그런 이유로 당신은 객관적 태도를 가진 시기, 즉 명쾌하게 생각할 수 있을 때인 트레이드 시작 전에 진출 및 진입 조건을 결정해야 한다. 시장에 진입하기 전이라면 당신이 받아들일 수 없는 손실액에 결코 서명하려 들지 않을 것이므로 시장에 참가하기 전에 기꺼이 감수할 수 있는 손실액이 얼마인지 결정해야만 한다. 그렇게 하면 6장, 7장, 8장에서 논의한 대로 시장을 개인화하는 경향에 빠지고 실수에 굴복하게 되면서 이미 정해진 포지션에 대해 결정 혹은 재결정을 내리는 것을 막아준다.

효과적인 의사결정은 어떤 유형의 결정이든 하나같이 계획을 세워서 객관성을 유지하기를 요구한다. 요점 정리를 위해 다음 사례를 생각해보자. PBS는 인체 장기이식에 관한 한 프로그램에서 이렇게 보도했다. "사람들이 장기 기부를 거부하는 이유는 다양하다. 자신의 죽음에 대해 실제로 **생각해보는** 사람은 거의 없고 **계획**을 세우지도 않는다. 가족들은 장기 기증에 대한 의향을 **미리** 상의하지 않는다. **위기가 닥쳤을 때 내리는 결정은 정신적으로 큰 충격을 남길 수 있다.**"[16] 그럴 때 사람들은 객관성을 유지하지 못한다. 사랑하는 사람이 차가운 침대 위에 누워 있는 모습을 바라본다. 몸이 아직도 따뜻하고 심장박동 모니터도 움직이고 있는데 뇌가 죽었다니. 이처럼 사적이고 주관적인 상실을 마주한 사람들은 내적 상실의 5단계에 빠르게 굴복한다. 이와 동일한 현상이 미리 계획을 세우지 않은 투자자와 트레이더를 괴롭힌다. 위급한 시기에 압박감을 느끼면 감정에 치우쳐 결정과 행동을 정하게 된다. 반면에 계획은 객관적 조건을 정하고 당신이 생각을 기반으로 한 의사결정과, 감정을 기반으로 한(즉 감정주의에 입각한) 의사결정을 구분하게 만든다. 그러면 두 가지는 어떻게 다를까? 생각을 기반으로 한 결정이 연역적이라면 감정을 기반으로 한 결정은 귀납적이다. 귀납적 사고는 행동이 생각에 앞서므로 시장 포지션을 정한 뒤에 일을 하면서 자신의 생각을 뒷받침하는 증거를 선별적으로 강조하고 자신의 생각을 뒷받침하지 않는 증거는 무시한다. 그에 비해 귀납적 사고는 '행동하기 전에 생각하기'라는 계획의 순서와 일치하는 것으로 당신이 마땅히 해야 할 일, 즉 분석을 모두 끝내고 나면 매매 여부와 종목 및 시기에 관한 결론에 당연히 도달하게 된다.

이 문제를 다른 방법으로 볼 수도 있다. 당신은 낙관적이기 때문에 롱 포지션을 취하는가 아니면 롱 포지션을 취하기 때문에 낙관적인 시각을 유지하는가? 만약 롱 포지션을 취하기 때문에 낙관적인 시각을 갖고 있다면 당신의 결정은 귀납적이며 앞으로 그럴듯한 이유들을 찾거나 다른 사람들에게 의견을 구하고 다녀야 할 것이다. 아니, 그 포지션을 유지하기 위해 무엇이든 하게 될 것이다. 어리석게 보이거나 자신의 판단이 **틀렸다**고 인정하지 않을 수만 있다면 무엇이든 한다는 말이다. 으레 당신은 손해를 본 포지션을 보유하고 있는 자신의 행동을 정당화할 방법을 찾고 그사이 손실은 서서히 늘어난다.

국제적으로 명망 있는 교육 전문가 에드워드 드 보노는 《생각 가르치기》에서 이렇게 말했다. "사람은 생각을 통해 올바른 태도를 유지해나간다. 이는 자신이 다른 학생들보다 영리하다는 생각을 토대로 삼아 자아를 과대포장해온 비교적 뛰어난 학생에게 특히 더 적용되는 사실이다. 생각은 더 이상 지식 분야를 탐구하기 위해서가 아니라 자아를 뒷받침하기 위한 도구로 사용된다."[17] 정확히 내 과거의 모습을 설명하는 것처럼 들린다. 내 자아가 몇 년 동안 점점 부풀려진 것도 그간 일어난 사건들로 미루어 짐작건대 내가 다른 사람들보다 조금 나은 것처럼 보였기 때문이다. 이런 식으로 생각을 활용하는 것은 위에서 말했듯이 귀납적으로 결정하는 것이다. 결론에서 **출발한 다음에** 그 결론을 뒷받침할 증거를 찾는 것이다. 드 보노는 사람들이 어떤 생각으로 시장 포지션을 개인화하는지 상세히 설명한다. 사람들은 일련의 성공을(혹은 이익을) 개인화하고 서서히 드러나는 실패가(혹은 손실이) 커질 때, 자신들이 결코 틀리지 않는다고 믿게 되면서 적절한 행동 방침을 결정할 방법이 아니라 그들이 옳다는 것을 입증할 자아의 보조도구로서 지능을 총동원한다. **손실**을 개인화할 때 그들은 생각을 통해 **자기 자신을** 보호한다. 그렇게 해서 포지션을 유지하는 것과, 자신들이 '틀리지' 않고 '옳다'는 관점을 뒷받침하고자 사실들을 왜곡하는 것을 합리화한다.

철학자이자 소설가 에인 랜드는 언젠가 라디오 인터뷰에서 총기규제법이 무기를 들고 싸울 수 있는 권리를 명시한 미국 헌법 수정조항 제2조를 어겼다고 생각하는지에 관한 질문을 받았다. 그녀가 대답했다. "모르겠어요. 생각해본 적이 없어서요." 그리고 그녀는 마치 대답이나 의견이 **없는** 게 세상에서 가장 자연스러운 일인 것만 같은 태도로 대답했다. 지금 이곳에 20세기의 가장 뛰어난 천재 중 한 명이자 하나의 온전한 철학체계를 설계한 인물이 나와서 이렇게 말하고 있는 것이다. "모르겠어요." 그녀의 접근법은 대부분의 사람들과 상당히 대조적이다. 그들은 거의 거의 모든 주제에 대해 지성인으로서의 태도와 관점, 의견, 해답을 가지고 있는데, 이는 텔레비전과 신문, 회보, 대화를 통해 긁어모은 정보를 바탕으로 사전에 준비해둔 것이다. 카세트테이프를 카세트플레이어에 집어넣는 것과 마찬가지로 그들은 사전에 준비된 의견을 머릿속에 집어넣은 다음에 질문을 받을 때마다 재생 단추를 누른다. 심지어 어떤 사람들은 질문을 기다리지도 못한다. 그들이 대화 중에 우연히 발견한 모든 주제에 대해 상대가 원하든 원치 않든 자신의 의견을 반복해서 읊어댄다. 이는 사람들이 시장에 관한 의견을 제시할 때 특히 더 해당된다. 사전준비는 대중의 일원이 되는 것의 본질이다.

PART THREE

르봉이 지적하듯이 대중은 어떤 문제에 대해서든 자신의 의견이 아닌 남의 의견이 언제나 필요하다. 그러므로 어떤 문제에 대해서라도 의견이나 해답을 내야 한다면 당신은 군중의 사고방식을 갖게 된다. 당신은 의견을 표명하자마자 시장을 개인화하고 자신의 판단이 맞는지 신경을 쓰며 군중 속으로 들어간 것이다. 이것과 랜드의 방식을 비교해보자. 랜드의 방식은 주제에 관해 당신이 생각할 수 있을 때까지 대답하지 않는 것이다. 그녀의 방식을 따르면 당신은 객관성을 유지할 것이고(우연하게도 랜드의 철학은 객관주의라고 불린다) 당신의 생각은 의견을 표명하고 난 다음의 자존심을 지키는 데가 아니라 적절한 해답을 찾을 가능성을 검토하는 데 활용될 수 있다.

시장에 참가하는 것은 자존심이나 옳고 틀리고의 문제도(예컨대 의견이나 내기) 아니고 오락에 관한 문제도(예컨대 흥미나 도박) 아니라는 것을 기억해두자. 시장에 참여하는 것은 돈을 버는 게 주된 목적이다. 그러므로 계획을 세워 의사결정을 내리는 것이 중요하다. 그리고 적절하게 실행한다면 당신의 매매 기준이 구체화되기를 기다리는 것은 실제로는 꽤나 지루하다. 매매 기준이 흥미로워지기 시작하는 순간, 당신은 도박을 하고 있는 것이다.

의견의 덫에 빠지지 않는 유일한 방법은 랜드의 뒤를 따라서 대답하기 전에 생각부터 하는 것이다. 물론 그녀는 대답하지 않았지만 당신은 대답을 한다고 해도 말이다. 만약 시장에 관해 어떻게 생각하느냐는 질문을 받는다면 시장을 개인화하는 것은 피해야 하므로 이런 식으로 대답하는 게 좋겠다. "제가 사용한 분석 방법과, 그런 식으로 분석하기 위해 적용한 규칙에 따라서, 시장이 이러저러하다면 저는 이렇게 할 겁니다. 그러나 시장이 이러저러하다면 저는 그렇게 할 겁니다." 이런 식의 대답은 당신이 주관적 의견의 형식을 띤 귀납적 사고가 아니라 객관적 계획의 형식을 갖춘 연역적 사고를 하고 있다는 사실을 보여준다. 또 시장에 대해 주관적 시각이 아니라 객관적 시각을 가지고 있다는 점에도 부응한다. 주관적 시각은 당신의 실패와 손실뿐 아니라 성공과 이익도 개인화한다. 앞서 예로 든 방식의 대답은 당신이 자신의 결정을 책임지지 않도록 하려는 게 아니다. 무언가를 책임지는 것과 무언가를 개인적으로 받아들이는 것은 전혀 다른 문제다. 그사이에 일어난 시장의 상승과 하락을 개인화하지도 않고, 손실이 회복되어 당신의 판단이 **맞게 되기를** 희망하면서 끊임없이 지연시킨 선물 거래의 성과를 보류하지 않고도 자신이 내린 결정의 최종 결과를 책임질 수 있다.

시장에 대해 서로 상충되어 혼란스러운 생각들이 많은 이유는 혼란스러운 의미론 때문이라고 앞에서 이미 지적했다. 당신의 단어 선택은 당신이 시장을 대하는 태도에 커다란 영향을 미치고, 다섯 가지 유형의 시장 참가자 가운데 어디에 해당되는지 드러낸다. 예를 들어 "내가 맞아" 혹은 "내가 틀린 게 아니야"라고 말한다면 당신은 내기꾼이며 이미 자존심을 이 문제에 끌어들인 것이다. 이 자존심이야말로 당신이 언제나 지키려고 노력하는 것이다. 만일 홈팀이 경기에서 진다면 "우리가 손해를 입었다"라고 말할 **수도** 있는데, 그로써 당신의 자존심이 손해를 본 사건에 개입되어 있다는 게 드러난다. 심지어 "우리가 손해를 입지 않았다"라고 주장할 수도 있고 이렇게 변명할 수도 있다. "담당자가 판단을 잘못했어." "좋은 선수가 부상을 입고 결장해서 그래." 이는 외적 손실을 내면화하는 행위다. 하지만 그런다고 얼마큼의 손해를 볼까? 게임에 50달러를 걸었다면 변명을 하면서 사실상 돈을 땄다는 시각을 유지할 수도 있다. 그런다 해도 여전히 손해를 입은 비용은 50달러밖에 되지 않을 거고 추가 손해가 발생하지는 않을 것이다. 하지만 시장에서 잃게 될 액수가 어느 정도일지, 어느 정도를 기꺼이 잃을 용의가 있는지 미리 정해두지 않은 상태에서 "내 판단이 틀리지 않아"라든가 "내가 손해 보는 게 아니야"라는 시각을 갖고 있으면 전 재산을 날릴 것이다.

여기서 알아야 할 교훈은 이것이다. 성공이나 실패를 개인적으로 받아들인다는 말은 자존심이 이미 개입했기 때문에 당신이 심리적 요인들로 인해 손실을 초래할 위험이 있다는 뜻이다. 그리고 우리가 이미 논의했듯이 이런 유형의 손실은 대단히 파괴적인 성격을 띤다. 작은 손실이 더 큰 손실이 되고, 그다음에는 재앙이 되도록 유도한다. 에디슨이 실패나 손해를 개인적으로 받아들이지 않았기에 결국 눈부신 성공을 거뒀다는 점을 명심하기 바란다. 만약 에디슨과 **달리** 실패를 개인적으로 받아들이거나 헨리 포드와 마찬가지로 성공을 개인적으로 받아들인다면 당신은 반드시 큰 참사를 입게 된다. 만약 성공이냐 실패냐, 얻었느냐 잃었느냐, 이익을 내는 비즈니스 거래냐 아니냐에 따라 자존감이 오르락내리락한다면 당신의 자아 개념은 끊임없이 위기를 맞을 것이다. 자신의 자존감을 스스로 통제할 수 없는 요인들의 성쇠와 결부시켜버린다면 적절한 행동 방침을 결정하려 노력하기보다는 자존감을 지키는 데에만 주로 관심을 갖기 마련이다.

한 사람의 자아상은 "**특정한** 성공이나 패배에 좌우되어서는 안된다. 이는 한 사람이 자신의 의지로 직접 통제할 수도 없고 오로지 그 혼자 통제할 수도 없는 것이기 때문이다. 만약 자신이 통제할 수 없는 영역의 요소들을 수반하는 기준으로 자신을 평가한다면 어쩔 수 없이 근거 없는 자존감이 만성적 위험에 처하는 결과를 낳는다."[18] 그러므로 당신의 자아상은 당신이 이룬 **성과**가 아니라 그것을 이룬 **과정**이나 **방법**과 밀접한 관계가 있어야 한다. 만약 은행에 100만 달러가 있지만 그것이 훔친 돈이라면 당신의 자존감은 그리 높을 수가 없다. 그에 비해 노력해서 번 돈이라면 당신의 자존감은 상당히 높을 것이다. 그러므로 좋은 기회가 됐을 법한 한계·조건을 당신이 어느 정도로 객관적으로 정의했으며 그 조건들을 얼마나 충실히 지켰는지 스스로 평가해보라. 다시 말해, 한 가지 분석 방법을 기반으로 계획을 세우고 규칙에 맞게 계획을 실행하고 난 다음에 규칙을 잘 지켰는가를 기준으로 자신을 격려하든가 호되게 나무라자.

앞에서 이미 살펴봤듯이 사람들이 시장에서 돈을 잃는 이유는 그들이 특정한 분석 방법을 사용했기 때문이 아니라 그 방법을 적용하는 데 실패해버린 과정에 관여한 심리적 요인들 때문이다. 이런 손실들을 통제하는 유일한 방법은 미리 계획을 세우는 것뿐이다. 계획을 세우지 않고 시장에 참가하는 것은 가격이 제시되지 않은 메뉴를 보고 주문한 다음 종업원에게 계산서를 작성하게 하고는 신용카드 영수증에 서명을 하는 것과 마찬가지다. 그뿐 아니라 자신이 돈을 얼마나 걸었는지도 사전에 알지 못한 채 룰렛을 돌리고 나서 휠이 멈춘 뒤에야 비로소 크루피어(룰렛을 진행하는 사람─옮긴이)로부터 얼마를 잃었거나 땄다는 이야기를 전해 듣는 것이나 마찬가지다. 식당이나 카지노에서는 그렇게 행동하지 않으면서, 그보다 더 많은 변수가 존재하고 그보다 더 많은 액수가 돈이 걸린 시장에서는 어째서 그렇게 행동하려 하는가? 시장 포지션이 무한정 지속될 수 있다는 사실을 고려할 때 계획을 세우지 않으면 미래는 한층 더 불확실해지고, 어떻게 행동할 것인지 미리 계획해두지 않는다면 당신은 큰돈을 잃기 쉽다. 계획이 없으면 가격 변동과 무작위한 뉴스 및 사건, 다른 사람들의 이야기에 우왕좌왕하는 동안 당신의 손실은 커져만 간다. 그러므로 손절매에 대한 정의를 가장 먼저 내리고 계획을 규칙에 맞게 활용하는 것이 심리적 요인들로 인한 손실을 예방하는 유일한 방법이다. 물론 분석적인 요인들 때문에 손실은 여전히 발생하겠지만 그 경우에 일어나는 손실은 정상적으로 진행된 비즈니스로 인해 일어난 것이다. 만약 그 손실이 지나치다고 생각한다면 당신의 분석법을 다시 검토하고 규칙을 개선해서 문제를 해결하되, 시장에 발을 담그고 있는 동안은 그렇게 하면 안 된다. 요점은 정상적인 비즈니스적 손실과 심리적 요인으로 일어난 손실을 혼합하지 않는 것이다.

모든 효과적인 계획은 손절매를 가장 먼저 정의하고, 시장과 관련이 없는 계획과 의사결정까지 분명히 밝혀둠으로써 심리적 요인으로 인한 손실을 제거해야만 한다. 1993년 9월의 어느 밤, 뉴스를 보던 중에 발견한 최근의 사례 하나가 떠오른다. 샘 넌 상원의원은 미군의 보스니아 파병 문제에 대해 이렇게 논평했다. "우리는 파병을 하기 전에 철수 전략 먼저 수립해야 합니다."[19] 1993년 10월에 밥 돌 상원의원은 샘 넌 의원의 정서에 동조하여 이렇게 말했다. "비용이 얼마나 들겠습니까? 언제 철수할 생각입니까?"[20] 보스니아에서 임무를 시작하기 전에 이 상원의원들은 언제, 어떤 상황이 닥치면 임무를 끝내야 하는지 알고자 했다.

로열더치셸이 시나리오 플래닝을 다양한 분야에서 광범위한 상황에 적용한 것과 마찬가지 방식으로 우리의 비유를 모든 의사결정에 적용하는 것은 처음 생각과는 달리 그렇게 설득력이 없는 것은 아닐지도 모른다. 핵심을 명확히 하기 위해 예전에 시행된 정부 정책 사례 하나를 살펴보자. 린든 존슨과 베트남 전쟁에 관련된 이야기다. 린든 존슨은 과거의 성공에 대한 믿음에서 출발해서 본질적으로 나와 똑같은 행동을 했다. 베트남으로 지상군을 파견할까 고심한 끝에 그가 "이를 실행하게 된 것은 맹목적인 믿음을 뒷받침해준 기억에 남는 승리가 있었기 때문이었다. 미국은 언제나 승리했던 것이다."[21] 1965년 초에 린든 존슨이 전쟁을 확대하기 시작하면서 학생들, 교사들, 상원의원들, 칼럼니스트들이 시위를 했다. 그 뒤 4월, 도미니카공화국의 연이은 쿠데타에 대응하여 존슨은 카리브해의 한 섬에 2만 2000명 규모의 군대를 파병했다. 또 협상으로 분쟁을 해결하기 위해 맥조지 번디 국무장관을 보내기도 했다. 이러한 미국의 개입으로 인해 시위는 더욱 거세졌다. 하지만 그곳에 비공산주의 정부가 선출되면서 미군은 철수했다. 그 여파로 존슨의 외교정책을 비판하는 사람들은 아무것도 모르고 떠들어댄 것처럼 보였다. 도미니카공화국에서 거둔 성공 덕분에 존슨의 자부심은 한껏 부풀었고 미다스의 손 증후군을 보이며 **자신이** 옳을 뿐 아니라 자신의 의견에 동의하지 않는 사람이면 누구나 틀렸다는 확신이 한층 강해졌다.

전쟁이 진행될수록 미국은 한층 더 깊이 관여했다. 린든 존슨은 베트남에서 벌어지는 상황을 얼마나 세세히 관리했던지, 공습지역을 직접 선별했을 뿐 아니라 대부분의 작전을 직접 승인했다. 그는 새벽 2시에 잠에서 깨어나(시차에 적응하기 위해서였다) 백악관 지하실에 마련한 작전실로 향해서 베트남전의 국면을 관찰했다. 존슨은 자기 개인의 가치와 베트남에서의 성공을 동일시하기 시작했다. 그 증거로 "베트남을 **잃으면** 동맹국들을 지키거나 선거에서 이길 수 없을 거라는 린든 존슨의 느낌"에 대해 생각해보자.[22] 존슨이 베트남을 개인화하고 내면화한 이유는 베트남이 곧 그의 명성을 의미하는 것처럼 여겨졌기 때문이다.

린든 존슨이 철수 전략을 생각하라는, 말하자면 베트남에서 손절매 하라는 권유를 받지 않은 것은 아닌 듯하다. 맥조지 번디는 존슨에게 만약 미국이 지상군을 파견한다면 "최대 보상한도가 얼마인가 (중략) 같은 질문에 대한 엄격한 분석"을 제안하는 내용이 담긴 문건을 보냈다.[23] 본질적으로 번디는 미국의 손절매가 얼마가 될 것인지를 알고 싶어 했다. 1964년 10월, 조지 볼 국무차관은 남베트남이 가망이 없다고 주장하는 내부 문건을 작성했다. 볼은 손실을 손실로 인식하고 있었던 것이다. 불행하게도 "미국의 군사력에 의문을 표하는 것은 존슨의 자부심에 도전을 가하는 일이었다."[24]

그렇다고 해서 존슨이 지극히 평범한 사람들의 조언을 모두 귀담아들었어야 했다는 뜻은 아니다. 단지 또 다른 사례를 통해 의사결정을 하는 자들이 나와 똑같은 실수를 저지르는 과정을 보여주고 싶었을 뿐이다. 린든 존슨은 철수 전략을 짜기는커녕 객관적인 의사결정을 한 뒤에 전반적인 계획 수립조차 하지 않았다. 사실 그의 한 보좌관이 들려준 바에 의하면 "은밀하게 결정을 내리고 난 **뒤에** 그 결정이 상담과 논쟁의 결과물처럼 보이게 만드는 게 존슨의 버릇이었다."[25] 그것은 귀납적 의사결정이었다. 백지상태에서 시작하는 대신에 상황을 분석하고 연역적으로 결정에 도달하면서 그는 귀납적으로 포지션을 취했고, 그런 뒤에 처음의 포지션을 뒷받침할 증거를 찾았다. 이 모든 요소를 합치면, 이전의 성공을 개인화한 경험이 있고 자신이 현재의 사업에 관여하고 있다는 **이유 하나만으로** 성공할 것이라고 추측하는 전형적인 인물의 사례가 탄생한다. 상황을 개인화하면서 그는 손실을 **잘못된 것**과 동일하게 생각해 자신의 자존심으로는 도저히 받아들일 수가 없었던 것이다. 그러므로 이후의 모든 결정은 **그 자신을** 보호하는 것이 위주가 되었다. 드 보노의 표현에 따르면 그의 사고방식은 객관적 의사결정의 수단이 아니라 자존심 지탱 도구가 된 것이다. 출구전략을 갖추고 시작하는 공식화된 계획이 없었기에 그는 내가 대두유 포지션에서 겪은 것과 동일한 과정을 밟아나가는 희생양이 됐다. 그는 베트남에서 점점 커져만 가는 손실을 내면화했고 **예상이 적중하는 것**과 **올바른 일을 하는 것**(이를테면 가장 신중한 조치를 취하는 것)을 혼동하기 시작했으며 감정적 의사결정에 굴복했다. 린든 존슨은 달리 어떻게 할 수 있었을까? 하버드 대학교의 교수 두 사람은 린든 존슨이 불리한 노출을 평가하고 거기에 대처할 계획을 세웠어야 했다고 말한다.

대통령은 '우리의 보상 한도'를 두고 (중략) 번디가 던진 질문에 대해 더 오랫동안 생각해볼 수도 있었다. 1965년에 존슨은 1966년에 어떤 상황이 된다면 해야 할 연설에 대해—그리고 그 상황이 어떤 상황일 것인지에 대해—곰곰이 숙고해볼 수도 있었다. 간단히 말해 그는 자신의 추정한 바들을 검사할 계획을 세워볼 수도 있었던 것이다. (중략)

의사결정을 하는 사람이 누구나 일상적으로 해야 하듯이 말이다.[26]

계획을 종이에 적어라

계획을 세우고 나면 연설을 준비하기 시작하라. 말하자면 특정 조건이 특정한 시기에 충족되지 않으면 당신은 무엇을 할 것인지, 그리고 그 조건들은 무엇인지에 대해 글을 써라. 여느 훌륭한 연설문 작성가처럼 당신도 펜을 들어 종이에 적어보자. 아무 생각 없이 은연중에 계획을 어기지 않으려면 그 계획을 눈앞에서 흰 종이에 검은 펜으로 명확하게 적는 것보다 더 효과적인 도구는 없다. 이렇게 당신의 생각을 객관화하고 외면화하며 몰개성화하면 당신 스스로 책임질 능력이 생긴다.

비즈니스에서 사례를 하나 찾아보자면 유력 증권회사인 모건스탠리를 살펴보면 될 성싶다. 모건스탠리는 미국에서 가장 많은 이익을 내는 금융기관 중 하나였다. 1986년에 합자회사에서 상장회사로 전환한 이래로 모건스탠리는 미국의 상장 증권회사 가운데 가장 높은 자기자본평균 수익률을 달성했다.[27] 이 회사가 "재난을 피하고 기회를 잡을 수 있었던" 이유는 "좋든 나쁘든 어떤 긴급사태에 대해서도 열정적으로 대책을 세웠기" 때문이다.[28] 그리고 모건스탠리는 특정한 가상의 사건이 발생하면 모든 결과에 관해 직원들이 자세한 보고서를 **작성하게** 만드는 방식으로 그 계획을 충실히 지킨다. 최악의 시나리오는 회사에서 블루 북이라고 부르는 책에 보관되어 있다. "'우리는 이 바보 같은 블루 북을 계속 작성하고 있습니다.' 모건스탠리의 회장이 이렇게 투덜거린다. '이런 체계는 우리 업무 속도를 느리게 만듭니다.' 반면에 그는 어깨를 으쓱하며 이렇게 시인한다. '우리는 어떤 실수도 하지 않습니다.'"[29] 모건스탠리가 실수는 저지르는지는 논쟁의 여지가 있지만 실수가 억제되고 있기는 하다. 계획을 글로 열심히 적는 것뿐 아니라 계획을 충실히 이행하고 있기 때문에 이 회사는 처참한 상황에서 벗어났다.

결론

규칙을 지키는지 알기 전에 규칙을
위반하는 것은 현명하지 못하다.

– T.S. 엘리엇

1965년에 스티브 매퀸은 시대를 초월한 명작 포커 영화 〈신시내티의 도박사〉에 출연했다. 영화가 절정에 달했을 때 스티브 매퀸(더 키드)과 에드워드 G. 로빈슨(더 맨)은 파이브카드스터드(각각 다섯 장의 카드를 가지고 하는 포커 게임의 일종–옮긴이)의 마지막 판을 치는 중이었다. 며칠 동안이나 계속되면서 나머지 플레이어들이 모두 제거되고 없는 승자독식의 파이브카드스터드 포커 게임판에서 더 키드는 더 맨을 권좌에서 몰아내려고 기를 쓰고 있었다.

　카드 세 장을 가진 매퀸은 겉면이 위로 놓인 카드 두 장이 모두 10이었고 돈은 1000달러를 베팅한 상태였다. 로빈슨은 다이아몬드 퀸과 8을 보여주었다. 로빈슨에게는 형편없는 패였지만 그의 베팅을 콜하며 1000달러를 레이즈한다. 그는 마치 홀 카드가 퀸이라도 되는 것처럼 베팅을 한다. 아니면 스트레이트 플러시가 될 거라고 생각하는지도 모른다. 그것도 아니면 희대의 블러핑을 시도해보는 것일까? 로빈슨의 다음 카드는 다이아몬드 10이고 매퀸은 클럽의 에이스다. 매퀸은 3000달러를 베팅한다. 영리한 움직임이다. 로빈슨은 콜을 부르고 판돈을 레이즈한다. 로빈슨은 퀸 페어가 아니라 스트레이트 플러시를 노리고 게임을 한다. 로빈슨의 다섯 번째 카드는 다이아몬드 9이고 매퀸은 스페이드 에이스를 받는다. 매퀸은 자기 앞에 있는 3500달러를 전부 베팅한다. "이봐, 그 에이스가 분명히 도움이 됐을 거야. 3500달러를 받고 5000달러를 레이즈하기로 하지." 로빈슨이 말한다.

이제 더 이상 베팅을 할 수 없다면 다른 플레이어가 기꺼이 차용증을 써주지 않는 이상 카드를 접고 집으로 가야 한다. 이제 매퀸은 돈이 다 떨어졌고 그가 게임을 계속하는 방법은 로빈슨이 매퀸의 지불보증을 해주는 수밖에 없다. 게임을 계속하기 위해서 매퀸은 로빈슨에게 5000달러의 차용증을 써주겠다고 동의한다. 매퀸을 이길 수 있는 유일한 카드는 다이아몬드 잭밖에 없다. 매퀸은 로빈슨의 마지막 패를 보여달라고 요구한다. 로빈슨은 카드를 뒤집어 다이아몬드 잭을 보여준다. 매퀸은 마치 토할 것 같은 표정이다. 그는 이미 기진맥진한 상태다. 에이스는 10을 이기지만 매퀸의 풀하우스는 로빈슨의 스트레이트 플러시에 진다.

딜러는 도저히 믿지 못하는 듯하다. "그 형편없는 플러시 세 장으로 판돈을 레이즈했다고요?" 그녀가 로빈슨에게 묻는다. 그녀의 말이 맞다! 로빈슨이 고작 그렇게 얄팍한 스트레이트 플러시밖에 만들지 못하면서 판돈을 그렇게 많이 올려서는 안 될 일이었다. 투 페어를 자주 이길 수도 없고 풀 하우스를 이기는 것은 말도 안 된다.

"핵심에만 접근하면 되죠, 안 그래요? 알맞은 시기에 잘못된 수를 두는 거죠. 사는 것도 아마 그렇겠죠…." 로빈슨이 딜러에게 말한다.

포커 플레이어는 자기가 어떤 카드를 뽑을지도, 다른 플레이어들이 어떤 카드를 뽑을지도 모르는 채 돈을 건다. 포커 게임에서 내기를 할 때 당신은 의도가 무엇이냐에 따라 손에 무엇을 갖고 있는지 다른 플레이어들에게 알려주려고 하거나(록조 플레이어) 손에 무엇을 갖고 있는지 알려주지 않으려 하거나(루스 플레이어) 손에 갖고 있지 않은 것을 갖고 있다고 생각하게 하려 한다(루스 플레이어). 훌륭한 포커 플레이어는 록조 플레이어와 루스 플레이어의 모습을 번갈아 보이려고 노력한다. 달리 표현하면, 침착하게 모순된 성향을 드러내는 것이 포커에서 승리하는 비결이다. 록조 플레이어는 손에 패를 쥐지 않은 이상 게임에 절대 남지 않는다. 거의 내내 판을 접는다. 판돈을 내고 가버리고 또 판돈을 내고 가버린다. 그가 그 판에 끼여 있다면 다른 사람들이 전부 2위라는 뜻이다. 그는 좋은 패가 들어오지 않는 이상 게임을 하지 않기 때문이다. 경우에 따라서는 블러핑을 해서 돈을 따기도 한다.

예를 들어 내가 파이브카드스터드를 한다고 가정해보자. 내가 처음 앞면으로 뒤집은 카드가 잭이고 내가 엎어놓은 카드가 3이고 다른 사람이 킹을 내보이고 있다. 그는 5달러를 베팅하고 내가 그의 5달러를 콜한 뒤에 10달러를 레이즈했다. 만약 테이블의 모든 사람이 내가 중요한 패를 쥐고 있을 때에만 게임에 머무른다고 생각한다면 나는 록조 플레이어이므로 사람들은 내가 잭을 두 장 가지고 있다고 생각할 것이다. 이제 사람들은 내가 잭을 두 장 가지고 있지 않아도 잭 두 장이 있는 것처럼 생각하고 플레이한다. 록조 플레이어의 명성을 얻고 나면 속임수, 즉 블러핑을 할 수 있는 명성을 얻은 셈이다. 당신이 수많은 카드를 접은 전력이 있고 게임판에 남아 있다가 1위와 막상막하로 2위를 차지한 적이 있다면 그 수준에 도달할 수 있다. 그 명성을 얻기 위해서는 당신이 훨씬 더 많은 패를 접어야만 하고 당신이 머물 때에는 이겨야만 한다. 일단 그 명성을 얻고 그것으로 살아간다면 나쁜 핸드를 접어서 수많은 돈을 절약할 뿐 아니라 이따금 블러핑을 할 기회를 가지게 된다. 블러핑을 더 자주 하는 사람들은 루스 플레이어들이다. 그들은 좋지 않은 패에 많은 돈을 걸거나 좋은 패에 돈을 조금 걸어서 다른 플레이어들을 엉뚱한 길로 인도한다. 블러핑을 시도하다가 걸리는 횟수가 많을수록 당신이 좋은 패를 가지고 있을 때 누군가를 완전히 털어먹을 수도 있게 된다.

포커 플레이어처럼 투자자는 개인 회사, 주식 일반, 혹은 경제 전반이 어떻게 굴러가는지 알지 못한 채 돈으로 위험을 감수한다. 잘 계산된 모순이 포커에서 성공하는 비결이라면, 당신이 규칙을 세우고 그 규칙을 게임으로 만드는 경우 잘 통제된 일관성은 시장에서의 성공을 담보하는 비결이 된다. 계획을 세우고 지킨다고 성공이 보장된다거나 당신이 실수하지 않는 것은 아니다. 하지만 계획은 손실을 꾸준히 통제하는 데 꼭 필요하다. 포커의 블러핑에서 배워야 할 교훈은 아무것도 없지만 록조 플레이어의 전략에서 배워야 할 교훈은 분명히 있다. 그 교훈이란 과연 무엇일까? 록조 플레이어가 자신의 명성을 쌓기 위해 이용하는 것이다. 그는 패가 있으면 게임에 남고 패가 없으면 게임에서 빠진다. 당신의 계획은 포지션이 효과를 발휘할 때 게임을 계속하고 포지션이 효과가 없을 때 게임에서 빠질 수 있도록 구성돼 있다. 손실을 받아들이고 그 부분에 대해 걱정하지 마라. 계획의 규칙을 잘 지키면 상황이 좋을 때 머물 수 있고 상황이 좋지 못할 때 판돈을 떼인다. 만약 규칙을 버리고 블러핑을 시도한다면 당신 스스로 가진 돈을 전부 잃어버릴 위험에 처한다.

블러핑이란 사실이 뒷받침하는 것 이상의 자신감을 내보여 상대를 협박한다는 뜻이다. 만약 자신의 규칙을 깨뜨려 시장을 협박하려 한다면 결국은 당신의 돈을 잃게 될 것이다. 물론 두어 번은 규칙을 어기고 무사할지도 모른다. 아니, 어쩌면 몇 번이나 규칙을 어겨도 괜찮을 수도 있다. 하지만 손해를 보는 트레이드를 유지하면서 시장을 블러핑하려고 노력하고 결국은 시장으로 되돌아와서 이윤을 낸다면 당신은 무엇을 배운 것일까? 당신이 얻은 교훈이란 잘못된 일을 했더니 성과를 올렸다는 사실이다. 즉 당신은 다시 블러핑을 하려고 노력하고 있다. 문제는 당신이 규칙을 어겨도 안전한 시기와 그렇지 않은 시기를 구분할 수 없다는 점이다.

물론 규칙을 어겨도 여전히 이익이 발생하는 시기는 있다. '잘못된 일'을 했지만 여전히 보답을 받고 잘못된 이유로 '올바른 일'을 했지만 여전히 보답을 받을 수도 있다. 나는 초년에 그런 경험을 많이 해봤다. 하지만 시장에서 잘못된 일을 계속하고 보답을 받는다면 당신이 지키는 어떤 특정한 규칙이나 되풀이되는 조건도 이익과 연결되지 않을 것이다. 결과적으로 심리학자들이 임의적 보상 일정이라고 부르는 것이 생겨난다. 이는 사람의 행동을 반복하게 만드는 가장 강력한 형태의 강화다. 예를 들어 원숭이가 반복적으로 단추를 눌러주기를 바라는 심리학자들에 대해 생각해보자. 이 실험은 원숭이가 정해진 횟수만큼 단추를 반복해서 누르면 음식이 우리 안으로 들어가도록 설계되어 있다. 심리학자들은 원숭이가 정해진 횟수, 예를 들어 다섯 번을 누를 때마다 음식이 나오도록 설정할 수도 있다. 아니면 다섯 번, 일곱 번, 세 번, 열두 번의 순서로 다양한 횟수를 누른 뒤에 음식이 나오도록 설정하는 것도 가능하다. 원숭이는 보상 간격이 고정되어 있을 때보다 다채로울 때 단추를 더 많이 누를 것이다. 보상 간격이 다양하면 원숭이는 보상이 반드시 주어지는 것이라 믿기 때문에 보상이 주어지는 순간까지 계속 단추를 누를 것이다.

내가 성공시킨 최고의 트레이드 가운데 하나는 단기 금 트레이드에서 입은 8000달러의 손실이었다. 온스당 금 가격이 350달러에서 875달러로 올라가는 도중에 나는 매수 거래를 시도했다. 1979년 8월 초의 어느 날, 금시장이 역사상 처음으로 300달러 위로 치솟았다. 나는 말도 안 되는 가격이라고 생각했고 단기 금 계약 두 개를 310달러에 매도했다. 그러고 나서 한 친구에게 317달러에 매도 거래를 부탁하고는 이 시장을 떠나 회계사 사무실로 건너가서 연장된 마감기한인 8월 15일이 가기 전에 1978년도 세금 문제를 마무리 지었다. 그날 늦게 회계사를 만나는 도중에 나는 비서의 전화를 받았다. 시카고 상업거래소 운영위원회에서(그때 회원이던 나를 포함해) 비상회의를 소집한 것이었다. 금시장은 그날 하루 미국에서는 문을 닫았지만 홍콩에서는 50달러 더 높은 가격에 트레이딩됐으며 CME에서 이루어졌던 금 선물 계약의 일일 허용한계를 현재 10달러에서 30달러로(말할 것도 없이 나는 투표에서 제외됐다) 바꿀 것인지 투표해야만 했다.

나는 소위 트레이드 계획을 세우고 스톱 주문을 넣고 시장에 들어간 다음 스톱 주문만을 놔두고 나오는 정확히 '올바른 일'을 시도했다. 하지만 내가 스톱 주문만을 놔둔 이유는 다른 사람에게 주문을 했고 너무 창피해서 그 사람에게 가서 취소할 수가 없었기 때문이다. 사실 나는 '잘못된' 이유로 '올바른' 일을 시도했다. 그 당시에는 그 경험을 통해 적절한 교훈을 배우지 못했다. 스톱 주문을 놔두고 떠나기가 싫었지만 그럴 수밖에 없었던 것이, 친구에게 가서 실제로 "내가 얼마나 멍청한지, 스톱 주문을 취소하고 이 시장에서 쇼트 포지션을 유지하고 싶어"라고 말하는 곤란을 겪고 싶지 않았기 때문이었다. 내가 그 경험에서 얻은 것이라고는 돈을 버는 것보다 창피함을 느끼지 않는 편이 더 중요하다는 사실뿐이었다. 나는 때로는 이익을 내고 때로는 손실을 입지만 어느 쪽이 어느 것인지 정확히 알지 못한 채 행동을 반복하는 심리학자의 우리 속 원숭이나 마찬가지였다.

시장에서 '잘못된 일'(예컨대 규칙을 어기는 것)을 하고도 여전히 보상을 받는다는 것은 이익이 되는 트레이드나 투자에 책임이 있을 수도 혹은 없을 수도 있는 행동을 당신이 반복할 것이라는 뜻이다. 만약 수익성이 있는 트레이드의 무엇이 수익을 발생시키는지 모르고 있다면 그 수익을 계속 이어나가기(혹은 손실을 피하기) 위해 무엇을 해야 할지도 모를 것이다. 당신의 이익은 당신의 구체적 행동과 연결되지 않을 것이다. 즉 나쁜 결정은 단 한 번밖에 내리지 못한다는 뜻이다. 그리고 잘 알다시피 나쁜 결정을 적어도 한 번은 내리게 될 것이다. 나쁜 결정이 이번일지 다음번일지 아니면 그다음일지는 알 수 없다. 다만 언젠가는 그런 날이 온다. 그리고 블러핑을 한다면 **언젠가** 돈을 잃을 것이다. 만약 자신이 세운 계획에서 벗어난다면 불붙인 도화선을 가지고 노는 셈이다. 물론 폭탄이 어떤 특정한 전투에서는 터지지 않을지도 모르지만 전쟁이 끝나기 전에 폭탄은 당신의 코앞에서 폭발할 것이다.

만약에...?

"알맞은 시기에 잘못된 수를 두는 것"이라고 로빈슨이 한 말은 '원래의 계획에서 벗어나 직감이나 감정, 영감을 기반으로 결정을 내리는 것'을 다르게 표현한 것이다. 마치 학교에서 해답을 모르는 선다형 문제 시험을 치르며 직감에 따르는 것이나 마찬가지다. 그뿐 아니라 우리가 큰 만족을 얻을 것 같다는 **느낌** 때문에 콘래드가 바카라 테이블에서 판돈을 두 배로 올렸던 것과도 비슷하다.

시장은 '알맞은 시기에 잘못된 수를 두는' 장소가 아니다. 당신의 계획에서 조금이라도 벗어난 행동은 심리적 요인들로 인한 손실을 유발할 가능성이 있다. 당신이 계획을 잘 지켜나가는 것은 대단히 중요한 일이다. 만약 이 책에서 계획이 필요하다는 깨달음을 제외하고 아무것도 얻지 못했더라도 적어도 당신이 일탈하는 중인지는 알게 될 것이다. 이 책을 읽기 전에는 알지 못했겠지만 앞으로는 적어도 자신이 **무언가로부터** 일탈한 상태라는 것은 알게 될 것이다. 그러나 당신은 이 책을 읽고도 어느 시점에는 자신의 계획에서 벗어나 일탈하고 규칙을 깨뜨리게 된다는 사실 역시 무시할 순 없을 것이다.

다음의 충고는 이 책이 계획의 필요성에 관해 이야기한 모든 내용을 부정하겠지만 당신이 인간이며 언젠가는 일탈할 것임을 알기에 시장에 관한 이 마지막 교훈을 말해주지 않는다면 나는 태만한 사람이 될 것이다. 만약 계획에서 벗어나고 규칙을 어기고 조언을 따르고 영감이나 직감에 따라 행동하는 사람이라면 이 내용을 명심하자. 추측이란(그리고 여기에는 투자와 트레이드도 포함된다) 기분 좋은 일이 옳은 일이 되도록 기울이는 인간의 노력일 따름이다. 우리는 누구나 담배를 피우면 안 좋다는 것을 알지만 많은 사람들이 여전히 담배를 피운다. 우리는 술을 마시면 안 좋다는 것을 알지만 많은 사람들이 여전히 술을 마신다. 우리는 과속하면 안 된다는 것을 알지만 많은 사람들이 여전히 과속을 한다. 우리에게 좋지 않고, 좋지 않다는 사실을 알면서도 어째서 우리는 이 모든 일들을 하는 걸까? 글쎄, 그저 기분이 좋기 때문이다. 술을 마시고 담배를 피우며 과속을 하면 기분이 좋기 때문이다. 하지만 어린아이일 때부터 우리는 기분이 좋아지는 일들을 하지 말라는 말을 들어왔다. 시장에서는 당신은 그냥 기분이 좋은 일을 하면 된다. 만약 자신의 계획에서 벗어나고 시장이 불리하게 작용하기 시작할 때 내가 문을 두드리고 이렇게 묻는다면 당신은 무어라고 대답하겠는가? "음? 재미있으신가요? 즐거운 경험인가요?" 그러면 이렇게 대답할 것이다. "아니요! 재미있지 않아요. 이렇게 가격이 떨어지는 걸 구경하는 건 재미없어요." 당신이 어떤 조치를 취해야 할지 알겠는가? 시장에 남기 위한 이유나 보강 증거를 찾으러 가지는 마라. 기분이 좋아지는 일을 하라. 밖으로 나가라. 시장에서 느끼는 고통과 성공은 반비례 관계다. 그러므로 고통을 느끼는 즉시 밖으로 나가라. 만약 롱 포지션을 취하고 있는데 가격이 상승한다면 기분이 좋을까? 당신이 어떻게 행동해야 할지 알겠는가? 좋은 기분을 계속 유지하고 포지션은 그대로 내버려두라. 아무 이상 없이 잘 돌아가고 있으니까. 당신을 기분 좋게 만들어주는 포지션을 그대로 유지하고 기분을 나쁘게 만드는 포지션을 떨쳐버려라. 기분이 언제 나쁜지는 스스로 알 것이다. 무언가를 알아차릴 수 있다면 '이건 기분이 좋지 않다'는 것을 알게 될 것이다. 무엇이 기분을 좋지 않게 만드는지 알아차리는 순간 그 일을 그만하라. 아주 간단한 문제다.

덧붙이는 말

서문에서 우리는 헨리 포드가 자신의 성공을 개인화하고 자신의 의견을 끝까지 좇다가 100만 달러에 가까운 재산을 잃어버리는 과정을 지켜봤다. 하지만 성공을 개인화하고 막대한 손실을 입은 사업가가 비단 헨리 포드 한 사람만은 아니었다.

1977년에 영국의 사업가 프레디 레이커는 아주 기본적인 요소만을 갖춘 대서양 횡단 비행노선 스카이트레인 서비스를 시작했다. 레이커의 이야기는 공장에서 차 심부름하던 소년이 근면성실함과 피나는 노력을 통해 제트기를 타는 백만장자로 자수성가한 전형적인 사례다. 재산과 명성을 얻기 위해 그는 미국과 영국 정부, 그리고 항공사들의 세계적 카르텔인 국제항공운송협회와 국제항공사연합의 역할을 떠맡았다. 그렇다, 서비스는 북대서양 횡

단 노선에 국한됐지만 결국 모든 노선으로 확대됐다. 왜 아니겠는가? 이 전사가 해야 할 일이라고는 그 기관들을 몇 번 더 대표하는 것뿐이었다.

1979년에 휴가철이 시작되면서 미국 정부가 실시한 모든 DC10 비행기의 기초 교육 및 불리한 통화의 이동을 비롯한 여러 요인들이 합쳐지면서 레이커의 재정 상황이 큰 압박을 받기 시작했다. 폭풍우를 몰고 올 먹구름이 레이커 항공기 주변에 모여들면서 레이커는 자신이 재정적 부담을 받고 있다는 생각을 떨쳐버렸다. "아니, 나는 파산하지 않았어!" (과연 부인하는 것처럼 들리는가?) 1981년 9월과 1982년 3월 사이에 항공사가 4800만 달러의 이자와 원금을 상환을 할 능력이 되지 않는다는 사실이 분명해지고 난 뒤에도 그는 이 입장을 유지했다. 무례하게도 레이커는 은행가들에게 일을 가르쳐주려고 했다. "나는 비행기 기술을 혁신했는데 이제는 은행 업무를 혁신해야 하겠군." 그는 이렇게 으스댔다. (군중 속에서 우월감을 느끼는 듯한, 감정주의가 느껴지는가?) 마지막 순간까지도 프레디 레이커는 모든 결과가 만족스럽게 끝맺을 것이라고 주장했다. 당시에 그의 항공사가 파산할 조짐이 있었던 것은 아니었다. 하지만 끝까지 그렇지는 않았다. 1982년 2월 4일 목요일 아침 8시, 파산관재인이 불려갔다.[1]

PC업계의 선구자이자 젊은 천재 스티브 잡스의 사례에 대해서도 생각해보자. 컴퓨터와 관련해 정식 교육을 전혀 받지 못했지만 잡스는 도래할 사물의 형태를 직감으로 알았다. 한때 대단히 독특하다고 평가받은 그의 생각들은 PC 혁명을 예견했고 그 예지력을 입증했다. 처음으로 대대적인 성공을 거둔 PC 애플 II를 개발한 뒤에 잡스는 가장 많은 찬사를 받은 PC 매킨토시를 만들어낸 팀을 이끌었고 그 팀에 영감을 불어넣었다. 《월스트리트 저널》의 표현을 빌리면 "자신의 천재성에 대한 믿음"은 애플에서 그에게 큰 도움이 됐고 그가 아주 높은 횃대에서 뚝 떨어져 컴퓨터 회사 넥스트를 시작했을 때에도 여전했다. 그는 넥스트의 전략에 결함이 있다는 조언자들의 반복된 경고들을 무시하고 집요하게 자기만의 비전을 밀어붙였다. 그러나 잡스의 비전은 결함이 있는 것으로 밝혀졌다. 넥스트는 순이익을 내지 못했고 후원자들에게 받은 2억 5000만 달러를 모두 소진했다.[2]

마지막 사례로 유혹적이고 우아한 란제리 업체 빅토리아시크릿으로 대단한 성공 신화를 쓴 로이 레이먼드의 이야기를 살펴보자. 1982년에 그는 200만 달러를 받고 사업체를 유한회사로 매각했다. 레이먼드의 한 친구 이야기를 들어보자. "로이는 자신이 총알에도 끄떡없는 양 굴면서 손만 대면 무엇이든 금으로 변할 거라고 생각했죠."[3] 그가 다음에 손댄 사업은 고급 아동의류 분야로 그 덕분에 그는 파산 과정을 밟게 됐다.

이 사람들은 각각 성공을 개인화했고 자기 혼자서 거둔 성공이라고 믿기 시작했다. 반면에 코카콜라의 CEO 로베르토 고이수에타를 생각해보자. 1981년에 회장직에 취임한 고이수에타는 '1980년대를 위한 전략'을 만들어 자세한 설명을 덧붙였다. 그는

"코카콜라를 다각화해서 제품라인을 보완하고 소비자 이미지와 양립할 수 있는 서비스로 만들어내고자" 했다.[4] 언론을 비롯한 일각에서는 그의 의견을 진지하게 받아들였다. 그러고 나서 1983년에 코카콜라는 영화사 컬럼비아픽처스를 사들였다. 사람들은 깜짝 놀랐다. "재정 분석가들이 코카콜라가 돈을 너무 많이 지불했다고 주장하면서 계약서를 집어던졌대. 하긴 코카콜라가 영화 제작에 대해서 뭘 알겠어?"[5] 코카콜라의 주식은 며칠 사이에 뚝 떨어졌다. 하지만 그해 나머지 기간 동안 비평가들은 코카콜라가 (그리고 고이수에타가) 결국 그리 어리석지는 않았다는 사실을 인정할 수밖에 없었다. 컬럼비아는 세 편의 흥행작 〈투씨〉〈간디〉〈토이〉를 나란히 발표했다. 고이수에타는 마법과도 같은 코카콜라의 이름을 다른 탄산음료에 도입하기도 했는데 이는 그 회사에 있는 대부분의 사람들이 이단 취급하는 생각이었다. 사실 1960년대 초반에 일부 대담한 사람들이 태브라는 음료를 개발하면서 비슷한 생각을 했지만 당시 CEO J. 폴 오스틴은 이를 비난했다. 20년이 지난 뒤 오스틴을 대신한 새로운 CEO는 다이어트 탄산음료에 코카콜라의 이름을 빌려주겠다는 안을 냈고 다이어트 코크는 회사의 모든 기대치를 뛰어넘어 순식간에 하나의 현상으로 자리 잡았다.

"1983년 말에 고이수에타는 만천하에 오명을 싹 씻어낸 기분이었다. 돈을 찍어내는 기계나 마찬가지인 코카콜라의 자회사 컬럼비아픽처스는 첫해에 9100만 달러를 벌었다. 1983년, 다이어트 코크의 비할 데 없는 성과를 바짝 뒤따라서 이 회사는 코카콜라, 다이어트 코크, 테브의 디카페인 버전을 출시했다. 고이수에타는 콜라가 용도와 상황에 따라 변화할 수 있다는 사실을 충분히 입증했고 일단 거인이 판을 뒤흔들고 나면 대개는 시장의 한 부분을 장악했다."[6] 고이수에타는 한층 더 큰 승리를 거두며 1983년《비즈니스 위크》봄호를 크게 장식했고《애드위크》에 '올해의 마케터'로 이름을 올렸으며《던스 비즈니스 먼스》에서는 '미국 5대 최우수 경영 기업'으로 꼽혔다.[7] 로베르토 고이수에타는 자축할 이유가 충분해 보였다. 하지만 1983년에 그는 이렇게 말했다. "우리처럼 잘해나가는 회사에는 위험이 도사리고 있습니다. 우리가 아무 잘못도 하지 않는다고 생각한다면 우리는 잘못할 수 있습니다. 그것도 아주 크게 잘못할 수 있습니다."[8]

1985년 고이수에타는 코카콜라의 비밀 제조법을 바꾸기로 결정했다. 그는 코카콜라에서 수년간 화학자로 일해왔고 이 제조법을 바꾸면 좋겠다는 생각을 오랫동안 해왔다. 그리고 1985년 4월 19일 기자회견에서 새로운 콜라가 탄생했다는 소식을 알렸다. 고이수에타는 이 콜라를 "포장 소비재 산업의 역사상 가장 대담한 마케팅 운동"이라고 불렀으며 "역사상 가장 확실한 운동"이라고도 했다.[9] 언론과 대중은 즉시 못마땅하다는 반응을 내놓았다. 《비즈니스 위크》는 이 결정을 10년 만의 마케팅 실책이라고 불렀고 대다수 사람들이 동의했다. 하지만 "준비, 발사! 조준 철학은 지금까지 효과를 거뒀고 이 대담하고 과감한 움직임은 의심꾼들에게 코카콜라의 리더십을 증명할 것이다."[10]

고이수에타가 이전의 성공을 개인화할 수도 있었을까? 그는 미다스의 손 증후군을 경험하고 있었을까? 다른 사람들이 반대하는 중요한 결정을 내리고 나서 그가 옳다는 것이 증명된 적이 한두 번이 아니었다. 포드, 레이커, 잡스, 레이먼드와 달리 고이수에타는 자신의 이전 성공들을 개인화하지 않았으므로 '손실'을 인정하고 받아들일 수 있었다. 그는 그 문제를 개인의 자존심이 걸린 문제로 삼아 끝까지 싸우려 하지 않았다. 최초의 제조법을 그저 손해가 나는 사업으로 인식하고 없애려 했을 뿐이었다. 그는 더 이상의 손해를 막고 앞으로 나아갔다. 최초의 제조법을 코카콜라 클래식이라는 이름으로 재도입해서 상황을 영리하게 조정하고 그 과정에서 코카콜라의 탄산음료 시장 점유율을 늘렸다.

고이수에타가 치명적인 실수를 만들어내는 덫에 걸리지 않은 이유는 무엇일까? 이 함정에서 경영자들이 자유롭기 때문일까? 아니다. 우리는 경영자들이 상당히 영향받기 쉬운 인물이라는 사실을 금세 확인할 수 있다. 포드, 레이먼드, 그리고 다른 경영자들은 모험적 사업가이기 때문에 쉽게 굴복한다. 그렇다면 모험적 사업가들은 경영자가 되기 어려울까? 아니다. 기업을 창립한 사업가들이 경영에 성공한 사례도 수없이 많다. 예컨대 페더럴익스프레스의 프레드 스미스, MCI 커뮤니케이션의 윌리엄 맥고언, 마이크로소프트의 빌 게이츠 등이 있다. 그러면 고이수에타와 다른 경영자를 구분하는 특징은 무엇일까? 하버드 경영대학원의 경영학 교수 윌리엄 살먼이 적절한 범주로 구분한 바 있다. "나는 특정한 시간, 특정한 장소에서 좋은 발상을 가진 사람들을 봐왔다. (중략) 그들은 아주 근사한 모습이었지만 다음에 뭘 해야 할지 갈피도 못 잡고 있었다. 그들은 훌륭한 조언가도 아니고 영광을 되풀이하는 사업가도 아니다. 그리고 거기에는 과거에 성공한 경험을 바탕으로 자신이 천재라고 추정하는 과정이 있다."[11] 살먼이 말하는 **과정**은 이 책에서 설명한, 성공을 개인화하는 과정이다. 고이수에타는 그 과정을 피했고 다른 사람들은 그러지 못했다. 그는 개인의 가치를 자신의 생각이 성공했는가와 동일시하지 않았다. 그는 외적 성공과 손실을 내면의 성공과 손실과 구별했으며 자신이 이룬 이전의 성과를 개인화하지도 않았다. **예상이 적중하는 것과 옳은 일을 하는 것**의 차이를 알았으며 감정주의를 피할 줄 알았던 것이다. 그 점이 바로 성공적인 의사결정자와 성공적이지 못한 의사결정자를 구분하는 요인이다.

비록 고이수에타는 주로 경영자고 다른 사람들은 주로 모험적 사업가이기는 하지만 그들은 모두 의사결정을 하는 비즈니스를 했고, 그 목표는 예상이 적중해 자아 만족을 찾는 게 아니라 위험을 조절해서 이익을 내는 것이다. 기억해야 할 것은 시장이 상승하거나 하락하는 **이유**를 알기 때문에 돈을 버는 게 아니라는 점이다. 특정한 날 시장 가격이 상승하거나 하락하는 이유와 **관계없이** 당신이 시장의 움직임을 활용할 수 있는 위치를 잡는 계획이 서 있다면 전혀 손해를 보지 않는다.

경영학 이론의 성서라고 할 수 있는 《하버드 비즈니스 리뷰》에 따르면 "좋은 영업사원에게 꼭 필요한 자질은 특별한 종류의 자아 충동으로, 단지 돈을 벌기 위해서가 아니라 자기만의 독자적인 방식으로 판매하고 싶어지는 데 있다."[12] 이것이야말로 추측가를 비롯해 어떤 유형의 의사결정자들에게도 해로운 특성이다. 이 사실을 깨닫고 나자 어째서 내가 영업사원으로 일하면서 그렇게 많은 돈을 벌었으면서도 트레이더로 일하면서는 한 푼도 벌지 못했는지 한결 쉽게 이해했다. 내가 모든 돈을 되돌려놓으려고 기를 쓰고 노력했지만 아무 소용도 없었고 결국 트레이더가 되지 말았어야 했다는 깨달음만 얻은 일화를 기억하는가? 나는 꽤 괜찮은 영업사원이었고 알맞은 시기에 알맞은 장소에 있었지만 트레이더는 아니었다.

그렇다고 해서 영업사원이 결코 트레이더가 될 수 없다는 뜻은 아니며 영업사원이 경영자나 사업가가 될 수 없다는 의미도 아니다. 다만 영업사원(예컨대 주식중개인 같은)의 동기를 고려해볼 때 내가 클리블랜드 사무소에서 돈을 날린 뒤에 고객들의 손실을 개인화했던 식으로 시장 포지션이나 자기 고객의 포지션을 개인화하는 일이 생기지 않도록 계획을 세워둘 필요가 있다는 말이다. 영업사원의 자아 충동은 어째서 영업사원들이 형편없는 트레이더가 될 수밖에 없는지를 설명해주기도 한다. 어째서 그럴까? 영업사원의 목표는 판매다. 가능성 있는 반대와 부정적인 반응을 반박해서 예상을 적중시키는 것이다. 하지만 추측가의 목표는 돈을 버는 것이지 **예상을 적중시킨다**거나 시장의 부정적인 반응을 반박하는 게 아니다. 영업사원이 예상을 적중시켜서 얻는 자기만족은 사업가와 추측가, 경영가가 반드시 피해야만 하는 특성이다. 자아상을 사업상의 모험이나 시장 포지션의 성공이나 실패와 한데 묶어서 생각한다면 손실이 발생해도 이를 인정하고 싶어 하지 않으며 플로차트에 패턴으로 그리려고 한다. 이는 심리적 요인들 때문에 발생하는 모든 손실에 해당되는 문제다. 손실 액수나(1000달러든 100만 달러든) 손실이 발생한 장소와는(시장에서든 다른 비즈니스에서든) 아무 관계가 없다.

가령《회계학 연구 저널》의 1989년 연구에서 내린 결론에 따르면 경영자들은 "그들이 시작한 프로젝트를 포기하면 자신들의 능력에 대해 부정적인 신호를 전달하는 게 아닐까 하는 걱정 때문에 그런 결정을 내리지 않으려 한다." 더욱이 "경영자는 매각 가능성이 자신에 대한 부정적인 정보를 전달할지도 모르기 때문에 자산을 매각하려는 선택을 하지 않을 것이다." 이 연구는 경영자가 교체되면 "첫 번째 경영자의 명성에 개의치 않는 후임자는 그런 이유로 자산을 붙잡고 있을 필요가 없으므로 비교적 재빨리 매각하는 경향이 있다는 사실을 밝혀내기도 했다."[13] 후임 경영자는 객관적일 수 있지만 전임자는 그러지 못했다. 여기서 어떤 사실을 알 수 있을까? 경영자들과 기업 임원들은 프로젝트에 대한 애착이 심하고 개인화하는 경향이 강해서 심리적 요인들로 인한 손실을 입기가 쉽다. 마치 추측가들이 시장 포지션을 개인화하는 것과 마찬가지다.

추측가나 사업가, 경영자로서 반드시 이해해야 할 내용은, 정말로 좋은 **발상**이라고 생각하기 때문에 버티는 것과 **당신이** 좋다고 생각하기 때문에 버티는 것은 분명히 다르다는 사실이다. 전자는 객관적이다. 그에 비해 후자는 주관적이고 이전의 성공을 개인화할 때가 많다. 첫 번째 경우, 당신은 증거를 검토한 뒤에 연역적으로 결론에 도달했다. 여기서 내린 결론은 사실로 보강되고 실용적인 출구 규율도 정비되어 있다. 명확하게 조건을 정의해둔 덕분에 당신은 증거가 처음의 결정을 더 이상 뒷받침하지 않으면 이 생각이 더 이상 유용하지 않다고 결정할 수 있다. 두 번째 경우는 출구전략도 없이 결정부터 내렸다. 당신은 결정을 뒷받침할 증거를 귀납적인 방식으로 찾는다. 전자에서 당신의 사고는 가능성을 탐구하는 데 활용됐고 당신은 자동적으로 결론에 도달했지만, 후자에서 당신의 사고는 이전에 표현된 의견을 방어하고 자신의 자존심을 지키는 데 이용됐고 당신의 자존심은 그 의견과 깊이 관련되어 있다.

만약 위에서 말한 두 가지 유형의 버티는 태도가 어떻게 다른지 이해하지 못했다면, 당신은 사업가로 성공하기 위해 해야 할 일이 자신의 생각을 믿고 이를 실행하기 위해 위험을 감수하는 것뿐이라고 생각할지도 모르겠다. 결국 그게 사업가가 하는 일이니까 말이다. 그렇지 않은가? 그들은 위험을 감수한다. 어떤 사업가들은 엄청난 위험을 감수하기도 한다. 어마어마한 위험을 감수하다 보니 그 사업가들은 무모한 사람들이라고 불리는 경우도 많다. 하지만 그들이 정말로 위험을 추구하는 걸까?

익스트림 스키로 명성을 얻고 이 분야를 대중화시킨 '사업가' 스콧 슈미트를 보라. 직업상 슈미트는 18미터가 넘는 높이의 절벽에서 점프를 한다. 스키 장비 업체들은 그를 후원했고 사람들은 그가 점프하는 모습을 동영상으로 촬영한다. 체어리프트에서 그는 앞뒤를 가리지 않고 스키에 열광하는 사람처럼 보인다. 하지만 매번 점프를 할 때마다 출발 지점과 착륙 지점을 신중하게 계획했다. (중략) 그는 선구자적 활약을 통해 익스트림 스키 '산업'의 활로를 개척해왔다. 일부 익스트림 스키 선수들은 그보다 더 무모해서 목숨을 잃기도 했다. 슈미트는 자신을 무모하다고 생각하지 않는다.[14]

그의 태도를 생각해보면 슈미트는 무모한 사람이 아니다. 그는 어디에서 점프를 시작해서 나와야 할지 도표를 그린다. (즉 계획을 세운다.) 위험을 추구하는 게 아니라는 뜻이다. 그는 위험을 줄이고 조절한다.

자수성가한 억만장자 사업가 크레이그 매코를 살펴보자. 겉보기에는 그렇게 보이지 않지만 매코셀룰러커뮤니케이션스의 창립자이자 회장인 크레이그 매코는 자신과 직원들이 "언제나 위험을 회피해왔다"고 주장한다.[15] 그러면 그는 비즈니스에 어떻게 접근해서 발전시켜온 것일까? 정답은 게임에서 출발했다는 것이다.

덧붙이는 말

(많이 들어본 대답 아닌가?) 마찬가지로 사업가이자 그의 부친인 J. 엘로이 매코와 함께 출장을 따라다니거나 체스 게임을 하면서 크레이그는 "**출구전략**의 개념을 배웠죠. (중략) 우리가 지금까지 성사시킨 모든 거래는 뒷문이 있었어요. 대중이 뒷문을 보지 못했을 뿐이죠."[16] 이는 이 책에서 지금까지 이야기한 손절매(즉 출구전략)의 필요성과, 게임의 긍정적인 속성을 비즈니스와 시장이라는 지속적 과정에 적용시킬 때 얻을 수 있는 이익을 잘 보여주는 또 하나의 사례에 지나지 않는다.

시장에 대한 진실은 비즈니스 전반에 대한 진실이기도 하다. 시장에서 돈을 벌 수 있는 방법이 수없이 많은 것처럼 비즈니스에서 돈을 버는 방법도 수없이 많다. 샘 월턴은 한 방법으로 돈을 벌었고 구찌는 다른 방법으로 돈을 벌었다. 당신이 미국 비즈니스 연대기를 꼼꼼히 읽어보면 가장 유명한 사업가들의 성격과 방법이 이례적으로 다양하다는 사실을 깨닫게 될 것이다. 그야말로 각양각색일 테니까. 어떤 사람들은 팀을 이루어 노력하는 스타일이고 어떤 사람들은 개인주의를 추구한다. 어떤 사람들은 처음부터 돈을 많이 벌었고 또 어떤 사람들은 그러지 못했다. 차이를 말하자면 끝도 없다. 가장 유명한 기업가들 혹은 최고의 능력을 가진 비즈니스 경영자들이 돈을 버는 방법에 단 하나의 패턴이란 존재하지 않는다. 하지만 그들 사이에도 공통분모는 분명히 있다. 일반적으로 가정하듯 단순히 위험을 감수하는 것이 아니라 위험을 판단하고 축소하며 통제하는 데 누구보다 뛰어난 능력을 지니고 있다. 크레이그 매코는 그 점을 잘 이해했다. 스티브 잡스는 어땠을까? 8년 동안 넥스트는 "성공적인 제품을 생산하지 못한 채 2억 5000만 달러를 소진했거나 아니면 수익성을 유지했다."[17] 종료 시점이 언제일까? 로스 페로와 캐논이 처음 투입한 자본은 1억 2500만 달러였다. 그 당시에 손실이 2억 5000만 달러가 될 줄 알았을까? 그랬다면, 괜찮다. 하지만 그런 게 아니라면, 무엇이 손실이 3억 5000만 달러로 늘어나는 걸 막아주겠는가? 모든 비즈니스의 경영자들은 손실을 **감수**할 줄 알아야 한다.

베어스턴스의 CEO 앨런 '에이스' 그린버그는 이렇게 말한다. "트레이더의 정의는 손실을 감수하는 사람이다."[18] 즉 손실이 비즈니스의 정상적인 한 부분이고 손실을 감수하지 않는 방식으로 이를 피하려 노력하는 것이 패배자의 저주라는 앞선 설명과 정확히 일치하는 주장이다. 베어스턴스는 '진땀 나는' 주간 회의를 개최해서 트레이더들이 포지션에 대해 검토하고 심사한다. 회사는 손실은 관대하게 다루지만 예상치 못한 손실마저 그렇게 대하지는 않는다. 그런 회의에서 어느 트레이더가 자신이 담당하는 포지션과 그 단점에 대해 질문을 받았다. 그는 몇 가지 시나리오와 각각의 발생 가능한 손실에 대해 개략적으로 설명했다. 그 포지션이 악화되기 시작했을 때 회사는 거의 1000만 달러에 달한 누적 손실액을 침착하게 받아들였다. 그들은 그 사건에 대한 준비가 되어 있었다. 손실은 회사의 손절 기준점을 넘어서지 않았고 포지션은 이내 회복했고 다시 돈을 벌었다. 그들이 포지션을 보유한 이유는 성공적으로 보이고 싶다거나 똑똑해 보이고 싶다거나 예상에 적중한 것처럼 보이고 싶어서가 결코 아니라는 사실을 이해하는 것이 중요하다. 그들이 포지션을 보유한 이유는 포지션이 사전에 정의하고 받아들일 수 있는 손실 기준점 안에 머물렀기 때문이다. 사람들이 어떤 시장이든 간에 시장에 참가하는 것은 필요를 충족시키거나(이를테면 문제를 해결하기 위해서) 욕구를 만족시키기 위해서(이를테면 기분이 좋아지기 위해서)임을 기억하자. 위험을 조절하면 문제를 해결할 수는 있지만 기분이 좋아지거나 똑똑해 보이거나 **예상이 적중**하는 일과는 전혀 관계가 없다.

추측, 투기적 사업, 기업 활동 등 위험을 감수하는 모든 일에서 당신이 가장 먼저 집중해야 하는 것은 손실이다. (심지어 도박을 할 때에도 해당되는 사항이다. 도박사는 게임이 시작되기 전에 얼마를 걸고, 잃을지 결정한다. 그는 게임이 끝나고 크루피어나 딜러가 그에게 배당금을 주기를 기다리지 않는다.) 그렇다면 당신은 단점을 어떻게 결정하고 어떤 방식으로 통제하고 축소하면 좋을까? 객관적으로 결정을 내리고 계획을 세우기 위한 첫걸음으로 손절매의 기준부터 잡아보자.

당신이 따르고 지킬 성공의 공식을 찾아주기보다 이 책은 마땅히 피해야 할 실패의 공식을 확인시켜줬다. 왕 연구소의 창립자인 왕 안은 이렇게 설명했다. "나는 성공의 '비결'이란 존재하지 않는다고 믿는다."[19] 실패의 공식은 지식이나 두뇌, 기술, 성실함이 부족해서가 아니며 운이 부족해서도 아니다. 바로 손실을 개인화하는 것이다. 특히 전에 지속적으로 승리하거나 이익을 올린 경험이 있는 사람이라면 말이다. 당신은 손실이 발생하면 그 현실을 인정하고 받아들이지 않으려고 한다. 인정하고 받아들이면 마치 당신의 부정적인 면을 반영하는 것처럼 보이기 때문이다.

짐 로저스는 (조지 소로스와 함께) 엄청난 성공을 거둔 소로스 펀드를 설립했다. 1969년부터 1980년까지 회사에 몸담은 동안 퀀텀펀드는 3365퍼센트라는 경이로운 실적을 올렸고 S&P지수가 47퍼센트 상승했다.

마티 슈위츠는 독립적으로 활동하는 전문 트레이더다. 그는 U.S. 트레이딩 챔피언십에서 선보인 실적으로 명성을 얻었다. 4개월간 열린 10번의 콘테스트에 참가했고 9번의 콘테스트에서(심지어 한 콘테스트에서는 기록을 세웠다) 다른 참가자들이 모두 합친 것보다 더 많은 돈을 벌어서 비연평균 210퍼센트의 수익을 올렸다.

존 템플턴은 세계적인 주식 투자자다. 그의 투자 기록에 따르면 31년 동안 연평균 15퍼센트가 증가했고 S&P지수가 7퍼센트 증가했다. 그는 '은퇴하기' 전까지 템플턴펀드에서 60억 달러를 관리했다.

윌리엄 오닐은 1958년에 증권회사에서 주식중개인으로 일하기 시작했다. 1962년부터 1963년까지 트레이드를 세 번 연속 성공시켜 500달러를 20만 달러로 피라미드처럼 착착 불렸다. 마침내 그는 《인베스터스 비즈니스 데일리》 신문을 창간했다. 지난 10년 동안 그의 투자는 연평균 40퍼센트의 수익을 올렸다.

워런 버핏은 25세에 10만 달러의 자금을 들고 버핏파트너십을 설립했다. 1969년에 투기시장이 절정에 달해 그가 이 파트너십을 매각했을 때 회사의 가치는 1억만 달러였다. 버핏이 받은 돈은 2500만 달러였다. 그의 투자자들은 최초 투자액의 30배를 벌었다. 오늘날 그는 버크셔해서웨이를 운영하고 있으며 투자자들은 그의 탁월한 실적 덕분에 꾸준히 이익을 얻고 있다. 그의 개인적인 투자 성공은 자기자본 10억 달러를 기록하면서 《포브스》가 선정한 '미국에서 가장 부유한 400인'에 포함된 것으로 증명된다.

피터 린치는 역사상 최대의 뮤추얼 펀드인 피델리티매니지먼트 마젤란펀드를 1977년부터 1990년까지 운영했다. 1990년 1월에 은퇴하기 전까지 세계에서 가장 돈을 많이 버는 증권 투자 전문가 중 한 명이었다. 1977년에 그가 펀드의 경영을 인수하면서 투자한 1만 달러가 1988년에 20만 달러로 불어났다.

폴 튜더 존스는 상품중개인으로 취직한 두 번째 해에 100만 달러를 벌었다. 1980년에는 뉴욕 면화 거래소로 일자리를 옮겼고 향후 몇 년 동안 수백만 달러를 벌어들였다. 1984년에 튜더인베스트먼트의 회장이 됐을 때 그에게 1000달러씩 투자한 사람은 1988년에 1만 7000달러 이상의 수익을 올렸다.

마이클 스타인하트는 투자의 역사에서 가장 뛰어난 기록을 세운 사람 중 한 명이다. 1967년에 헤지펀드에 1만 달러를 투자한 것이 20년 뒤에 100만 달러 이상으로 불어났고 연평균 성장률 30퍼센트 이상을 기록했다. 동일한 기간 동안 S&P500지수에 투자한 1만 달러는 6만 4000달러로 늘어났다.

로이 뉴버거는 뉴버거버먼앤드컴퍼니의 회장이다. 그는 1929년에 월가에서 심부름꾼으로 일하기 시작했고 몇 년 뒤에 자기 돈을 처음 투자했을 때 3만 달러를 수백만 달러로 불렸다.

버나드 바루크는 32세에 월가에서 300만 달러를 벌었다. 1920년대에서 1930년대 사이에 일어난 일이었다. 그는 증권시장에서 100만 달러를 벌었고 다시 100만 달러를 벌기 위해 위험을 무릅썼고 이러한 시도를 반복한 끝에 2500만 달러의 재산을 모았다.

윌리엄 D. 갠은 1920년대와 1930년대에 활약한 가장 성공적인 상품 및 주식 트레이더 중 한 명이다. 주식시장이 열리는 한 달 25일 동안 그의 트레이딩 기록을 분석해보면 그는 286번의 트레이드를 성사시켰고 그중 264개의 트레이드가 수익을 올렸다. 그 기간 동안 450달러를 3만 7000달러로 불렸다.

1부. 어느 투자자의 추억담

1. "The Five Deadly Business Sins," *Wall Street Journal*, October 21, 1993.
2. An Wang, *Lessons: An Autobiography* (Reading, Mass.: Addison Wesley, 1986), p. 1.
3. Herb Kelleher, television advertisement for American Express, Olgivy & Mather, 1993.

5장. 전문가들의 조언

1. Jack Schwager, *Market Wizards: Interviews with Top Traders* (New York: New York Institute of Finance, 1989), p. 317.
2. 같은 책, p. 265.
3. Madelon DeVoe Talley, *The Passionate Investors* (New York: Crown, 1987), pp. 70 – 72.
4. Schwager, *Market Wizards*, p. 229.
5. Talley, *The Passionate Investors*, pp. 75 – 78.

6. 같은 책, p. 110.

7. Schwager, *Market Wizards*, p. 232.

8. Talley, *The Passionate Investors*, p. 110.

9. 같은 책, p. 29.

10. Schwager, *Market Wizards*, pp. 314 – 15.

11. 같은 책, p. 129.

12. Talley, *The Passionate Investors*, p. 52.

13. Schwager, *Market Wizards*, p. 291.

14. 같은 책, p. 197.

15. W. D. Gann, *How to Make Profits in Commodities* (Pomeroy, Wash.: Lambert–Gann, 1951), p. 18.

16. John Train, *The New Money Masters* (New York: Harper and Row, 1989), p. 22.

17. Schwager, *Market Wizards*, pp. 276, 279.

18. 같은 책, pp. 126, 136.

19. "Where's the Buffet? I Missed Warren at His Favorite Steakhouse," Money (August 1991): p. 72.

20. Schwager, *Market Wizards*, p. 233

21. Talley, *The Passionate Investors*, p. 29.

7장. 투자와 도박

1. Edward O. Thorp, *Beat the Dealer: A Winning Strategy for the Game of Twenty–one* (New York: Vintage, 1966), p. 182.

2. Peter Drucker, *Management* (New York: Harper Row, 1985), p. 512.

3. "Confessions of a Compulsive High–Roller," *Business Week*, July 29, 1991, p. 78.

4. Richard A. Epstein, *The Theory of Gambling and Statistical Logic* (New York: Academic Press, 1977), pp. 393 – 94.

5. Ludwig von Mises, *Human Action: A Treatise on Economics* (Chicago: Contemporary, 1966), p. 116.

8장. 감정과 군중

1. Gustave Le Bon, *The Crowd: A Study of the Popular Mind* (New York: The Macmillan Co., 1896).

2. Charles P. Kindleberger, *Manias, Panics, and Crashes: A History of Financial Crises* (New York: Basic, 1989), pp. 17 – 18.

3. Le Bon, *The Crowd*, pp. 2 – 3.

4. Humphrey Neil, *The Art of Contrary Thinking* (Caldwell, Idaho: Caxton Printers, 1954), p. 137.

5. 같은 책, pp. 8 – 10.

6. Irving L. Janus, *Victims of Groupthink: A Psychological Study of Foreign-Policy Decisions and Fiascoes* (Boston: Houghton Mifflin, 1972), p. 87.

7. Neil, *The Art of Contrary Thinking*, p. 134.

9장. 규칙, 도구, 그리고 바보들

1. James Grant, testimony before the House Banking Committee, July 30, 1992.

2. Henry Hazlitt, *The Failure of the "New Economics": An Analysis of the Keynesian Fallacies* (Lanham, Md.: University Press of America, 1983), p. 183.

3. Ludwig von Mises, *Human Action: A Treatise on Economics* (Chicago: Contemporary, 1966), pp. 112 – 13.

4. 같은 책, p. 112.

5. "No Single Regulator for Banks," *Wall Street Journal*, December 15, 1993.

6. Peter Drucker, *Management* (New York: Harper and Row, 1985), p. 479.

7. 같은 책, p. 499.

8. 같은 책, p. 126.

9. Daniel Yergin and Thane Gustafson, *Russia 2010: And What It Means for the World* (New York: Random House, 1993), p. 8.

10. 같은 책, p. 11.

11. 같은 책.
12. 같은 책, p. 9.
13. 같은 책, p. 12.
14. "The Man with the Midas Touch Meets His Match in the Nation's Steakhouses," *Wall Street Journal*, January 3, 1994.
15. Von Mises, *Human Action*, p. 116.
16. "Die and Let Live," North Texas Public Broadcasting, written and produced by Shelia Coope, 1993; 인용시 강조 표시 추가.
17. Edward de Bono, *Teaching Thinking* (New York: Penguin, 1991), pp. 72–73.
18. Nathaniel Branden, *The Psychology of Self-Esteem* (New York: Bantam, 1971), p. 126; 인용시 강조 표시 추가.
19. *NBC Nightly News*, September 27, 1993.
20. *NBC Nightly News*, October 11, 1993.
21. Richard E. Neustadt and Ernest R. May, *Thinking in Time: The Uses of History for Decision-Makers* (New York: Macmillan, 1986), p. 137.
22. 같은 책, p. 136; 인용시 강조 표시 추가.
23. 같은 책, p. 81.
24. 같은 책, p. 170.
25. 같은 책, p. 79; 원문의 강조 표시.
26. 같은 책, p. 89.
27. "How Morgan Stanley Maps Its Moves," *Institutional Investor* (June 1992): p. 53.
28. 같은 책, p. 52.
29. 같은 책.

덧붙이는 말

1. Howard Banks, *The Rise and Fall of Freddie Laker* (London: Faber and Faber, 1982), pp. 9–10, 105–7.
2. "Steve Jobs's Vision, So Right at Apple, Now Is Falling Short: Deep Faith in His Own Genius," *Wall Street Journal*, May 25, 1993.

3. "Roy Raymond's Life and Death Yield Grim Case Study: Suicide of Founder of Victoria's Secret Followed Failure to Regain Glory," *Wall Street Journal*, September 29, 1993.

4. Mark Pendergrast, *For God, Country, and Coca–Cola: The Definitive History of the Great American Soft Drink and the Company That Makes It* (New York: Macmillan, 1993), p. 342.

5. 같은 책, p. 347.

6. 같은 책, p. 350.

7. 같은 책, p. 351.

8. 같은 책, p. 353.

9. 같은 책, p. 359.

10. 같은 책, p. 355.

11. "Sahlman Says," *Wall Street Journal*, October 15, 1993.

12. "What Makes a Good Salesman," in *Business Classics: Fifteen Key Concepts for Managerial Success* (Cambridge, Mass.: Harvard Business Review, 1952), pp. 52 – 53.

13. John Dickhaut, "Escalation Errors and the Sunk Cost Effect: An Explanation Based on Reputation and Information Asymmetries," *Journal of Accounting Research 27* (Spring 1989): pp. 59 – 77.

14. "Just What Is an Entrepreneur?" *Business Week*, Bonus Issue: Enterprise, October 1993, pp. 105 – 6.

15. "Would You Believe It? Craig McCaw Says He Is Risk Averse," *Forbes*, March 1, 1993, p. 79.

16. 같은 책, p. 80; 인용시 강조 표시 추가.

17. Ed Zschau, review of *Steve Jobs and the NeXT Big Thing*, by Randall E.Stross, *Wall Street Journal*, December 10, 1993.

18. "Talented Outcasts: Bear Stearns Prospers Hiring Daring Traders That Rival Firms Shun," *Wall Street Journal*, November 11, 1993.

19. An Wang, *Lessons: An Autobiography* (Reading, Mass.: Addison Wesley, 1986), p. 1.

참고문헌

Banks, Howard. *The Rise and Fall of Freddie Laker*. London: Faber and
　　Faber, 1982.

Branden, Nathaniel. *The Psychology of Self-Esteem*. New York: Bantam,
　　1971.

De Bono, Edward. *Teaching Thinking*. New York: Penguin, 1991.

Drucker, Peter. *Management*. New York: Harper and Row, 1985.

Epstein, Richard A. *The Theory of Gambling and Statistical Logic*. New York:
　　Academic Press, 1977.

Gann, W. D. *How to Make Profits in Commodities*. Pomeroy, Wash.:
　　Lambert-Gann, 1951.

Hazlitt, Henry. *The Failure of the "New Economics": An Analysis of the
　　Keynesian Fallacies*. Lanham, Md.: University Press of America, 1983.

Janus, Irving L. *Victims of Groupthink: A Psychological Study of Foreign-
　　Policy Decisions and Fiascoes*. Boston: Houghton Mifflin, 1972.

Kindleberger, Charles, P. *Manias, Panics, and Crashes: A History of

Financial Crises. New York: Basic, 1989.

Kübler—Ross, Elisabeth. *On Death and Dying*. New York: Macmillan, 1969.

Le Bon, Gustave. *The Crowd: A Study of the Popular Mind*. New York: The Macmillan Co., 1896.

Mackay, Charles. *Extraordinary Popular Delusions and the Madness of Crowds*. Boston: L.C. Page, 1932.

Mises, Ludwig von. *Human Action: A Treatise on Economics*. Chicago: Contemporary, 1966.

Neil, Humphrey. *The Art of Contrary Thinking*. Caldwell, Idaho: Caxton Printers, 1954.

Neustadt, Richard E., and Ernest R. May, *Thinking in Time: The Uses of History for Decision—Makers*. New York: Macmillan, 1986.

Pendergrast, Mark. *For God, Country, and Coca—Cola: The Definitive History of the Great American Soft Drink and the Company That Makes It*. New York: Macmillan, 1993.

Schwager, Jack. *Market Wizards: Interviews with Top Traders*. New York: New York Institute of Finance, 1989.

Shubik, Martin. *The Uses and Methods of Gaming*. New York: Elsevier, 1978

Smitely, Robert. Popular Financial Delusions. Burlington, Vt.: Fraser, 1963.

Talley, Madelon DeVoe. *The Passionate Investors*. New York: Crown, 1987.

Thorp, Edward O. *Beat the Dealer: A Winning Strategy for the Game of Twenty—one*. York: Vintage, 1966.

Train, John. *The New Money Masters*. New York: Harper and Row, 1989.

Wang, An. *Lessons: An Autobiography*. Reading, Mass.: Addison Wesley, 1986.

Yergin, Daniel, and Thane Gustafson. *Russia 2010: And What It Means for the World*. New York: Random House, 1993.

로스
투자에 실패하는 사람들의 심리

초판 1쇄 2018년 09월 13일 발행
초판 4쇄 2023년 1월 30일 발행

짐 폴·브렌던 모이니핸 지음
신예경 옮김

ISBN 979-11-5706-132-7 (03320)

만든 사람들
편집관리   배소라
디자인   mmato
홍보마케팅   이도형 최재희 맹준혁
인쇄   한영문화사

펴낸이   김현종
펴낸곳   (주)메디치미디어
경영지원   이민주
등록일   2008년 8월 20일 제300-2008-76호
주소   서울시 중구 중림로7길 4, 3층
전화   02-735-3308
팩스   02-735-3309
이메일   editor@medicimedia.co.kr
페이스북   facebook.com/medicimedia
인스타그램   @medicimedia
홈페이지   www.medicimedia.co.kr